ハヤカワ文庫 NF

〈NF478〉

スイッチ！
「変われない」を変える方法

チップ・ハース＆ダン・ハース
千葉敏生訳

HAYAKAWA NONFICTION

早川書房

7870

SWITCH

How to Change Things When Change Is Hard

by

Chip Heath and Dan Heath

Translated by
Toshio Chiba
Published 2016 in Japan by
HAYAKAWA PUBLISHING, INC.
This book is published in Japan by
arrangement with
FLETCHER & COMPANY
through TUTTLE-MORI AGENCY, INC., TOKYO.

すべてを変えてくれた
私たちの妻
スーザンとアマンダに捧げる

目次

道筋を定める

スイッチ！

「変われない」を変える方法

第1章　「変化」の三つの意外な事実

1

二〇〇〇年のある土曜日。午後一時五分開映のメル・ギブソン主演のアクション映画『ペイバック』を観るため、なんの疑いも持たない観客たちがシカゴ郊外の映画館に姿をあらわした。観客はソフトドリンクとポップコーンを無料で渡され、「終映後、売店に関するアンケートに答えてもらうために少し残ってほしい」と頼まれた。実のところ、その映画ファンたちは、知らず知らずのうちに非理性的な飲食行動に関する研究に参加していた。(1)

観客たちが受け取ったポップコーンには、ちょっとした仕掛けがあった。まずかったのだ。というよりも、わざとまずくなるように細工がしてあった。五日前につくられ、食べると「キュッ」と音がするくらいまでしけらせてあった。後のアンケートで、観客のひとりは発泡スチロールのようだと答え、別のふたりはポップコーンが無料だったのをすっかり忘れて返金を要求した。

一方のグループの観客には、Mサイズの容器に入った無料ポップコーンを渡した。残りの観客には、Lサイズの容器を渡した。まるで子ども用のプールとして使われていたのではないかというほどの特大容器だ。ポップコーンは全員に配られたので、分け合う必要はなかった。研究者が興味を持っていたのは、「大きい容器を渡された人ほど、多く食べるのか？」というシンプルな疑問だった。

どちらの容器も大きく、とうてい食べきれない。したがって、実際の疑問をもう少し具体的に言うとこうなる。「食べきれない大量のポップコーンをもらった人のほうが、それよりは少ないがやはり食べきれない量のポップコーンをもらった人よりも多く食べるのか？」

研究者は、映画の上映前と終映後にこっそりと容器の重さをはかり、それぞれが食べたポップコーンの量を正確に測定した。その結果は意外だった。Lサイズの容器を渡された人々は、Mサイズの人々より五三パーセントも多く食べていたのだ。言いかえれば、一七三キロカロリーも多く摂取し、容器に二一回ほど多く手を突っこんだことになる。

コーネル大学で食品・ブランド研究所を運営するブライアン・ワンシンクは、この研究結果を著書『そのひとクチがブタのもと』に記している。「わたしたちはほかにもポップコーンの実験を行なってきた。微調整をしても、結果はいつも同じだった。ペンシルヴェニア州だろうとイリノイ州だろうとアイオワ州だろうと関係ないし、どんな映画を見せても関係ない。ポップコーンによる実験はすべて同じ結論にたどりついた。大きな容器を与えられたほうがたくさん食べる。以上」

ほかの理論では、この行動の説明はつかない。人々は楽しくて食べていたのではない（ポップコーンはしけっていた）。ポップコーンを食べきろうという欲求があったわけでもない（どちらの容器も食べきれないほど大きかった）。空腹か満腹かも関係なかった。つまり、法則はどうあがいても変わらない。容器が大きいほど、食べる量が増えるのだ。

何より面白いのは、観客たちが結果をなかなか信じなかったことだ。終映後、研究者は観客に二種類の容器サイズについて打ち明け、いままでの研究の結果を伝えた。そのうえで、「たくさん食べたのは、容器の大きさのせいだと思いますか？」と尋ねた。すると、ほとんどの人がその質問をあざ笑い、「そんなことでごまかされたりするものか」とか「お腹がいっぱいのときはちゃんとわかります」と答えた。

2

あなたが容器のサイズの件を知らずにポップコーン実験のデータを見たらどう思うだろうか。あなたはデータの概要を手に取り、結果にさっと目を通して、観客たちの食べた量を確認する。ちょっとつまんだだけの人もいれば、たらふく食べた人もいるし、人間の胃の限界に挑んだかのような人もいる。そんなデータを見たら、「適度につまみ食いをする人と、大食いの人がいる」と早合点してしまうだろう。

公衆衛生の専門家がこのデータを見たら、大食いの人々を心配するはずだ。「もっと健康的な間食の習慣を身につけさせなければ！　食べすぎの健康リスクを知ってもらう方法を考えよう！」

しかし、ちょっと待ってほしい。ポップコーンを食べる量を減らしたいなら、解決方法は簡単。容器を小さくすればいいのだ。相手の知識や考え方にまで気を回す必要はない。

この例からもわかるとおり、私たちは単純な変化の問題（容器のサイズを小さくする）をすぐに複雑な変化の問題（相手の考え方を変える）に置きかえてしまう。これこそが「変化」のひとつ目の意外な事実だ。**人間の問題に見えても、実は環境の問題であることが多い**のだ。

3

本書の目的は、あなたの変化の手助けをすることだ。変化といっても、さまざまなレベルがある。個人的な変化。組織的な変化。社会的な変化。兄のギャンブル癖を治してあげたいという人もいるだろう。景気を考えて、職場のチームにもっと倹約してもらいたいという人もいるだろう。あるいは、地域の人々にもっと自転車通勤を取り入れてもらいたいという人もいるはずだ。

通常、これらのテーマは別々に扱われている。個人には「自己啓発」のアドバイス。会社の重役には「チェンジ・マネジメント」のアドバイスが行なわれる。これは残念なことだ。こういった変革活動には共通点があるからだ。活動家には「世界を変える」アドバイスが行なわれる。これは残念なことだ。こういった変革活動には共通点があるからだ。何かを変えるには、行動を変えなければならない。兄はカジノ通いをやめなければならないし、社員は飛行機の予約をエコノミー・クラスに変えなければならない。突き詰めれば、すべての変化は「人々の行動を変えることはできるか？」というたったひとつの問題に集約することができる。

こう考える人もいるだろう。人は変化に抵抗するものだと。しかし、話はそんなに単純ではない。世の中では毎日のように赤ん坊が生まれ、親たちはどういうわけかその「変化」を喜ぶ。この変化がどれだけ巨大かを考えてみてほしい。どうでもよい仕事を頼むために夜中に二回もあなたを叩き起こしたり、着替えたばかりの服によだれを垂らしたりする——そんな上司のもとで働きたい人などいないだろう。それでも、親たちはこの大きな変化を拒もうとしない。むしろ、進んで受け入れるのだ。

私たちは、人生でさまざまな大変化を受け入れている。子育てだけでなく、結婚、引っ越し、新たなテクノロジーや仕事。その一方で、頭にくるくらい変えがたい行動もある。スモーカーはなかなか禁煙できず、子どもはどんどん太り、夫は汚れたシャツを洗濯かごにさえ入れてくれない。

つまり、むずかしい変化とたやすい変化があるということだ。そのちがいは何か？　本書では、成功する変化の共通パターンを追っていく。変化を成功させるには、三つのことを同時に行なう必要がある。そのうちのひとつは、すでに説明したとおりだ。つまり、**相手の行動を変えるには、その人の環境を変えなければならない**ということだ。

もちろん、環境がすべてではない。アルコール依存症患者を矯正施設に送れば、環境が変わってきっぱりと酒をやめられるかもしれない。しかし、彼が施設を去り、その影響から逃れたら？　あるいは、営業担当責任者がついているあいだは、セールスマンの成績が上がるかもしれない。しかし、そのあとでいつもの環境に戻ったら？　相手の行動を変えるには、環境だけでなく、心と頭にも影響を与える必要があるのだ。

しかし、ひとつ問題がある。心と頭はたびたび反発しあうということだ。それも、激しく。

4

「クロッキー」について考えてみよう。これは、ガウリ・ナンダというマサチューセッツ工科大学の学生が発明した目覚まし時計だ。といっても、そんじょそこらの目覚まし時計ではない。車輪がついているのだ。朝にアラームが鳴ると、ナイトテーブルから転げ落ちて、部屋じゅうを駆けまわるので、追いかけて捕まえなければならない。想像してほしい。あなたが下着姿で寝室をはいまわり、逃げまわる時計をののしりながら追いまわす姿を。

クロッキーなら、二度寝して大失敗する心配もない。寝坊は万人共通の悩みなのか、ほとんど広告を打たなかったにもかかわらず、価格五〇ドルのクロッキーは発売から二年で約三

万五〇〇〇台を売り上げた。(2)

この発明の成功から、人間の心理についてさまざまな事実がわかる。基本的に私たちは二重人格だということだ。一方の自分——理性——は、朝の五時四五分に起きたがっている。そうすれば、出勤前に軽くジョギングする余裕ができるからだ。しかし、もう一方の自分——感情——は、薄暗い早朝に目を覚まし、暖かい布団と毛布にくるまってうとうとしながら、あと何分か眠らせてくれたら、ほかには何もいらないと感じている。筆者もそのひとりだが、感情がこの心の葛藤に勝ちやすい人は、クロッキーの潜在顧客というわけだ。この目覚まし時計のすばらしい点は、理性で感情を打ち負かすことができるという点だ。わんぱくな目覚まし時計が部屋を走りまわっていたら、そのまま布団にくるまっていることなど無理だろう。単刀直入に言おう。クロッキーは、理性的な生き物には必要のない商品だ。ロボットは五時四五分に起きたければ起きるだろう。なんのドラマもいらない。

私たちが持つ二重の人格はとても奇妙なものだ。しかし、私たちはそれにすっかり慣れきっているので、あまり気にとめていない。ダイエットを始めるとき、私たちは食料棚にあるチートスやオレオを処分する。ひとたび感情が暴走すれば、セルフコントロールがきかなくなることは理性でわかっているからだ。とすれば、誘惑そのものを取り除くしか方法はない(余談だが、ダイエット中の人から逃げまわるチートスを開発したら、大儲けできるかもしれない)。

したがって、こう結論づけることができる。脳は、全体でひとつではない。

実際、心理学の一般的な見解によると、脳ではつねにふたつのシステムが独立して働いている。ひとつ目は、これまでに説明してきた「感情」だ。苦痛や快楽を感じる人間の本能的な部分だ。ふたつ目は、「理性」だ。これは熟慮システムや意識システムとも呼ばれている。じっくりと考え、分析を行ない、未来に目を向ける部分だ。

ここ数十年間で、心理学者たちはこのふたつのシステムについてさまざまな事実を発見してきた。しかし、もちろん人類はずっと昔からふたつの葛藤に気づいていた。プラトンは、私たちの頭のなかには理性の御者《ぎょしゃ》がいて、「むちと突き棒の両方を使わないとおとなしくならない」暴れん坊の馬を従えていると述べている。フロイトは、利己的な「イド」と良心的な「超自我」（さらに、その調整役を担う「自我」）について記している。最近では、行動経済学者たちがふたつのシステムを計画者《プランナー》と実行者《ドゥーアー》と名づけた。

しかし、ふたつのシステムの葛藤をもっともうまく表現しているのは、ヴァージニア大学の心理学者ジョナサン・ハイトが名著『しあわせ仮説』で使っている比喩だろう[3]。ハイトは、私たちの感情は「象」であり、理性は「象使い」だと述べている。象にまたがって手綱をつかむ象使いは、一見するとリーダーに見える。しかし、象使いの制御は不安定だ。象使いは象と比べればはるかに小さいからだ。体重六トンの象と象使いが進む方向でもめれば、負けるのは象使いだ。象使いにはまったく勝ち目がないのだ。

ほとんどの人々は、象使いが象に屈する場面に心当たりがあるだろう。たとえば、寝過ごしたり、食べすぎたり、夜中に元恋人に電話したり、仕事を先延ばしにしたり、禁煙に挑戦して失敗したり、ジムをサボったり、頭に血がのぼってつい後悔する言葉を発したり、スペイン語やピアノのレッスンを途中で投げ出したり、怖《お》じ気《け》づいて会議で発言できなかったりしたことがあるはずだ。誰も勝敗を記録していないのがせめてもの救いだ。

私たちの象、つまり感情や本能の弱点は明らかだ。怠け者で、気まぐれで、長期的な報酬（やせること）よりも短期的な報酬（アイスクリーム）に目を奪われてしまう。変化がうまくいかないのは、たいてい象のせいだ。なぜなら、何かを変えるには、長期的な報酬のために短期的な報酬を犠牲にしなければならないことが多いからだ（来年の財務状態を改善するために、今日の支出を抑える。来年にはナイス・バディになれるように、今日のアイスクリームを我慢する）。変化に失敗するのは、たいてい目的地に着くまで象使いが象を路上に引き留めておけないからなのだ。

目のまえの満足を求める象の欲求は、象使いの強みとは正反対だ。象使いの強みとは、長期的に考え、計画を練り、先を見すえることだ（いずれも象には苦手なことだ）。

しかし、象には大きな強みがあり、象使いにも致命的な弱みがある。象はいつも悪役というわけではない。象のとりえは豊かな感情だ。愛、思いやり、共感、忠誠心。子どもを危害から守らなければという強い衝動。自分を守ろうとするときの背筋が引き締まる感覚――それが象だ。

そして、さらに重要なのは、変化を起こそうとしているとき、それを実行に移すのは象だということだ。立派な目標であれくだらない目標であれ、目標に向かって突き進むには、象のエネルギーと勢いが必要だ。そして、この象の強みとは対照的なのが、象使いの大きな弱みだ。象使いは頭を空回りさせてしまう。ものごとを分析しすぎたり考えすぎたりする傾向があるのだ。夕食のメニューに二〇分間も悩む友人。何時間も新しいアイデアを練っているのにいつまでも結論が出せない同僚。こういう人々は象使いに問題を抱えている。

何かを変えたいなら、象と象使いの両方に訴えかけるべきだ。象使いの担当は計画や方針。象の担当はエネルギー。象使いにだけ訴えかけて象に訴えかけなければ、チーム・メンバーは頭では理解できても、やる気を出さないだろう。象にだけ訴えかけて象使いに訴えかけなければ、熱意はあっても、方向性が定まらないだろう。どちらも致命的な欠陥だ。やる気のない象と頭を空回りさせる象使いがコンビを組んでも、何も変わらない。しかし、象と象使いが協力して動けば、たやすく変化を引き起こせる場合もあるのだ。

5

象使いと象が進む方向でもめれば、問題が生まれる。象使いは、しばらくは思いどおりの方向に進めるかもしれない。手綱を強く引っ張り、象を無理やり従わせればいいからだ（意志力を使うというときには、まさにそうしている）。しかし、相手は巨大な動物だ。象使いはいつまでも綱引きで勝ってはいられない。いつか力尽きてしまうからだ。

この点を明確にするために、〝食品の認識〟という名目の研究に参加した大学生の行動について考えてみよう。大学生たちは、実験前の三時間は食べ物を口にしないよう言われていたので、少しお腹を空かせていた。実験が始まると、大学生はいい香りの充満する部屋に連れていかれる。その部屋ではチョコチップ・クッキーが焼かれたばかりだった。部屋の中央のテーブルにはふたつの皿が並んでいる。一方の皿にはチョコレートの見本と焼きたてで熱々のチョコチップ・クッキーが置かれており、いい香りを放っている。もう一方の皿にはハツカダイコンがどっさりと置かれている。

研究者たちは、前もって作り話を用意していた。「チョコレートとダイコンを選んだのは、まったく味がちがうからです。明日、みなさんに連絡して、味覚の記憶について尋ねる予定です」

半数の被験者は、二〜三枚のクッキーとチョコレートのお菓子を食べるよう言われたが、ダイコンは食べなくてもよかった。残りの半数は、少なくとも二〜三個のダイコンを食べるよう言われたが、クッキーは食べてはならなかった。試食のあいだ、研究者はわざと試食者たちを残して部屋を出た。少し意地悪ではあったが、焼きたてのクッキーをうらめしそうに眺めながらウサギの餌にかじりつく、かわいそうなダイコンの試食者たちを部屋に残すことで、クッキーをつまみ食いする誘惑を生み出したかったのだ（言うまでもなく、クッキーの試食者たちがダイコンの誘惑に逆らうのはわけもなかった）。それでも、被験者の全員が誘惑に負けることなく、言われたとおりのものを食べた。ダイコンの試食者はクッキーを一枚も盗み食いしなかった。これこそ、意志の力だ。

ここで、〝味覚の実験〟は正式に終了し、もうひとつの無関係な実験をするという名目で、別の研究者グループが部屋に入った。研究者は、大学生と高校生の問題解決能力を比較する実験をすると伝えた。そう伝えたのは、大学生にやる気を出させ、課題に真剣に取り組んでもらうためだった。

大学生には、一筆書きで複雑な図形を描くというパズルが出題され、試行錯誤できるように何枚もの紙が配られた。実のところ、パズルはどうやっても解けない仕組みになっていた。研究者は、大学生がさじを投げるまえに、むずかしくてストレスのたまる課題をどれだけ長く続けられるかを確かめようとしていた。

すると、「誘惑のない」学生、つまりチョコチップ・クッキーを我慢せずにすんだ学生たちは、課題に一九分を費やし、問題を解こうと三四回の妥当な試行錯誤を繰りかえした。

一方、ダイコンを食べた学生たちは、それよりも我慢がもたなかった。わずか八分であきらめてしまったのだ。クッキーを食べた学生の半分以下だ。さらに、わずか一九回しか試行錯誤を繰りかえさなかった。なぜ、そんなに簡単にあきらめてしまったのか？

その答えに驚くかもしれない。実は、セルフコントロールを使い果たしてしまったのだ。

心理学者たちは、これと似た数々の研究で、セルフコントロールが消耗資源であることを発見している。(4) ジムのベンチプレスと同じようなものだ。一回目は、筋肉が元気なので簡単だ。しかし、繰りかえすたびに、筋肉は消耗していき、ついにはバーを上げられなくなる。ダイコンを食べた学生は、クッキーの誘惑に逆らうことで、セルフコントロールを使い果たしてしまったというわけだ。したがって、象がいつものように「むずかしすぎる。つまらない。こういう問題は得意じゃない」とパズルの問題に不満をもらしはじめたとき、象使いには八分間しか手綱を引きつづける体力が残っていなかった。一方、クッキーを食べた学生の象使いは、元気満々で疲れていなかった。そのため、象を一九分間もおとなしくさせておくことができたのだ。

「セルフコントロールは消耗資源である」という認識は重要だ。なぜなら、「セルフコントロール」といっても、悪い習慣（喫煙、クッキー、アルコール）と戦う意志力のような狭い意味ではないからだ。より幅広い範囲の自己管理を指している。たとえば、従業員に否定的なフィードバックを返すとき、新しい本棚を組み立てるとき、新しいダンスを習うとき、頭がどう動いているかを考えてほしい。まるで管理官がそこにいるかのように、言葉遣いや動作に注意深く慎重になるはずだ。それもセルフコントロールの一種だ。

これを、〝管理〟されているとは感じない行動と比べてほしい。たとえば、どこをどう走ってきたのか思い出せないほど夢中で運転しているときの感覚。あるいは、シャワーを浴びたり、朝のコーヒーを淹れたりする無意識で何気ない行動。実際、日常の行動の多くは、管理されているというよりも、自動で行なわれる。これはよいことだ。行動を管理するのは骨が折れ、疲れるからだ。

さまざまな研究によって、自己管理が心身を消耗させることが証明されている。たとえば、ウェディング・レジストリ（訳注／アメリカで、結婚時に新郎新婦がつくる結婚祝儀の〝ほしいものリスト〟）の作成や新しいコンピュータの購入など、複雑な選択や検討をさせられた人々は、させられていない人々よりも集中力や問題解決能力が落ちることがわかっている。ある研究によると、病気の動物を描いた悲しい映画を観るときに、感情を抑えるよう指示された被験者は、自由に涙を流した被験者と比べて、その後の身体持久力が低下することがわかった。この研究からわかるとおり、私たちはあらゆる状況でセルフコントロールを消耗している。印象を取りつくろっているとき。恐怖と戦っているとき。支出を抑えているとき。「シロクマのことは考えるな」など、簡単な指示に従おうとしているとき。数え上げればキリがない。

これは変化を起こすうえで問題となる。なぜなら、変化を起こそうとしているとき、人々はたいてい自動化された行動に手を加えなくてはならないからだ。そして、自動化された行動を変えるには、象使いによる細心の管理が必要だ。起こそうとしている変化が大きければ大きいほど、セルフコントロールは奪われていく。

さらに、セルフコントロールを消耗しているとき、人々がすり減らしているのは心の筋肉だ。これは、発想豊かに考えたり、集中したり、衝動を抑えたり、ストレスや失敗に耐えぬいたりするのに必要なものだ。つまり、大きな変化を引き起こすのに必要な心の筋肉そのものを消耗しているといってもいいのだ。

したがって、怠け者で頑固だから変わるのがむずかしいというのは、完全にまちがっている。実際にはその逆だ。変わるのがむずかしいのは、体力を消耗しているからだ。これこそ

「変化」のふたつ目の意外な事実だ。**怠けているように見えても、実は疲れきっている場合が多い**のだ。

6

大手メーカーで働くジョン・ステグナーは、会社が巨額の金を無駄にしていると考えていた。ジョン・コッターとダン・コーエンの主要書『ジョン・コッターの企業変革ノート』で描かれているように、ステグナーは「今後五年間で、購買費用を二パーセントどころか、十億ドル単位で節約するチャンスがあると、わたしは考えた」と述べている。

このコスト削減を行なうには、大きなプロセスの転換が必要だった。そのために、ステグナーは上司の説得が必要だと考えた。コスト削減のチャンスがあると信じてもらえなければ、上司がこれほど大規模な転換に同意するとは思えなかったが、上司たちはチャンスがあるとはほとんど信じていなかった。

そこで、ステグナーは企業の無駄な購買習慣を説得力のある形で証明するために、夏休みで研修に来ていた学生たちに、ある品物を調査するよう依頼した。それは企業の工場労働者の大半が着用している作業用の手袋だ。学生たちは、企業の全工場で使われている手袋の種類をひとつ残らず特定し、企業が支払っている料金を突き止めた。

恐れ知らずの研修生たちは、すぐに工場が四二四種類もの手袋を購入していると報告した。(5)

さらに、手袋のメーカーもバラバラで、工場ごとに価格の交渉を行なっていた。ある工場が五ドルで購入していた手袋が、別の工場では一七ドルで仕入れられていることもあった。

ステグナーの依頼で、学生たちは四二四種類すべての手袋の見本を集め、それぞれに値札をつけていった。そして、すべての手袋を一カ所にまとめ、役員室に運び、会議テーブルにどさっと積み上げた。ステグナーは、すべての部署の責任者をこの〝手袋の山〟に招いた。彼はそのときの様子をこう話す。

ふだんはせいぜい書類しか置かれていない高価で大型のテーブルの上に、手袋がうず高く積まれている。どの幹部もこの光景にしばらく見入った。口をついて出てくるのは、次のような言葉だった。「こんなにいくつもの種類の手袋を買っていると言うのか」。ええ、実際のところ、そうなのです。「ほんとうか」。ええ、嘘ではありません。するとテーブルの周りを歩き出す。ほとんどの幹部が、自分の工場で使っている手袋を探していたようだ。手袋には値段がつけてある。どう見ても同じにしか見えない手袋が、かたや三・二二ドル、かたや一〇・五五ドルと書いている。幹部がひと言も発しないことなど滅多にない。だが、この日ばかりは口をもごもごさせるしかなかった。

手袋の展示会は、たちまち旅公演のようになり、いくつもの工場を回った。その反応は感情に満ちていた。「これはひどい。私たちは馬鹿者だ。こんなことはいますぐにやめなければ」。すぐにステグナーは、変革を行なう権限を与えられた。会社は購入プロセスを変え、巨額のコストを削減した。これは誰もが望むハッピーエンドだった（もちろん、五ドルの手袋を一七ドルで売りこんでいた手袋業者は別だが）。

7

正直に言って、私たちの大半はステグナーのような行動を取ろうとは思わなかったはずだ。象使いにのみ訴えかけるプレゼンテーションを作成するほうが簡単で自然だっただろう。選択肢を思い浮かべてみてほしい。スプレッドシート。節約金額のデータ。コスト削減の手順。メーカーの一元化の提案。一括購入を訴える理路整然とした説明。あるいは、一二個のタブを使い、税理士が泣いて喜ぶようなエクセルの表を作成することもできただろう。しかし、ステグナーはそんなことをする代わりにテーブルに手袋の束を積み上げ、上司を呼んで見せたのだ。

もし〝頭脳的勇気《ホワイトカラー・カレッジ》〟という言葉があるとしたら、まさにこれがその典型例だろう。

ステグナーは、変化を起こすには同僚のなかの象を味方につける必要があるとわかっていた。分析的なアプローチでも何人かは首を縦に振っただろうが、重役たちは「半年後に追ってミーティングをする」と言い出していたかもしれない（そして、再び先送りにされる）。分析的な主張も確かに説得力があっただろう。それだけでも、購入システムの見直しが重要課題だと同僚に納得させられたかもしれない。翌年の重要課題としてなら。

これまで説明してきたように、象使いだけに訴えかけて象に訴えかけなければ、方向は定まっても、やる気は生まれない。象使いはしばらく象に道を歩かせることはできても、その努力はそう長くはもたない。

しかし、感情に訴えかけることで、状況は変わる。ステグナーは、同僚に衝撃を与えた。まず、同僚たちは「私たちは馬鹿者だ！」と感じた。次に、「この状況は改善できる」と考えた。誰もが、手袋の問題の解決アイデアをいくつか思い浮かべることができた。そして、その延長線上として、注文プロセス全体を改善する方法も。そのおかげで、象は動く意欲を燃やしたのだ。

数十億ドル規模の変化がこのような形でやってくるとは誰も思わないはずだ。夏休み中の優秀な研修生の手を借りたとはいえ、この変革活動はたったひとりの従業員が行なったものだ。その対象はたったひとつの商品だった。そして、プレゼンテーションの規模は、提案の規模と比べてはるかにささやかだった。それでも、ステグナーの戦略は成功したのだ。

これこそ、象使いと象の両方に訴えかける威力をあらわしている。

8

やる気のない象が変化の邪魔になることもあるのは事実だが、象使いにも象使いなりの問題がある。象使いは頭でっかちで、分析好きで、頭を空回りさせがちだ。象使いが進む方向に迷えば、象はその場をぐるぐると回ってしまうだろう。そして、これから説明するように、この象使いの性質から「変化」の三つ目の意外な事実がわかる。つまり、**抵抗しているように見えても、実は戸惑っている場合が多い**ということだ。

ウェストヴァージニア大学の保健学の専門家、スティーヴ・ブース＝バターフィールド教授とビル・リーガー教授は、健康的な食生活の推進方法を検討していた。過去の研究から、人々が行動を変える可能性が高いのは、求められている行動がとびきり明確な場合であることがわかっていた。しかし、残念ながら、「健康的な食生活を送る」はまったく明確とはいえなかった。

何から始めればいいのか？　やめるべき（とるべき）食品は？　改めるべきなのは朝食、昼食、夕食のどれなのか？　家の食事を変えるのか、それとも外食を変えるのか？　「健康的な食生活を送る」方法は考え出せばきりがない。特に、平均的なアメリカ人の食生活を基準にすればなおさらだ。象使いが頭を空回りさせるのは、まさにこのような状況だ。分析して悩むだけで、いっこうに前には進まない。

検討を繰りかえすうち、ふたりの研究者の頭にしきりに浮かんだのは牛乳だった。たいていのアメリカ人は牛乳を飲む。そして、牛乳が優秀なカルシウム源であることは誰もが知っている。しかし、それと同時に、牛乳は一般的なアメリカ人の食生活のなかで唯一最大の飽和脂肪の摂取源でもあるのだ。実際、計算の結果、驚くべき事実が明らかになった。平均的な食生活を送る人なら、牛乳をホールミルクから無脂肪乳または低脂肪乳に替えるだけで、アメリカ農務省の推奨する飽和脂肪の水準まですぐに下げることができるのだ(6)。

では、アメリカ人に低脂肪乳を飲ませるにはどうすればよいか？　冷蔵庫に置いてもらえばいい。ふざけているわけではない。人間は、家にあるものを飲むからだ。家族はホールミルクと同じくらい低脂肪乳を飲んでくれるだろう。したがって、問題は思うよりも単純なのだ。飲食行動を変える必要はない。購入行動を変えればいいのだ。

こうして、するべき取り組みはたちまち明らかになった。行動をどう変えるべきか？　消費者に無脂肪乳か低脂肪乳を買ってもらえばいい。いつ？　食料品を買っているとき。どこで？　言うまでもない。ほかに変えるべきことは？　いまのところ、特にない。

そこで、リーガーとブース＝バターフィールドは、ウェストヴァージニア州のふたつの自治体でキャンペーンを開始し、地元のマスコミ（テレビ、新聞、ラジオ）で二週間にわたって宣伝を行なった。公衆衛生キャンペーンのメッセージはたいてい退屈だが、低脂肪乳キャンペーンはパンチがあって具体的だった。ある広告では、コップ一杯のホールミルクにはベーコン五枚分の飽和脂肪が含まれていると訴えた。記者会見では、地元の記者に試験管入りの脂肪を見せた。約二リットルのホールミルクに含まれる脂肪の量と同じだ（象へのアピールに注目してほしい。象は「うわっ、気持ち悪い！」と反応するはずだ）。

リーガーとブース＝バターフィールドは、キャンペーン対象の全八店舗の牛乳の売上データを追跡した。キャンペーン以前、低脂肪乳の市場シェアは一八パーセントだった。キャンペーン後、シェアは四一パーセントにまで伸びた。そして半年後も三五パーセントを維持していた。

この結果から、成功する変化を特徴づける最後のパターンがわかる。人を変えたければ、とびきり明確な指示を与えなければならないということだ。

これが重要な理由はもうおわかりだろう。象使いが頭を空回りさせずにすむからだ。「もっと健康的に行動しよう」と伝えても、解釈のしかたはいくらでもある。象使いはとめどなく選択肢を探ることになるだろう（肉を減らして穀物を増やすべきか？　その逆がいいか？ビタミンをとったほうがいいだろうか？　運動を増やせばアイスクリームを食べてもいいのか？　ダイエット・コーラに変えるべきか？　それとも、カロリーよりも人工甘味料のほうが体に悪いのか？）。

先ほど、「抵抗しているように見えても、実は戸惑っている場合が多い」と述べた。この研究のまえに、ウェストヴァージニア州の人々を見たら、健康になどまるで関心がないタイプの人たちだと思っただろう。しかし、もしほんとうにそういう〝タイプ〟の人々だとしたら、なぜこうも簡単に行動を変えられたのか？

人を変えたければ、「もっと健康的に行動しよう」と訴えてもだめだ。むしろ、「次にスーパーの乳製品コーナーに立ち寄ったら、ホールミルクではなく低脂肪乳に手を伸ばしなさい」と言うべきなのだ。

ここまでは、本書で紹介する基本的なフレームワークについて少し説明してきた。次の三つの要素からなるこのフレームワークは、行動を変える際のガイドラインになるはずだ。

・**象使いに方向を教える。**抵抗しているように見えても、実は戸惑っている場合が多い。したがって、とびきり明確な指示を与えよう（低脂肪乳がその好例）。

・**象にやる気を与える。**怠けているように見えても、実は疲れきっている場合が多い。象使いが力ずくで象を思いどおりの方向に進められるのは短いあいだだけだ。したがって、相手の感情に訴えることが重要。象に道を歩かせ、協力してもらおう（クッキーとダイコンの研究や、重役会議室のテーブルに積まれた手袋がその好例）。

・**道筋を定める。**人間の問題に見えても、実は環境の問題であることが多い。本書では、この状況や環境のことを「道筋」と呼ぶ。道筋を定めることで、象使いや象の状態にかかわらず、変化を起こしやすくなる（映画館のポップコーン容器の影響がその好例）。

私たちは、権限や予算がそれほどない人にも役立つフレームワークを考案したつもりだ。

なかには、絶対権力でものごとを意のままにできる人もいる。たとえば、CEOなら、部門の売却、従業員の雇用や解雇、インセンティブ制度の変更、チームの合併などを行なうことができるし、政治家なら、法律の制定や罰則の実施で行動を変えさせることができる。しかし、ふつうの人々にはこういった道具はない（「今夜中にゴミを片づけなければ、きみはクビだ」と息子に言うことができれば、人生はずいぶんとラクになるだろうが）。本書では、このような強制的な方法について話すつもりはない。

このフレームワークがみなさんの役に立つことを願っているが、万能薬ではないという点は承知しておいてもらいたい。ひとつに、このフレームワークは完全無比ではないからだ。フレームワークをシンプルで実用的にするために、変化に関する数々の洞察をあえてそぎ落としている。もうひとつは、当然ながら変化を起こすのはむずかしい場合もあるからだ。まわりの要求とあなたの要求がいつも一致するとはかぎらない。相手には相手なりの言い分がある。相手をおだてたり、影響を与えたり、刺激ややる気を与えたりすることはできるかもしれない。しかし、慣れきった日課を変えるくらいなら、仕事をやめたほうがましだと思う従業員はいるし、結果をかえりみず、次の一杯に手を伸ばしてしまうアルコール依存症者はいるだろう。

したがって、私たちは変化をラクに起こせると約束するつもりはない。しかし、少なくともよりラクにすることはできる。本書の目的は、数十年間の科学研究に支えられたフレームワークをお教えすることだ。シンプルで覚えやすく、家庭、職場、社会など、さまざまな状況で利用できる柔軟なフレームワークをお届けしたいと思っている。

　行動を変えるポイントは、①象使いに方向を教え、②象にやる気を与え、③道筋を定めることだ。この三つを同時に行なうことができれば、権限や予算などなくても、劇的な変化を引き起こすことができる。その証拠を見るには、ドナルド・バーウィックの例がうってつけだろう。医療を一変させた男だ。

10

二〇〇四年、医師であり医療の質改善研究所（IHI）のCEOでもあるドナルド・バーウィックは、命――それも膨大な数の命――を救うアイデアを思いついた[7]。IHIの研究者は、生産ラインの自動車の品質を評価する分析的手法をもとにして、患者の治療を分析した。その結果、医療における〝不良率〟が一〇分の一もあることがわかった。たとえば、患者の一〇パーセントが規定期間に抗生物質を投与されていないということだ。これは驚くほど高い不良率だった。ほかの多くの業界では、ミスを一〇〇〇回に一回（あるいはそれ以下）という水準に抑えていた。バーウィックは、高い不良率が原因で、年に数万人の患者が無駄に死亡していると考えた。

　バーウィックは、ほかの業界で効果が上がっている厳格なプロセス改善方法を病院でも利用できないかと考えた。トヨタ車と同じくらいミスなく安定して移植手術を〝生産〟することができるのではないか？

バーウィックのアイデアは、研究によって裏づけられており、ほとんど反論の余地がなかった。それでも、状況は一向に変わらなかった。なんといっても、彼には業界に変革を起こす権限がなかったし、IHIの従業員は七五名しかいなかった。それでも、バーウィックはあきらめなかった。

二〇〇四年一二月一四日、バーウィックは業界の大規模な集会で、会場に集まった病院経営者に向けてスピーチを行なった。彼はこう話した。「私たちがすべきことは、一〇万人の命を救うことです。それも、二〇〇六年六月一四日、つまり現在から一八カ月後までに。〝ある程度の命〟でもないし、〝できるだけ早く〟でもない。数は一〇万。期限は二〇〇六年六月一四日の午前九時きっかりです」

聴衆は驚いた。あまりにも壮大な目標だったからだ。しかし、バーウィックは本気だった。彼は、少人数のチームとともに、不可能に挑みはじめた。

IHIは、命を救う六つの具体的な取り組みを提案した。たとえば、呼吸器を着けた患者を扱う際の厳密な手順を定めるよう病院に求めた。これは、無駄な死の一般的な原因のひとつである肺炎を予防するためだ（たとえば、口腔分泌物が気管に入らないように、患者の頭を三〇〜四五度持ち上げるという手順が定められた）。

もちろん、命を救うという目標に反対する病院経営者はいなかったが、目標までの道のりはハードルだらけだった。ひとつに、病院が〝不良率〟を減らすためには、不良率がゼロでないことを認めなければならなかった。つまり、患者の一部は無駄な死を遂げていると認める必要があった。病院の弁護士は、それを公には認めたがらなかった。

バーウィックは、ミスを認めようとしない病院の体質に対処するべきだと考えた。そこで、一二月一四日のスピーチに、医療ミスで娘を失った母親を招いた。「うまく言葉にできません。少し悲しい気持ちもあります。四、五年前にこのキャンペーンが始まっていたら、ジョシーは助かっていたかと思うと……。でも、このキャンペーンに参加できてうれしいし、興奮しています。やればきっとできる、いや、やらなければいけないと思っているからです」

舞台上のもうひとりのゲスト、ノースカロライナ州病院協会の会長はこう言った。「長いあいだ、多くの人々がこの問題から目をそむけてきた。そろそろしかるべき行動を取らなくては。単純な話だ」

IHIは、キャンペーン参加のハードルを低くした。参加するには、病院のCEOが一ページのフォームに署名するだけでよかった。バーウィックのスピーチから二カ月後には、一〇〇〇以上の病院が登録した。IHIのチーム・メンバーは、登録した病院に新たな活動を取り入れる手助けを行なった。調査、ステップ・バイ・ステップのマニュアル、研修を提供し、病院経営者が成功や苦労について話し合うための会議を開催した。また、早くに成功を遂げた病院に、キャンペーンに参加して間もない病院の〝助言者〟になるよう勧めた。

医療システム全体の抵抗は大きかった。IHIの活動を取り入れるには、数十年間にわたって培《つちか》われた習慣や日課を変えなければならなかった。多くの医師が、新しい手順にいらだち、窮屈だととらえた。しかし、導入した病院は劇的な成果を上げた。その目に見える成功のおかげで、キャンペーンに参加する病院はどんどん増えていった。

一八カ月後の二〇〇六年六月一四日午前九時、まさにバーウィックが戻ってくると約束したその時刻に、彼は再び舞台に立ち、結果を告げた。「一〇万人を救うキャンペーンに登録した病院が力を合わせた結果、推定一二万二三〇〇名の死を未然に防ぐことができました。さらに重要なのは、新たな医療基準が制度化されはじめたということです。これからも命は救われ、人々の健康は増進されていくでしょう」

会場は興奮のうずに包まれた。ドナルド・バーウィックは、ＩＨＩの七五名のチームとともに、数千もの病院の行動を変え、合計一二万二三〇〇人の命を救ったのだ。これは、小さい都市のすべての男性、女性、子どもに救命胴衣を投げこんだようなものだ。

この結果は、バーウィックが一八カ月前にスピーチの締めくくりで述べたビジョンを見事に実現していた。彼は一〇万人の命が救われたときの世界を次のように思い描いていた。

そして、私たちは祝うでしょう。手始めにピザ、そして最後にはシャンパンを開けて。私たちが行なったことの重大さ、誠実をつらぬく勇気、交友の喜び、現場作業の巧みさ、そして実現した成果をたたえるでしょう。そして、私たち自身をたたえるでしょう。なぜなら、私たちが命を救った患者は参加できないからです。その名前は永遠にわからないからです。患者の身に何も起こらないことが私たちの功績だからです。そして、その名前はわからなくても、私たちだけは知っているのです――母親や父親たちが、行けないはずだった子どもの卒業式や結婚式にどこかで参加していることを。子どもたちが、知らないはずだった祖父母の顔をどこかで見ていることを。どこかで休暇が取られ、どこかで仕事が終えられ、どこかで本が読まれ、どこかで交響曲が聴かれ、そして私たちの活動がなければ雑草が生い茂っていただけの庭が、どこかで手入れされていることを。

11

大きな変化は起こるのだ。

ドナルド・バーウィックと彼のチームは、一〇万人の命を救う変化を引き起こしたが、バーウィック自身にはなんの権限もなかった。法律を変えられたわけでもなければ、同意しない病院経営者を解雇できたわけでもない。提案を受け入れた病院にボーナスを支払えたわけでもない。

バーウィックは、ふつうの私たちと同じ道具だけで成功を遂げた。ひとつ目に、彼は象使いに方向を教えた。目的地はとびきり明確だった。「〝ある程度の命〟でもないし、〝できるだけ早く〟でもない。数は一〇万。期限は二〇〇六年六月一四日の午前九時きっかりです」。しかし、それだけでは不十分だった。病院にその実現方法を理解させる必要があった。といっても、単に「もっとがんばろう」と言うわけにはいかない（「もっと健康的に行動しよう」と「低脂肪乳を買おう」のちがいを思い出してほしい）。そこで、彼は「呼吸器を着けた患者の頭を持ち上げる」といった六つの具体的な行動を提案した。命を救うことにつながるとわかっていたからだ。彼は、あれこれと行動を変えるのではなく、六つの活動にはっきりと照準をしぼることで、象使いの体力を奪わないようにしたのだ。

　ふたつ目に、彼は象にやる気を与えた。変化の必要性を感じさせたのだ。聴衆の多くは救える命があるという事実をすでに知っていたが、知識だけでは不十分だった（ジョン・ステグナーの会社の重役も、山積みの手袋を目のまえにして初めてやる気を出したのだ）。バーウィックは、知識だけで終わらせないために、医療ミスで娘を失った母親を聴衆と対面させた。また、バーウィックはプレゼンテーションに出席しなかった人々にもやる気を与えるすべを講じていた。彼は「医療を一変させよう」とか「医療に総合的品質管理《TQM》を導入しよう」と訴えたわけではない。「一〇万人の命を救おう」と訴えたのだ。これは万人の象に響く言葉だ。

　三つ目に、彼は道筋を定めた。病院が変化を受け入れやすくなるように工夫した。一ページのみの登録フォーム、ステップ・バイ・ステップのマニュアル、研修、サポート・グループ、助言者がその例だ。彼は病院経営者が改革しやすい環境づくりを行なったというわけだ。さらに、バーウィックは行動が伝染することを知っていた。仲間の集団圧力を利用して、病院をキャンペーンに参加させた（「町の反対側のライバル病院が一〇万人を救うキャンペーンに登録しましたよ。モラル面で遅れをとっていいんですか？」）。さらに、彼は人々を結びつけた。禁酒会《AA》の「助言者」と似た発想で、変化を起こそうと努力している人々と、変化を見事にやってのけた人々を結びつけたのだ。いわば、バーウィックは医療改革のサポート・グループをつくり上げたのだ。

本書では、バーウィックのように、予算や権限をほとんど持たずに大きな変化を生み出した人々を紹介していく。懐疑的な従業員を顧客サービスの信仰者に変え、勤務先の中小企業を救った企業家。絶滅危惧種を絶滅から救った新卒生。同僚に迷惑な行動をやめさせたマネジャー。児童虐待者を何人も更生させたセラピストなどだ。

あなたの探しているスイッチが家庭、慈善団体、組織、社会のどこにあっても、次の三つを行なえば変化を引き起こせる。①象使いに方向を教え、②象にやる気を与え、③道筋を定めるのだ。

象使いに方向を教える

第2章　ブライト・スポットを見つける

1

一九九〇年、ジェリー・スターニンは、支援の必要な子どもたちを救う国際組織、セーブ・ザ・チルドレンで働いていた(1)。彼はベトナムに新たな事務所を開設するよう依頼されていた。栄養不足と戦うために、ベトナム政府がセーブ・ザ・チルドレンを国内に招いたのだ。しかし、ベトナムに到着したスターニンには、冷たい歓迎が待っていた。外務大臣は、政府の全員がスターニンの存在を歓迎しているわけではないと釘を刺し、「半年以内に成果を出してほしい」と告げた。

スターニンは、妻と一〇歳の息子を連れてきていた。誰もベトナム語がわからない。「ベトナムに着いたとき、私たちは空港にいる孤児のようなものでした。何をすればいいのかもさっぱりわかりませんでした(2)」。スタッフは最低限しか用意されず、予算もわずかだった。

スターニンは、栄養不足の問題について、多くの文献に目を通していた。ベトナムの栄養不足にはさまざまな問題がからんでいるというのが一般的な考え方だった。衛生状態が悪く、貧困は蔓延。清浄水は普及しておらず、地方の人々は栄養に無知。

スターニンは、こういった知識はすべて「真実だが役に立たない《トゥルー・バット・ユースレス》」ものだと考えた。「数百万の子どもたちには、こういった問題の解決を待っている余裕はないのです」と彼は話す。「栄養不足の解決に、貧困の撲滅、水の浄化、公衆衛生システムの構築が必要だとすれば、いつまでたっても解決などしないだろう。しかも、期限は半年で、予算もほとんどないというのに。

スターニンにはもっといい考えがあった。彼は地方の村々を訪れ、現地の母親のグループと会った。そして、母親たちに手分けして村中の子どもの体重を測ってもらった。測り終えると、みんなで結果を検討した。

スターニンは「家庭がごくごく貧乏なのに、ふつうの子どもより体格がよくて健康な子どもはいましたか？」と尋ねた。女性たちはデータを見ながら、うなずいて答えた。「ええ、います」

「ということは、この村には家庭がとても貧乏でも栄養の足りた子どもを育てている母親がいるということですね？」

「ええ、そうです」

「では、どうやっているのか見にいきましょう」

スターニンの戦略とは、村人たちに「ブライト・スポット」、つまりお手本となる成功例を探してもらうことだった。[3] 貧乏なのに健康な子どもがいるということは、栄養不足は必然ではないということになる。さらに、健康な子どもがいるというだけで、実用的ですばやい解決が可能だという希望をもたらすことになる。スターニンは、厄介な「根本原因」を解決できないことはわかっていた。しかし、一部の子どもたちが予想に反して健康でいられるなら、誰もが健康になれるはずだ。

注目すべきは、スターニンが母親たちの象使いに目を向けたという点だ。「子どもをより健康にするにはどうすればよいか？」という全体的なテーマは、一気に解決するにはあまりにも大きくて複雑すぎる。母親たちに必要だったのはやる気ではなく方向性だ。結局のところ、子どもを健康にしたいという意欲はどの母親の象にもある。だが、その方法がわからないのだ。

まず、スターニンと母親たちは、「例外的」なブライト・スポットを除外する必要があった。たとえば、少年のおじが政府の役人で、いつも食べ物を送ってくれるとしたらどうだろう。ほかの家族はまねできない。

成功している母親たちのやり方のちがいを把握するには、まず〝常識的な〟子どもの食事方法を調べる必要があった。そこで、彼らは子どもの母親、父親、兄や姉、祖父母など、さまざまな人々に話を聞いた。その結果、村の常識が明らかになった。子どもたちは、家族とともに一日に二食をとっていた。さらに、最高級の米など、子ども向けのやわらかい純正食品をとっていた。

村の常識を理解したところで、スターニンと母親たちは健康な子どもの家を訪れて習慣を観察し、ちがいを探した。すると、思わぬ発見があった。ひとつに、成功している母親たちは、子どもに一日四食も与えていたのだ（食べさせる総量はほかの母親と同じだったが、二回ではなく四回に分けていた）。大半の家庭で行なわれていたように、一日に二回たくさん食べさせるという方法は、子どもにとってはまちがいだった。栄養不足の子どもの胃では、それほど多くの食べ物を一度に消化しきれないからだ。

さらに、食べさせ方もちがっていた。大半の親は、子どもたちが自分の腹の具合を把握していて、大皿から自分で適度な量を取ると考えていた。しかし、健康な子どもの親は、もっと積極的に食べさせていた。ときには、親が手で食べさせることもあった。また、病気のときも食べるように促《うなが》していた。これも村の常識とはちがう点だ。

もっとも興味深かったのは、健康な子どもたちは、食べ物の種類がちがっていたという点だ。彼らの母親たちは田んぼで小さなエビやカニを獲り、子どもの米に混ぜていた。一般的にはエビやカニは大人が食べるもので、子ども向けの食べ物とは考えられていなかった。さらに、母親たちは、低級な食べ物と考えられていたサツマイモの葉も混ぜていた。どんなに異様で〝低級〟に見えても、こういった食事の工夫には重大な効果があった。貴重なたんぱく質やビタミンが子どもの食事に加わるのだ。

部外者のスターニンにとって、事前に村の習慣を知る手立てはなかった。サツマイモの葉のことなど何も知らなかった。スターニンの発見した解決策は、村人の実体験から生まれた村ならではのものだった。だからこそ、そもそも現実的で継続しやすかった。しかし、解決策がわかるだけでは十分とはいえない。変化を引き起こすには、多くの母親に新しい料理習慣を身につけてもらう必要があった。

スターニンと同じ状況に立たされたら、ほとんどの人々は結果を発表したくてうずうずするだろう。村人たちを一堂に集め、こんなアドバイスを伝えるはずだ。「みなさん、集まってください。みなさんの問題を調べた結果、答えがわかりました。栄養不足を撃退するスターニンの五つのルールをお教えしましょう」

しかし、スターニンは正式な発表をしなかった。「知識では行動は変わらないのです。精神状態が不安定な精神科医、太った医者、離婚した結婚カウンセラーはどこにだっています」と彼は話す。彼は、母親たちに栄養の授業をしても行動は変わらないと考えた。母親みずから実践してもらう必要があった。

そこで、あるプログラムが考案された。栄養に問題を抱える五〇の家族が、一〇家族ずつに分かれて、毎日小屋につどい、手分けして食事の支度をするのだ。各家庭は、エビ、カニ、サツマイモの葉を持ち寄る。母親たちは、石けんで手を洗い、いっしょに料理する。スターニンは、母親たちが「新しい考え方に向かって歩みはじめた」と語った。もっとも重要なのは、それが彼女たち自身の変化だったという点だ。つまり、村特有の知恵から生まれた変化だった。スターニンは、母親たちに「自分たちでも栄養不足を解消できる」と理解させる役割を果たしたにすぎないのだ。

この料理グループをつくることで、スターニンは象使いと象の両方に訴えかけた。母親たちの象使いは、非常に具体的な指示を受け取った(「エビとサツマイモの葉を使って美味しい昼食をつくる方法はこうです」)。そして、象は「希望」という感情を抱いた(「あの子をもっと健康にする方法がほんとうにあるのね。しかも、そんなにむずかしくない。私にだってできる!」)。さらに、道筋が果たした役割にも注目だ。多くの母親が何かをしているとなれば、自分も従わなければという強力な社会的圧力が生まれる。料理教室は、村の文化を根本的に変えつつあった。

何より「ブライト・スポット」の優れている点は、〝よそのものは嫌い〟という問題を解決することだ。輸入された解決策に直感的に拒否反応を起こす人々はいる。アメリカの政治家がフランスの医療システムを取り入れると提案したら、国民がどれほど抗議するか想像してほしい(あるいは、その逆も同じだ)。誰だって、自分たちがいちばん賢いと考えているものなのだ。

変えようとしている村そのもののなかにブライト・スポットを探すことで、スターニンはその土地に合った解決策を生み出そうとした。彼が別の村のアイデアを持ちこもうとしていたら、旅ははるかに困難なものになっていただろう。地元の母親は「あっちとは事情がちがう。私たちの問題はもっと複雑なの。こっちではうまくいかないわ」と文句を言ったにちがいない。

しかし、ブライト・スポットを探せば、さまざまな問題をたちどころに解決できる。それは不思議ではない。変化の成功例には、本書のフレームワークの三要素、つまり「象使い」「象」「道筋」のすべてが結びついて存在しているからだ（便宜上、本書ではフレームワークの要素をひとつずつ説明するが、「象使い」の章で取り上げられている例でも、「象」と「道筋」に影響を与えている点を忘れないでほしい。コンセプトが単独でうまくいくケースはほとんどない）。

スターニンがベトナムの村を訪れてから半年後、六五パーセントの子どもの栄養状態が改善し、その後も維持された。後に、エモリー大学の公衆衛生大学院の研究者がベトナムを訪れて個別にデータを収集したところ、スターニンが村を去ったときに生まれていなかった子どもでさえ、スターニンがかかわった子どもと同じくらい健康だった(4)。まさに、変化が定着したという証拠だった。

スターニンの成功は広まりはじめた。「私たちはプログラムの各段階に位置する一四の村をモデルとし、社会実験の場へと変えました。村の栄養モデルを手本にしようと、ベトナム各地から人々が集まりました。毎日のように、人々がこの生きた大学にやってきては、五感を使って村を観察しました。そして、〝卒業〟したら自分の村に戻ってプロセスを実施し、問題を解決するのです。プログラムには、二六五もの村から二二〇万人のベトナム人が参加しました。私たちの生きた大学は、ベトナムの栄養不足を劇的に改善する方法を村人に教える国家的なモデルとなったのです」とスターニンは語った。

これほど英雄的な物語はないだろう。スターニンと彼を信頼する少人数のチームは、わずかな予算で、栄養不足の問題に突破口を開いたのだ。さらに注目すべきなのは、彼らは専門家ではなく、答えを持ちこんだわけでもないということだ。ブライト・スポットのパワーを深く信じていただけなのだ。

2

私たちの象使いには、多くの強みがある。象使いは思考者でもあり計画者でもある。よりよい未来への道筋を練ることができる。しかし、これまで説明してきたように、象使いには致命的な弱点がある。頭を空回りさせるという性質だ。象使いは思考や分析が好きで、さらに悪いことに、分析の対象はたいていブライト・スポットではなく問題のほうだ（たとえば、恋愛について何時間も悩む友人と会話を交わしたことがあるはずだ。しかし、友人が「なぜこんなにうまくいくのだろう？」とたった数分間でも分析している瞬間に出くわした経験はないだろう）。

もちろん、象使いの分析好きが非常に役立つこともある。分析で解決できる問題も多いからだ。しかし、変化が必要な場面では、分析のしすぎは悪影響を与えかねない。象使いは問題ばかりを見すぎて、重要視してしまう。ベトナムのジェリー・スターニンの話を思い出してほしい。それまで何十人もの専門家がベトナムの状況を分析してきた。専門家たちの象使いは問題と格闘してきた。給水。公衆衛生。貧困。無知。おそらく、論文、研究文書、改善計画書も書いたはずだ。それでも、何も変わらなかった。

困難な状況に直面すると、象使いはあちこちに問題を見つける。そして、多くの場合は「分析麻痺《アナリシス・パラリシス》」に襲われてしまう。はっきりと方向が定まるまで、象使いはずっと頭を空回りさせつづけるのだ。変化を先に進めるには、象使いに方向を教える必要があるのはそのためだ。どこへ向かうのか、どう行動するのか、どんな目標を追い求めるのかを伝える必要がある。ブライト・スポットがこれほど重要なのはそのためだ。変化を起こそうとしているとき、象使いに道を案内するこのうえない希望となるからだ。

3

「学校なんて最悪だ」。初回のスクール・カウンセリングで、中学三年生のボビーが言った。(5)スクール・カウンセラーのジョン・J・マーフィーは、ボビーが顔を出したことにさえ驚いていた。

何人もの教師が、ボビーの素行の悪さにとうとう我慢できなくなり、彼にカウンセリングを勧めてきた。ボビーは遅刻の常習犯で、宿題もめったにせず、授業をぶち壊し、廊下でほかの生徒を大声でおどすこともあった。

家庭生活も同じくらい荒れていた。ボビーは、行動に問題を抱える児童向けの特別施設と里親の家庭を何度も行き来していて、ケンタッキー州コヴィントンの社会福祉機関から目をつけられていた。さらに、ボビーと父親は家族カウンセリングの待機リストに載っていた。マーフィーのカウンセリングに顔を出したとき、ボビーは学校で問題を起こして再び特別施設送りになる寸前だった。

マーフィーの手に負える状況ではなかった。カウンセラーには、ボビーの家庭環境を改善する手立てがない。それに、時間も足りなかった。ボビーと会えるのは、たまに一時間、それからしばらくしてまた一時間という具合だった。よい行動にはごほうびを与え、悪い行動には罰を与えるというわけにもいかない（といっても、罰を与えても効果はなかっただろう。ボビーは素行の問題でたいてい午前中には校長室に呼び出されていたが、行動はいっこうに変わらなかった）。

「学校なんて最悪だ」という言葉を無視して、マーフィーはボビーと会話を始め、いくつかの意外な質問を投げかけた。マーフィーとボビーの最初の会話はこうして始まった。

さて、三カ月後まで時計を早送りしてみよう。劇的な変化が起こった。ボビーが校長室に呼び出される日数は、八〇パーセントも減少した。もちろん、模範生になったわけではない。しかし、社会福祉機関が問題児向けの学校に送らなくてすむ程度には改善した。校則違反の常習犯だったボビーも、たまにしか違反しなくなった。そのきっかけは、カウンセラーとのたった数時間の会話だったのだ。

いったい会話で何が起きたのか？

4

ジョン・マーフィーは、解決志向短期療法《ソリューション・フォーカスト・ブリーフ・セラピー》（略して解決志向療法）の専門家だ。[6]

解決志向療法は、一九七〇年代にセラピスト夫婦のスティーヴ・ド・シェイザーおよびインスー・キム・バーグと、ミルウォーキーにある〈ブリーフ・ファミリー・セラピー・センター〉の同僚によって発明されたもので、従来のセラピーとは大きく異なる。一般的な心理療法では、患者とセラピストが問題を掘り下げていく。問題の根源は？　幼少期に原因があるのか？　これはある種、考古学の発掘に似ている。患者の心を掘りかえし、現在の行動を説明できる黄金の事実を発掘するのだ。過去を掘りかえすのには時間がかかる。標準的なフロイト派精神分析では、一週間に一～二回のカウンセリングで五年間もかかる場合がある（しかも、五年間と五万ドルをつぎこんで、「すべては母親の責任だ」なんて結論になる）。

それとは対照的に、解決志向療法では考古学は行なわない。現在の行動を説明する鍵を掘り起こしたりはしない。幼少期にも着目しない。着目するのは、目のまえの問題の解決策のみなのだ。

結婚セラピストのミシェル・ウィーナー＝デイヴィスは、当初は一般的な精神分析医としての教育を受けた。[7]あらゆる精神分析医と同じように、彼女も幼少期の体験が未解決のトラウマを生み出し、現在の問題を悪化させていると考えていた。そこで、彼女は養育環境がどのように人間関係における行動を形作ったのかを患者に理解させようとしていた。しかし、精神分析の成果に不満を覚えることが多かった。彼女は著書の『離婚を防ぐ(*Divorce Busting*)』でその理由を説明している。「患者によくこう言われた。〝私たちが両親の結婚生活を再演しているというのは理解できました。でも、だからといってどうすればいいのでしょう? ケンカはおさまりません〟」。彼女は、問題を理解するだけではかならずしも解決しないということを学んだ。知識だけでは不十分なのだ。

当初、ウィーナー＝デイヴィスは解決志向短期療法に疑いを持っていた。「シンプルすぎる。大半の人々もセラピストも、変化のプロセスは複雑で骨が折れるはずだと考えている。〝痛みなくして得るものなし〟が経験則なのだ」。しかし、解決志向療法に対する彼女の考え方は変わっていった。彼女は考え方の変化をゴルフにたとえて説明している。

あるときから、ゴルフのスイングがうまくいかなくなった。そこで、スイングをまるきり改造しなければと考えて、ゴルフのプロについた。プロは、考古学をいっさい行なわなかった。「きみには、勝利への恐怖があるようだ。小さいころ、父親におどかされたからじゃないか?」とは言わない。代わりに、ちょっとした修正をアドバイスする。たとえば、クラブを握り締めすぎないようにと。最初は、そのアドバイスに少しむっとした。高い料金を払ってこんな単純なアドバイスだなんて。しかし、コースに出ると、ボールはまっすぐ遠く飛ぶようになっていた。「ひょっとすると、ものごとはちょっとした修正でうまくいくのかもしれない」と彼女は思った。

5

解決志向療法では、潜在的な問題を見つけるために、共通のテクニックを利用する。初回のカウンセリングの初めに、セラピストは患者の問題を尋ねたあと、「奇跡の質問《ミラクル・クエスチョン》」を投げかける。「ちょっと変な質問をしてもいいでしょうか？　今夜、ベッドに入ってぐっすり寝るとしましょう。夜中、眠っているときに奇跡が起こり、あなたがここで相談した問題がきれいさっぱり解決したとします。朝起きたときに、〝何かが変わった。問題がなくなってている！〟と思う最初の小さなサインはなんですか？」[8]

オーストラリアのシドニーで働くセラピスト、ブライアン・ケイドの結婚セラピーで、ある夫婦はミラクル・クエスチョンにこう答えた。[9]

妻　幸せな気分になっていると思います。ようやく気持ちが安らいで。ボブにもっと優しくなって、ガミガミどなりつけたりしなくなる。

ケイド　それでどうなりますか？

妻　もっと理解し合えるようになると思います。お互いの言葉に耳を傾けて。

夫　うん。いまは相手の話なんて真剣に聞いていないからね。早く自分の話をしようとするばっかりで。

ケイド　話を真剣に聞いてもらえているというサインは？
妻　顔を見て、もっと目を合わせることかしら。（少し間を置き、笑う）適度に相づちも打ったりして。
夫　そうだね。批判とか無視をしないで、お互いの言葉に答えることだろうね。

ケイドが「それでどうなりますか？」、「話を真剣に聞いてもらえているというサインは？」という具合に、夫婦から詳しい話を引き出している点に注目してほしい。ミラクル・クエスチョンでは、奇跡そのものを説明させるわけではない。奇跡が起こったら、どのようなサインがあらわれるかを答えさせるのだ。

もうひとつ例を挙げよう。アルコールの問題を抱える男性のカウンセリング・セッションだ。[10]

セラピスト　奇跡が起きてアルコールの問題が解決したとしたら、翌朝から行動はどう変わりますか？
男性　わかりません。想像もつきません。
セラピスト　考えてみて。
男性　友だちもみんな飲むし、どう考えていいのやら……。
セラピスト　むずかしいと思いますが、考えてみてください。

男性　まあ、色々な変化があると思います。
セラピスト　ひとつ挙げると？
男性　たぶん、図書館にでも行って、新聞を読むでしょう。
セラピスト　図書館に行くと、一日はどう変わりますか？

解決志向療法のセラピストは、「問題がなくなっていると思う最初の小さなサインはなんですか？」という質問をすることで、患者を奇跡の最初のサインに着目させようとしている。これは、壮大すぎて実現不可能な答えを避けるためだ。たとえば、「銀行口座が満額で、仕事が好きでたまらず、結婚生活は順風満帆」というような答えを避けるのだ。

患者が具体的で明確な進歩のサインを認識したら、セラピストはふたつ目の質問に移る。おそらく、ひとつ目の質問よりも重要だ。それは「例外の質問《エクセプション・クエスチョン》」だ。「最後にほんのわずかのあいだでも奇跡が見えたのはいつですか？」

たとえば、アルコール依存症の患者には、「一時間か二時間でも最後に酒を我慢できたのはいつですか？」と尋ねる。あるいは、先ほどの例に登場した妻には、「最後に夫から真剣に話を聞いてもらえていると感じたのはいつですか？」と尋ねる。

これは巧妙な戦術だ。セラピストがそれとなく伝えようとしているのは、患者が自分自身で問題を解決できるということだ。実際、患者は少なくとも一定の場面では、すでに問題を、解決しているという証拠を挙げている。たとえば、ブライアン・ケイドは、聞き分けのない子どもを持つ母親のカウンセリングで、次のようなエクセプション・クエスチョンを尋ねた。

ケイド　最後にお子さんがあなたの言うことを聞いたとき、どんなちがいがありましたか？　どのような場面で行儀がよくなると思いますか？

母親　（しばらく考えて）本人が調子に乗りすぎたと感じたときかしら。

ケイド　お子さんはどんなときに調子に乗りすぎたと思うんでしょう？

母親　それが面白いんです。私がどなったり叱ったりするのをやめて、とても静かな声になったときなんです。私がそういうふうになれるのは、一日じゅうあれもしなきゃこれもしなきゃと悩んでいる日や、心配事が多い日じゃなくて、さっぱり用事が片づいたと感じられる日なんです。まだ家事が残っていると思うと、パニックを起こしてしまうんです。

ケイドは、子どもが行儀のいい日にどう感じているかを尋ねた。

母親　私がいつもより優しく見えているんじゃないかしら。

ケイド　ほかには？

母親　たぶん、私がいつもより笑顔で元気にあいさつしていると感じていると思います。

解決志向療法では、あらゆる問題には例外があると考えられている。その例外をいったん把握すれば、スポーツ大会の競技ビデオのように、じっくりと分析できる。「うまくいっていたときのシーンを再現してみましょう。何が起こっていましたか？　どう行動しましたか？　笑っていましたか？　アイ・コンタクトはしていましたか？」という具合だ。すると、解決策が直接浮かび上がってくる。しかも、その解決策は以前に効果があったものなので、そもそも実行可能だ。

この「例外」は、ジェリー・スターニンの「ブライト・スポット」に似ている。ベトナムの村に貧乏でも健康な子どもがいるように、アルコール依存症者の生活にも酒を我慢できる瞬間がある。このブライト・スポットこそ、発掘すべき金《きん》なのだ（ブライト・スポットは、象使いに方向を教えるだけでなく、象に希望ややる気も与える）。

あなたの場合はどうだろう？　あなたは栄養不足と戦っていないかもしれないし、セラピーも必要ないかもしれない。しかし、何かを変えようとしているなら、視界にブライト・スポットが見えるはずだ。そして、それを見つけて理解すれば、変化の根本的な謎のひとつを解決できるだろう。それは、どの行動を変えるべきかという謎だ。

あなたが人事の責任者だとしよう。あなたはかねてから、フィードバックを年一回の人事考課までためこむのではなく、もっと頻繁に従業員に返すようライン・マネジャーに訴えている。そこで、その場でフィードバックを返すという新しい方法を実践してもらうために、一〇人のマネジャーを集めて社外の研修プログラムを実施した。マネジャーたちはプログラムを終えると、導入してみると口をそろえた。

四週間後、マネジャーから感想が返ってきはじめる。その結果はさまざまだ。ふたりのマネジャーは、すっかり心を入れかえている。すばやいフィードバックのおかげで、チーム・メンバーとの関係がよくなったと興奮気味。五人は消極的な肯定派で、何回かは試してみたという。ほかのふたりは、残念ながら忙しくて試せなかったという。そして最後のひとりは、完全な懐疑派で、くだらない取り組みだと考えている。

次はどうすればよいか？　ブライト・スポットを参考にして行動計画を立てるのだ。成功したふたりのマネジャーを調べにいこう。まず、例外的な状況でないかどうかを確かめよう。たとえば、追跡調査の結果、成功したマネジャーのひとりが実はチームにフィードバックを返していなかったと判明するかもしれない。彼はチーム・メンバーのもとを訪れて世間話をする機会を増やしただけかもしれない。交流が増えたおかげで、彼の気分はよくなったが、チーム・メンバーはうんざりしているかもしれない（たびたび邪魔されるからだ）。もしそうなら、このマネジャーはブライト・スポットとはいえない。

もうひとりの成功は本物かもしれない。マネジャーのデビーは、毎週忘れずに全従業員にフィードバックを返せるよう、チェックシートを考案したかもしれない。または、「簡易フィードバックには二分以上時間をかけない」とか「フィードバックは特定のプロジェクトにのみ利用し、従業員の業務全体の評価には使わない」という目標を立てたのかもしれない。あるいは、オープンドアの時間帯を設け、従業員が気軽に立ち寄って進行中のプロジェクトに関する簡易フィードバックを求められるようにしたのかもしれない。

ブライト・スポットが見つかったら、それをコピーしよう。たとえば、一～二時間くらいほかのマネジャーたちをデビーとともに行動させ、デビーが新しいスタイルを仕事にどう取り入れたのかをじかに観察してもらう。デビーを次回の社外研修プログラムに参加させ、簡易フィードバックの仕組みについてマネジャーたちに指導してもらう。ＩＴ部門と話し合い、デビーのつくった仮のチェックシートを改良できないか相談する。

つまり、デビーの成功を観察し、社内に広める方法を探るのに時間の八割をあてるわけだ。懐疑派のマネジャーにどう対処すべきかといつまでも悩んだり、同じマネジャーたちに取組みの内容を見直してもらうための別の研修プログラムを計画したりするのではなく、「何がうまくいっていて、それを広めるにはどうすればよいか？」と考えるのだ。この一文には、ブライト・スポットの考え方が凝縮されている。

6

ブライト・スポットに注目するという方法は、企業の直感に反するだろう。ジェリー・スターニンの協力者のひとり、リチャード・パスカルは、二〇〇三年にジェネンテックのコンサルタント業務[11]を引き受けたとき、この点を痛感した。この会社は、ゾレアという薬を発売したばかりだった。ゾレアはぜんそくの「奇跡の薬」と考えられており、多くの患者に対してぜんそく発作の予防効果が認められていた。しかし、発売から半年がたっても、ゾレアの売れ行きは期待を大きく下回っていた。

パスカルと彼のチームは、ゾレアの販売不振の原因を調査するよう依頼された。彼らはただちにブライト・スポットを探しはじめ、すぐにひとつ見つけた。ダラス・フォートワース地域のふたりの営業担当者は、同僚の二〇倍のゾレアを販売していたのだ。さらなる調査の結果、ふたりは根本的に異なる営業手法を用いていることがわかった。彼女たちは、薬の健康上のメリットを売りこもうとはしていなかった。医師たちはすでに薬のメリットをほぼ理解していたからだ。代わりに、医師に薬の投与方法を理解させたのだ。ゾレアは錠剤でも吸入器でもなく、静脈注射による注入が必要だった。薬を処方するアレルギー専門医や小児科医にとって、この方法はなじみの薄いものだった（よって、象がひるんでしまう）。

これは、典型的なブライト・スポットだ。サツマイモの葉を子どものご飯に混ぜたベトナムの母親たちと同じように、ふたりの営業担当者は、ほかの人々とまったく同じ道具で、まったく異なる成果を実現した。ブライト・スポットを見つけることで、ジェネンテックのマネジャーはイノベーションをすべての営業担当者に広めることができたはずだ。

しかし、実際にはちがうことが起きた。ダラス・フォートワース地域の営業担当者の好成績が疑われたのだ！　上司たちは、ふたりが不当に有利だったのではないかと推測し、担当地域やノルマを見直すべきだと考えた（後の調査で、ふたりの顧客数はほかの営業担当者と変わらないことが判明した）。これこそ、この成功話の教訓といえるだろう。

ジェネンテックのマネジャーに対して公平を期すために、本当にふたりの営業担当者が単なる例外だという可能性があったとしよう。それでも、マネジャーたちは好成績を反射的に「悪いニュース」と決めつけたことになる。これは、象使いの分析能力には限りがないというよい教訓だ。象使いがでしゃばりすぎると、成功でさえ問題に見えてしまうものなのだ。

7

再び、問題児のボビーの話に戻ろう。ここまで来れば、彼の突然の変わりようが理解できるはずだ。ボビーのカウンセリング・セッションで交わされた簡単なやり取りを紹介しよう。スクール・カウンセラーのマーフィーは、最初にエクセプション・クエスチョンを投げかけている。

マーフィー　きみがあまり学校で問題を起こさないのはどんなときかな？

ボビー　スミス先生の授業では問題を起こさないよ。まあ、そんなには。

マーフィー　スミス先生の授業はどうちがうのかな？

ボビー　わからない。先生は優しい。気が合うんだ。

マーフィー　どういうふうに優しいんだい？

マーフィーは、スミス先生が「優しい」というボビーのあいまいな答えに満足せず、スミス先生や彼女の授業のちがいをいくつか挙げるまで粘り強く聞きつづけた。ボビーの行儀がよくなる原因が潜んでいると考えたからだ。たとえば、スミス先生はボビーが教室に入るとかならずあいさつしてくれるという（当然ながら、ほかの先生はボビーを避けていた）。スミス先生は、ボビーにもできるように易しめの宿題を出した（彼には学習障害があった）。さらに、授業で課題を出す場合には、ボビーが指示を理解できているかどうかをかならず確かめた。

スミス先生の授業はまさにブライト・スポットだった。これまでにも説明したように、ブライト・スポットを見つけたら、あとはそれをコピーするだけだ。マーフィーは、スミス先生の授業をモデルにし、ボビーのほかの担当教師に彼と向き合う実践的なコツを教えた。ドアのまえでボビーにあいさつする。彼にもできる宿題を与える。指示を理解したかどうかを確かめる。

もちろん、マーフィーは、問題のある幼少期を掘り起こしたり、怒りや頑固さの原因を探し出したりしようとはしなかった。マーフィーにとって、そのような情報は、ジェリー・スターニンの言葉を借りれば「真実だが役に立たない《トゥルー・バット・ユースレス》」情報だったのだ。もうひとつ、マーフィーが避けたのは、ジェネンテックのような反射的な疑いの眼差しだ。頭のなかでこんな反論を並べるのは簡単だったはずだ。「スミス先生はほかの先生よりも愛想がいいだけだ」「彼女の授業は簡単なのだろう」「教師が問題児のために自分のやり方を変える必要はない」など。そう考える代わりに、マーフィーはブライト・スポットを見つけ、それを信頼したのだ。

マーフィーが具体的な指示を与えると、ボビーの担当教師たちは喜び、アドバイスを実行してみると約束した。マーフィーは、アドバイスの効果を調べるために、ボビーの行動を次の三つの基準で記録するよう教師たちに頼んだ。①授業に遅刻していないかどうか。②授業で課題をこなせているかどうか。③授業で許容できる行動が取れているかどうか。すでにお話ししたとおり、三カ月後、ボビーが重大な校則違反で校長室に呼び出される頻度は、八〇パーセントも減少した。また、ボビーは三つの基準で測定した日々の行動でも、めざましい進歩を遂げた。解決志向療法を行なうまえ、一日の六つの授業のうち、ボビーの行動が「可」と判定されたのはたいていひとつかふたつだった。しかし、解決志向療法を行なったあとでは、可は六つのうち四～五つになった。ボビーはまだ模範生とはいえない。しかし、はるかに改善したのは確かだ。

8

ベトナムとボビーの事例には、驚くべき類似点がある。いずれも、比較的小さな変化（サツマイモの葉を料理に使う、ドアのまえでボビーにあいさつする）が大規模な問題に大きな影響を与えたのだ。問題の規模と解決策の規模はどう見ても対称的ではない。問題は大きく、解決策は小さい。

これこそ、本書で繰りかえし取り上げるテーマだ。大きな問題が、それに匹敵するくらい大きな解決策で解決されることはほとんどない。むしろ、数週間、ときには数十年間の小さな解決策の積み重ねによって解決されることが多い。この非対称性こそ、象使いの分析好きが裏目に出やすい理由なのだ。

象使いは、問題を分析するとき、その大きさに見合う解決策を探そうとする。穴を見つければ、それをしっかりと埋めようとする。六〇センチの丸い穴を見つけたら、六〇センチの杭《くい》を探そうとする。しかし、その心理モデルはまちがっている。たとえば、ベトナムの栄養不足を分析していた専門家は、その原因となっている大規模な制度上の問題を徹底的に分析した。公衆衛生の欠如。貧困。無知。水不足。さらに、問題を解決するために、大規模な制度上の計画を立てた。しかし、それは夢物語にすぎなかった。スターニン以外に、「いまうまくいっている部分は？」と問いかけようと思った人はいなかったのだ。

ボビーの中学校での状況を検討した教師や学校経営者たちは、何もかも崩壊しきっていると指摘した。崩壊した家庭。学習障害。抑えきれない衝動。ふつうの人がボビーの状況を分析すれば、大きくて複雑な問題に見合う、大きくて複雑な解決策を探しただろう。しかし、カウンセラーのマーフィー以外に、「いまうまくいっている部分は？」と問いかけようと思った人はいなかったのだ。

ブライト・スポットを探すということは、「何がうまくいっていて、それを広めるにはどうすればよいか？」と自問することにほかならない。当たり前じゃないかって？　しかし、現実の世界で、この当たり前の疑問が尋ねられることはめったにない。代わりに、私たちは「何が壊れているか？　それを直すにはどうすればよいか？」というように、問題に目を向けた疑問を唱える。

問題に目を向けるこの考え方は、私たちの象使いの欠点だ。ネガティブに目を向ける現象について研究してきた心理学者たちは、面白い結論にたどり着いている。それをわかりやすく説明するために、英語の在宅学習ウェブサイトから抜き出した次の単語を見てみよう。[12] すべて、感情をあらわす単語だ。アルファベット順に最初の二四個を抜き出してみた。パターンにお気づきだろうか。

ANGRY	怒っている
ANNOYED	イライラしている
APPALLED	驚いている
APPREHENSIVE	心配だ
ASHAMED	恥ずかしい
BEWILDERED	戸惑っている
BETRAYED	裏切られた気分だ
CONFUSED	混乱している

CONFIDENT　自信がある
CHEATED　だまされた気分だ
CROSS　機嫌が悪い
DEPRESSED　憂うつだ
DELIGHTED　うれしい
DISAPPOINTED　残念だ
ECSTATIC　喜んでいる
EXCITED　ワクワクしている
EMOTIONAL　情緒不安定だ
ENVIOUS　ねたましい
EMBARRASSED　ばつが悪い
FURIOUS　激怒している
FRIGHTENED　怖い
GREAT　すばらしい
HAPPY　幸せだ
HORRIFIED　恐怖している

感情をあらわすもっとも基本的な二四の英単語のうち、ポジティブな単語は六つしかないのだ！　さらに詳しい研究では、心理学者が感情をあらわすすべての英単語を分析した。すると、全五五八単語のうち、ネガティブな単語は六二パーセントで、ポジティブな単語は三八パーセントしかないことがわかった。これはショッキングな差だ。古い都市伝説によれば、エスキモーは雪に関して一〇〇種類の単語を使い分けているという。まさに、ネガティブな感情は、私たちにとってエスキモーの雪のようなものなのだ。

このネガティブな偏りは感情だけにとどまらない。全般的に、私たちはもともとネガティブな面に着目する傾向にある。心理学者のグループが二〇〇以上の文献を確認した結果、人間の行動や認知の幅広い範囲で、「悪は善よりも強い」という一般原則が成り立つという。(13)

証拠その1。悪い出来事の写真とよい出来事の写真を見せられた人は、悪い出来事の写真を見るのに長く時間をかける。

証拠その2。誰かの悪い評判を知ると、よい評判よりも心に残る。悪い評判により着目し、より考えをめぐらし、より長く記憶し、その人全体を評価するときにより重視する。この思考パターンはあまりに強力なので、対人認知の研究者は、「ポジティブとネガティブの非対称性」という名前すらつけている。

証拠その3。ある研究者が、「スポーツ・ファンはスポーツの大会をどう解釈するか」「学生は日記で日常をどう描くか」など、人が日常生活の出来事をどう解釈して説明するかを調べた一七の研究を調査した。すると、仕事、政治、スポーツ、私生活など、さまざまな分野で、人々はポジティブな出来事よりもネガティブな出来事を自然と持ち出し、説明しようとしていることがわかった。
　もっと多くの証拠を挙げることもできるが、ここでこの研究者の決定的な（残念な）ひと言を紹介しよう。「この調査を始めたとき、この現象の範囲を示す例外が見つかると思っていた。しかし、善が悪よりもつねに強いという明確な分野はひとつも見つからなかった」（傍点筆者）
　悪は善よりも強いのだ。かつてレスリー・フィードラーが述べたように、結婚生活のいざこざを描いて名をなした小説家は多いが、幸せな結婚生活を描いてヒットした小説はないのだ。

9

　この「悪は善よりも強い」という偏りは、変化を引き起こすときに致命傷になる場合もある。これを「**問題への注目**」とでも呼ぼう。こんな場面を考えてみてほしい。ある日、あなたの子どもが成績表を持って帰ってきた。5がひとつ、4が四つ、1がひとつ。親として、どこに時間をかけるか？

　この仮説は、作家のマーカス・バッキンガムが立てたものだ[14]。彼は、ほとんどの親が1に目を向けると述べている。それも無理はない。ほとんどの親は、「何か問題がある。解決しなければ。家庭教師を呼ぼう。それとも、罰を与えようか。この科目の成績がよくなるまで、外出禁止にしよう」と言うだろう。その代わりに、「すごい、この授業で5を取ったのね。この科目があなたの強みね。どうやって伸ばそう？」と言う親はめったにいない（バッキンガムは、弱みにこだわるのではなく強みを最大限に活かすというテーマで、数々の良書を世に送り出している）。

ものごとがうまくいっているうちは、象使いはあまり注目を払わない。しかし、うまくいかなくなると、象使いはとたんに注目し、問題解決スキルを発揮しはじめる。したがって、子どもが5や4を取っているときは、成績にあまり着目しない。しかし、2や1を取りはじめると、とたんに着目しだす。考えてみると不思議ではないだろうか？

象使いがもっとポジティブな性格だったら？　電気のスイッチをつけて、部屋に明かりが灯るたびに、うれしさがこみ上げてくるとしたら？　夫に誕生日を忘れられた妻が、盛大にキスをして「一四年のうち、一三年は誕生日を覚えていてくれてうれしい！」と言う世界だったら？

残念ながら、私たちの世界はそうではない[15]。

しかし、変化を起こすときには、それが必要だ。「**解決策への注目**」が必要なときに、象使いは問題に注目しようとする。あなたがマネジャーなら、こう自問してほしい[16]。「成功を拡大しようとする時間に比べて、問題を解決しようとする時間はどれくらいか？」

私たちは、考古学的な問題解決から、ブライト・スポットの布教へと頭を切りかえなければならない。そして、それはかならずできる。ジェリー・スターニンを思い出してほしい。

彼はハードルだらけの環境に飛びこんだ。分析の機会はいくらでもあった。栄養不足について政策方針書を書きながら、二〇年間をベトナムで過ごすこともできただろう。しかし、彼は知っていたのだ。失敗のなかにも、成功はあることを。

あるアルコール依存症者は、一時間酒を我慢している。五〇人の営業担当者のうち三人は、驚異的な売上を記録している。ベトナムの何人かの母親は、ほかの母親よりもお金をかけることなく、健康な子どもを育てている。

この一筋の光明、つまりブライト・スポットこそが、行動の道筋を照らし出し、「変われる」という希望に火を灯すのだ。

第3章　大事な一歩の台本を書く

1

　ある医者が、関節炎で慢性的な股関節痛を抱える六七歳の男性のカルテを検討するよう言われた。(1)医師は過去に痛みの治療薬を処方したが、患者に効果がなかったため、より抜本的な選択肢の検討を迫られていた。それは人工股関節置換手術だ。大腿部を切り開き、関節のくぼみから骨をもぎ取り、関節の頭を削って、人工関節に置きかえるのだ。人工股関節置換手術のリハビリは長くてつらいプロセスだ。

　すると、この症例に予期せぬ分岐点がやってきた。患者の投薬記録を最終チェックしたところ、まだ試していない薬が見つかったのだ。医師はジレンマに直面した。ほかの薬剤が失敗したにもかかわらず、試していない薬を処方するか？　それとも、計画どおり患者に手術を勧めるか？

実際の症例に基づくこのジレンマは、医師のドナルド・レデルマイヤーと心理学者のエルダー・シャフィールが考案したものだ。彼らは、このジレンマを利用して医師の意思決定について研究した。この症例を提示されると、四七パーセントの医師が患者にメスを入れずにすむように、投薬を試すと答えた。

このジレンマのもうひとつのバリエーションとして、別の医師グループにほとんど同じ症例を提示した。しかし、ひとつちがいがあった。患者の記録から、まだ試していない薬剤が二種類あることがわかったのだ。あなたが股関節炎の患者なら、喜ぶにちがいない。手術せずにすむ選択肢が二種類あるほうが、一種類しかないよりもいいに決まっている。ところが、二種類の薬剤に直面すると、いずれかの投薬を選んだ医師は二八パーセントに下がったのだ。

理屈に合わない。薬剤の選択肢が増えたことで、どういうわけか投薬治療よりも手術に心が傾いてしまったのだ。四七パーセントの医師が薬剤Aは手術よりもよいと考えたなら、ふたつ目の薬剤が加わっただけで、手術に心が傾くはずなどないのに。

ここで起きたのは、「意思決定の麻痺《ディシジョン・パラリシス》」(2)だ。**選択肢が増えると、それがどんなによい選択肢でも、私たちは凍りつき、最初の計画に戻ってしまう。**このケースでは、つらくて傷の残る人工股関節置換手術だ。この行動はどう見ても非合理的だ。しかし、それが人間なのだ。

意思決定は象使いの担当だ。そして、意思決定には入念な自己管理とセルフコントロールが必要なので、象使いの体力に負担がかかる（第1章のダイコンとチョコチップ・クッキーの実験を思い出してほしい）。象使いは、選択肢を与えられるほど疲労していく。買い物が、そのほかの気楽な活動と比べてはるかに疲れると感じたことはないだろうか(3)。その理由はもうおわかりだろう。選択肢のせいだ。これを知っておくことは重要だ。私たちは過剰な選択肢に取り囲まれているからだ。意思決定の麻痺の三つの実例を見てみよう。

シーン1。グルメ食料品店の店内。店長がテーブルを設置している。輸入ジャムの試食コーナーを設けるためだ。ある日、テーブルには六種類のジャムが展示された。別の日には、二四種類のジャム。想像どおり、二四種類のジャムを展示した日のほうが、多くのお客さんが試食に立ち寄ってくれた。しかし、いざ買う段となると、なかなか決断を下せない。その結果、六種類のジャムを展示した日のほうが一〇倍もジャムが売れた。

シーン2。とある大企業のオフィス。従業員たちが退職に向けて積み立てを始めようと、401k年金の資料を読んでいる。人事部は、よかれと思ってさまざまな投資オプションを用意した。国内成長株ファンド、国内バリュー株ファンド、地方債ファンド、不動産投資信託、新興国ファンド、先進国ファンド、マネー・マーケット・アカウントなど。さらに、それぞれのカテゴリーにもまた数種類の選択肢があった（充実した401k年金プランとなると、選択肢が数十種類におよぶ場合もある）。しかし、余計な選択肢はかえって裏目に出る。選択肢が一〇個増えるたびに、従業員の加入率は二パーセント下がるからだ。意思決定の麻痺によって、人々は自分自身の退職の積み立てを思いとどまるのだ！　さらに、多くの会社では、従業員向けの拠出金があるので、従業員は無料《ただ》でもらえる金をみすみす逃している可能性もある。

シーン3。地元のバー。合コン・パーティーが開かれている。ロマンティックな関係を求めて、独り身の若い男女が一対一で顔を合わせ、五分間くらいずつ話をする。しかし、意思決定の麻痺は恋のキューピッドの邪魔もする。二〇人と会うほうが、八人と会うよりも〝マッチ率〟は低くなるのだ(4)。

つまり、意思決定の麻痺は、医療、買い物、投資、交際の判断の妨げになるということだ。さらに言えば、仕事や人生の意思決定にまで悪影響を及ぼす可能性もあるのだ。

あなたの組織では意思決定の麻痺が起こっていないだろうか。どの企業も、魅力的な選択肢のなかから選択を下さなければならない。短期的な収益を増加させるのか、収益性を最大化するのか。完璧な製品をつくるのか、製品の市場投入を早めるのか。イノベーションや創造性を重視するのか、効率を最適化するのか。こういったさまざまなジレンマを抱えれば、麻痺が起こるのはまちがいない。医師の脳を混乱させるのに、たった二種類の薬剤で十分だったのだ。あなたの組織には、どれくらいの選択肢があるだろうか？

地元の教育委員会について考えてみよう。毎年のように、問題と解決策は増えていく。委員の心の葛藤を想像するのはたやすい。「資産税収入は減っているが、教師には物価上昇にともなう三パーセントの昇給が必要だ。それに部活も忘れてはならない。昨年のマーチング・バンドの廃止は一苦労だった。しかし、新設したサイエンス・スクールにも投資しつづけなければ。成功しなければ笑いものになるだろう。だが、真っ先に解決しなければならないのは、老朽化したインフラやすし詰めの教室だ」。疲れきった教育委員たちにとっては、昨年の予算の各項目に一・五パーセントを上乗せして、そのまま今年の予算にするほうがよっぽどマシに思えてくるのだ。

バリー・シュワルツは、著書『なぜ選ぶたびに後悔するのか』で、私たちはより多くの選択肢に直面するほど、「負担を背負いきれなくなる。こうなると、選択の自由はわたしたちを解放するどころか、萎縮させるものになる。暴圧といってもいいかもしれない」と述べている。(5)

2

現状が心地よく安定していると感じられるのは、選択肢の多くが切り捨てられているからだ。誰にでも習慣、つまり自分のやり方がある。象使いは、一日の大半は自動運転で動いている。しかし、変化の時期には、自動運転はもはや通用しない。急に選択肢が増え、自動運転の習慣は不慣れな意思決定に変わる。ダイエット中は、それまでのように毎日ビッグマックを食べにいくわけにはいかない。その代わりに、意思決定が残る。新しいマネジャーのもとについたら、自然に行なっていたコミュニケーションは、選択に変わるのだ。

変化は新たな選択肢をもたらし、不確かさを生み出す。ひとつはっきりさせておくと、意思決定の麻痺を引き起こすのは、一〇〇種類のドーナツからひとつを選ぶといったような選択肢ばかりではない。あいまいさもそうだ。変化の時期になると、どのような選択肢があるのかさえわからない。そして、このあいまいさは、テーブルのうえの二四種類のジャムと同じように、意思決定の麻痺を引き起こすのだ。

あいまいさは象使いを疲れさせる。象使いは象の手綱を引っ張り、象を新しい道へと案内しなければならないからだ。しかし、その道が不確かだと、象はもとの道を行こうとする。先ほどの医師と同じようにもっとも見慣れた道を。それはなぜか？　不確かさが象を不安にさせるからだ（見知らぬ場所で、つい見慣れた顔を探してしまうのはそのためだ）。そして、意思決定の麻痺が変化にとって致命的なのもそのためだ。もっとも見慣れた道とは、つねに現状そのものだからだ。

多くのリーダーが、おおまかな方向性を定めて満足している。「私はビジョンは定めるが、詳細には立ち入らない」。確かに、次の章でも説明するように、魅力的なビジョンは重要だ。しかし、それだけでは十分とはいえない。おおまかで放任的なリーダーシップは、変化の場面ではうまくいかない。変化のもっともむずかしい部分、つまり麻痺を引き起こす部分は、まさに詳細のなかにあるからだ。

第1章で、「抵抗しているように見えても、実は戸惑っている場合が多い」という理由を説明した。ウェストヴァージニア州のふたつの自治体の住民は、不健康な食生活を送っていたが、ふたりの教授が低脂肪乳を買うよう指導しただけで、大規模な変化を遂げた。住民たちにとって必要なのはおおまかなビジョンではなかった。「健康的な食生活を送る」のが立派な目標だと納得させる必要もなかった。必要だったのは、壮大な目標を日常的な行動のレベルに落としこみ、健康的な食生活を送る数多くの複雑な選択肢を仕分け、手軽な開始点を提案してくれる人だったのだ。

あいまいさはその敵だ。変化を成功させるには、あいまいな目標を具体的な行動に置きかえることが必要だ。簡単に言えば、変化を起こすには、**「大事な一歩の台本を書く」**ことが必要なのだ。

3

一九九五年、ブラジルのフェルナンド・エンリケ・カルドーゾ大統領は、国鉄を民営化する決断を下した。彼は鉄道を七社に分割し、経営権を競売にかけた。それまでの政権は鉄道システムにあまり投資を行なっておらず、競売の時点では老朽化が進んでいた。調査の結果、鉄道網の橋の五〇パーセントに修理が必要で、二〇パーセントは崩落の危険性があることがわかった。ブラジルの鉄道システムで用いられていた技術は先進諸国と比べるとだいぶ見劣りするもので、二〇台の蒸気機関車がまだ使われていた。

するとＧＰという民間企業がブラジル最南端の三州を走る「南部線」の入札を決め、一九九六年一二月の競売で最高入札者となった(6)。経営開始からしばらくして、ＧＰは自社の幹部のひとり、アレクサンダー・ベーリングに経営を任せ、のちに会社はアメリカ・ラティーナ・ロジスティカ（ＡＬＬ）へと名称を変更した。経営者の座についたとき、ベーリングはまだ三〇代前半で、ビジネス・スクールを卒業してわずか四年だった。

ところが、ベーリングには腕のふるいようがなかった。ALLには現金が三〇〇〇万ブラジル・レアルしかなかったのだ。ベーリングの就任直後の会議で、ある中間管理職のマネジャーは橋の修復に一本あたり五〇〇万レアルを求めた。彼の言っていることはもっともだったが、老朽化した橋をすべて修理するとなれば、数億レアルが必要になる。切実なニーズがある一方で、銀行預金はゼロも同然。彼は厳しい制約に直面した。

GPの買収した鉄道は混乱をきわめていた。ベーリングのチームが経営につき、従業員や優先事項が一新されると、混乱はさらに大きくなった。本来なら、意思決定の麻痺は避けようがないはずだった。

ベーリングが実行すべき内容を明確にしていなければ、そうなっていた可能性は高かった。しかし彼は、ALLを資金繰りの苦しい危険な財務状態から脱却させることを最優先事項に掲げた。それを実現するために、ベーリングと三五歳の最高財務責任者のデュイリオ・カルチョラーリは、会社に四つの投資ルールを設けた。

ルール① ALLに短期的な収益をもたらすプロジェクトにのみ資金を投じる。

ルール② 問題の最善の解決策とは、たとえ長期的にコストが多くかかっても、品質の面で劣っても、先行投資がもっとも少なくてすむ解決策である。

ルール③ 長期的にはより優れた解決策ではあるが、時間のかかる選択肢よりも、問題をすばやく解決できる選択肢を優先させる。

ルール④　新たな資材を購入するよりも、既存の資材を再利用またはリサイクルするほうが望ましい。

この四つのルールは明確だ。①収益を上げる。②先行投資を最小限に。③最善よりも最速。④あるものを使う。このルールを総合すると、資金が増えて返ってくるという保証がないかぎり、資金は使用されないということになる。つまり、少し使って少し稼ぐという考え方だ。これこそ、「大事な一歩の台本を書く」という意味だ。変化は意思決定や行動のレベルで始まるものだが、そこが難関なのだ。摩擦が生じるのはそこだからだ。惰性と意思決定の麻痺のせいで、人々は古い習慣から抜け出せない。したがって、人々を新しい方向へと進ませるには、とびきり明確な誘導が必要だ。だからこそ台本を書くことが重要なのだ。ブラジルの鉄道システムであれ、お菓子の詰まった深夜の食料棚であれ、困難な時期には実現したい具体的な行動を思い描く必要があるのだ。

とはいえ、すべての行動に台本をつけることはできない。それはまるで、チェスの一七手目を予言するようなものだからだ。重要なのは、大事な一歩だ。ウェストヴァージニア州の研究者がキャンペーンの対象を牛乳にしぼったのを思い出してほしい。牛乳は一般的な食生活で最大の飽和脂肪の摂取源だからだ。研究者は、パン、炭酸飲料、バター、ポテトチップに関しては何もアドバイスしなかった。「低脂肪乳に切りかえる」という大事な一歩の台本を書いたのだ。

同じように、ベーリングの四つのルールは、財務的な優先順位づけに的をしぼっている。彼には長期的な計画を練る余裕はなかった。ALLがより徹底的な転換を行なう時間を稼ぐため、従業員にすぐさま新しい方向に進んでもらう必要があった（したがって、従業員の士気、マーケティング、R＆Dなど、ほかの重要課題については何も言わなかった）。大事な一歩に専念することで、彼は従業員の方向転換を促したのだ。

たとえば、一九九八年、ALLは穀物の運搬事業を断念せざるをえなかった。機関車が足りなかったからだ。競合他社が新しい機関車の導入を話し合っているあいだ、ALLのエンジニアはせっせと古い機関車を修理した（「②先行投資を最小限に」、「③最善よりも最速」）。

さらに、ALLのエンジニアは、燃料補給なしでも長距離を運行できるように、機関車の燃料容量を増加させる方法を考案した。これにより、停車時間が減り、機関車あたりの運行経路が増えた。ちょうど、サウスウエスト航空がゲートでの折りかえし時間を短縮し、競合他社と比べて一機あたりのフライト数を増やしているのと同じだ（「①収益を上げる」）。また、エンジニアは、列車の速度を低下させる「軌道の損傷」という悩ましい問題にも、独創的な解決策を生み出した。一トンあたり四〇〇米ドルの金属レールを新規に購入する代わりに、廃駅のレールを解体し、現役の路線に設置したのだ（「④あるものを使う」）。

三年後、ベーリングの手法は報われはじめた。ALLの業績は、一九九八年の八〇〇〇万レアルの純損失から、二〇〇〇年の二四〇〇万レアルの純利益まで持ち直した。

これまで説明してきた象使いの性質を考えれば、ベーリングの戦略が成功したのも不思議ではない。ベーリングは、むずかしい意思決定をしやすくするために、行動の台本を書いた。象使いを疲れさせ、変革活動を危険にさらすのはあいまいさだ。そして、ベーリングはあいまいさを排除した。投資の意思決定をするときには、彼のルールに照らし合わせれば正しい判断がわかった。

この手法のパワーを見るために、再び医師と股関節炎の患者の例に戻ってみよう。病院の責任者が「大事な一歩」の台本を書いたとしよう。そして、そのひとつが「メスは最終手段としてのみ用いる」だったとしよう。このガイドラインを設けていたら、医師の意思決定に大きな変化が生まれていたことはまちがいない。

4

次のパートでお届けするのは、「クリニック」コーナーだ。クリニックでは、実際の場面を紹介するので、本書のフレームワークを応用して変化を引き起こす方法を考えてほしい。クリニックの最後には、筆者のアドバイスを紹介する。しかし、私たちの答えを見るまえに、ぜひみなさん自身で戦略を練ってほしい。クリニックはいわば〝一時停止ボタン〟のようなものだ。この機会にいったん本文を離れ、それまでの内容の応用方法を考えてほしい。フレームワークの実践に役立ててもらえれば幸いだ。クリニックはコラム形式になっているので、中断なく本文を読みたい場合は、あとで戻ってもらってもかまわない。

クリニック　従業員に経費報告書を予定どおりに提出してもらうには?

場　面

あるコンサルティング会社の経理担当者のバーバラがまた経費報告書の件で怒っている。なぜみんないつも遅れて提出するのか? 月の締切日は昨日だが、報告書の三八パーセントが未提出のまま。それがチーム・メンバー、特に経費担当責任者のマリアにとってはプレッシャーになっている。予定どおりに帳簿を締めるためには、経費の入力が欠かせないからだ。バーバラは我慢の限界に達し、下線やびっくりマークだらけの催促メールを書きはじめる(この催促メールは毎月の恒例になっている)。なぜこれほど「口を酸っぱくして」言わないと、従業員は自分の仕事もしてくれないのだろうか? (これは、よくある実話に基づいたフィクションだ)

変えるべきポイントとは? 何が妨げになっているのか?

バーバラの望む行動は明らかだ。従業員に期限までに経費報告書を提出してもらうこと。何が妨げになっているのかは明らかではない。報告プロセスが複雑すぎて、象使いの身動きが取れなくなっているのかもしれない。報告プロセスははっきりとしているが、象がつねに別の仕事を見つけるからかもしれない。あるいは、報告システムが時代遅れすぎて、道筋が巨大な足かせになっているのかもしれない。三方向から攻撃を加えよう。

変化を起こすには？

・象使いに方向を教える　①ブライト・スポットを見つける。バーバラは、ブライト・スポット、つまり経費報告書を毎月予定どおりに提出している六二パーセントの従業員を調査すべきだ。何がちがうのか？　経費が発生するたびに記録する自分なりの方法を考え出していて、月末まで山のようにためこまずにすんでいるのかもしれない。その秘訣が見つかれば、ほかの従業員と共有することができる。**②大事な一歩の台本を書く**。報告プロセスの一部が複雑で、意思決定の麻痺を引き起こしているのかもしれない。あるいは、一部の経費の記録方法や、クライアント間での経費の割り振り方法があいまいなのかもしれない。遅れている何人かの従業員の報告書の記入方法を観察すべきだろう。混乱をじかに観察しなければ、大事な一歩の台本を書くことはできない。

・象にやる気を与える　①感情を芽生えさせる。経費報告書の期限を守らない人は、なんの「感情」も抱いていない。確かに、バーバラは遅れている人をメールで叱りつけているが、六カ月も連続で催促メールを受け取れば、すっかり鈍感になってしまうはずだ。バーバラは、従業員が気にかけてくれる何かを探し出す必要がある。何かではなくて、誰かでもいい。結局のところ、企業には毎月帳簿を締めてくれるマリアのような人物が必要だ。従業員が締切をすっぽかせば、こういう人々の責任が問われる。そこで、報告書の提出を目標にするのではなく、月一回マリアに協力することを目標にしたらどうだろう。事務的な期限を守らないことを正当化するのは簡単だが、あなたを頼りにしている同僚を裏切ることを正当化するのはむずかしいだろう。

・**道筋を定める**　①**環境を変える**。経費報告書はどれくらい記入しやすいか？　経理部は報告書をシンプルにする努力をするべきだ。報告書に従業員の名前をあらかじめ印刷したり、バラバラな領収書をしまっておく空の封筒を配付したりするのだ。アマゾンのワンクリック注文について考えてみてほしい。あらゆるハードルを取り除くことで、道筋がくっきりとしていることがわかる。②**仲間を集める**。多くの人が「みんな遅れて提出しているから、遅れてもいいんだ」と誤って結論づけている（バーバラの催促メールがこの認識を助長している。遅れている人が多いからこそ、そんなメールが送られてくるのだ）。人は社会規範に敏感だ。そこで、メールでは報告書の三分の二が期限どおりに提出されている点を強調すべきだろう。同僚と比べて仕事ができないと思われるのは、誰だっていやなはずだ。

5

アレクサンダー・ベーリングがALLの従業員にシンプルなルールを示した結果、変化はすばやく起きた。低脂肪乳を勧められたウェストヴァージニア州の住民もそうだ。しかし、なぜ変化を起こすためには、行動の台本を書く必要があるのか？　ホールミルクではなく低脂肪乳を飲むべきだなんて、ウェストヴァージニア州の住民全員がわかっていたことではないか？

そうではないのだ。コップ一杯のホールミルクに、ベーコン五枚分の飽和脂肪が入っていることを知っている人は少ない。直感で理解できる知識ではないからだ。同じように、ALLの従業員が「よし、新しいレールを買うのをやめて、廃止された古いレールをはがして使おう」と直感で決断することもできない。**相手に行動を変えてもらうには、「新しい行動」をはっきりと説明する必要がある。新しい行動が明らかだと思いこんではいけない。**

その重要性を説明するために、低脂肪乳とはまったく「正反対」のキャンペーンについて考えてみよう。意図的ではないにせよ、巧妙な低脂肪乳キャンペーンとはすっかり逆を行くキャンペーンだ。そのキャンペーンとは、アメリカ政府の「フード・ピラミッド」[7]だ。

健康的な食事を構成する食品の種類や量を示すフード・ピラミッドは、人々の行動を変え、ない典型的な例だ。これについて、少し考えてみよう。変化を起こすうえで、あなたもフード・ピラミッドと同じ失敗をする可能性があるからだ。

まず、ピラミッドの形について考えてみよう。ピラミッドは階層をイメージさせるが、フード・ピラミッドでは階層が明確ではない。当初のフード・ピラミッドでは、食品が段に分かれて掲載されていた。いちばん下が穀物で、いちばん上が油。すると、油がもっとも重要な食品群だと勘ちがいする人があらわれた(なんてこった)。下に示す改訂版では、順序を連想させないようにその構造を廃止し、縦のカラーの帯を取り入れた。この図式の意味するところは、ピラミッド構造そのものになんの意味もないということだ。フード・ピラミッドではなく、フード・プリズムとかフード・クジャクにしたって同じだ。

再び図を見てみよう。その意味はかなりあいまいだ。帯は何を意味するのか？　すぐにくみ取れる意味といえば、横を駆け上がる人間の絵の意味だけだ。「運動しなさい」ということだ。しかし、「どれくらい？」「週に何回？」「どのような運動を？」といった、より大事な疑問の答えはわからない。当然ながら、そのせいで図はさらにあいまいになっている。

フード・ピラミッドが食品について何を言おうとしているのかを知るためには、ピラミッドの模様の意味を調べなければならない。すると、それぞれのカラーの帯が食品群をあらわしているのがわかる。たとえば、黄色い帯（中央近くの細い帯）は「油」。オレンジの帯（いちばん左）は「穀物」。さらに調べれば、カラーの帯にはそれぞれ推奨量があるのがわかる。たとえば、アメリカ農務省では、成人に一日あたり小さじ五〜七杯の油を摂取することを勧めている。

即答してほしい。今日、小さじ何杯分の油をとりましたか？「何グラム」の穀物をとりましたか？

これほど人々の食生活を変える効果に乏しいメッセージなどあるだろうか？ここで使われている言葉や概念は、食品に関する実体験とはあまりにもかけ離れている。穀物の量を図式化しているだけで、食料品の購入やハンバーガーの注文といった行動とはいっさい結びついていない。その結果、このメッセージを見ると混乱し、「この図はなんだかよくわからない」と感じて、やる気を失ってしまうのだ。

たとえば、私たちの大半は自動車のオイルを三カ月または五〇〇〇キロおきに交換するという原則を心得ている。これは、低脂肪乳キャンペーンと同じように、わかりやすく実行しやすい原則だ。代わりに、自動車業界が悲惨なフード・ピラミッドと同じようなキャンペーンを展開したらどうだろう。その名も「カー・レインボー」。レインボーの各色が異なる診断検査をあらわしている。たとえば、ピンクはエンジン・オイルが一定の「スラッジ基準値」を超えてはならないという警告。こんなキャンペーンを展開したら、オイル交換ショップは数カ月で倒産だ。

フード・ピラミッドのあら探しをするのは簡単だ。しかし、これには重要で実用的な教訓が含まれている。変化を引き起こそうと思っているなら、ビジョンからあいまいさをなくす必要があるということだ。もちろん、これは簡単ではない。大事な一歩の台本を書き、やる気を行動に変える方法を理解しなければならない。チームに「もっと独創的になれ」とか「財布のひもを締めなさい」と言うだけでは足りない。それは、アメリカ国民に「もっと健康になれ」と言うようなものだ。

『ハーバードで教える組織戦略』に記されている組織改革に関する先進的な研究で、研究者たちは変革活動をもっとも成功した活動（上位三分の一）、もっとも成功しなかった活動（下位三分の一）、その中間（残りの三分の一）の三つのグループに分類している。[8] その結果、いずれのグループでも、ほぼ全員が目標を設定していることがわかった。上位三分の一では八九パーセント、下位三分の一では八六パーセントが目標を設定していた。たとえば、在庫回転率を五〇パーセント増加させるといったものが典型的な目標だ。しかし、変革に成功した人ほど、行動目標を定めていることがわかった。行動目標が定められていた割合は、上位三分の一では八九パーセントだったのに対し、下位三分の一では三三パーセントにすぎなかった。たとえば、「プロジェクト・チームは週に一回ミーティングを行ない、チームには各部署の代表者をかならず一名は参加させる」というのが行動目標の一例だ。

変革のアイデアを具体的な行動へと置きかえないかぎり、変化を導くことはできない。活動を生み出すには、明確さと具体性が必要だ。フード・ピラミッドに別れを告げて、低脂肪乳を手本にするべきなのだ。

6

この考え方はどこまで通用するものなのか？　具体的な指示はどれほどのちがいをもたらすのだろう？　そこで、このアイデアをもっとも厳しいテストにかけてみよう。子育ての台本を書いて、児童虐待者の行動を変えることはできるか？

二〇〇四年、子どもの虐待経験がある一一〇人の親を対象に実験が行なわれた(9)。七三パーセントの親が、子どもを叩いたり殴ったりするなどの危害を加えたことがあった。二〇パーセントの親はさらに激しい危害を加えたことがあり、骨折や重傷を引き起こしていた。

親は虐待を子どものせいにする傾向があった。オクラホマ大学健康科学センターの研究教授、ビヴァリー・ファンダーバークは、「親たちは〝あまりにダメで聞き分けのない子だから、しつけなきゃいけなかった〟と言うのです」と話している。親たちは、〝悪い子〟または頑固な子を産んでしまったから、従わせるには暴力しかないと考えていた。

ファンダーバークのチームの目的は、この親たちを変え、虐待をやめさせることだった。もし、考えが甘いとか望みがないと感じたなら、あなたはファンダーバークの仲間だ。彼女自身も、この研究に取りかかったとき、同じ心配を抱いていたのだ。

彼女は、親子相互交流療法（ＰＣＩＴ）と呼ばれる手法を実践している。その目的は、虐待の特徴である「強制」と「ストレス」の悪循環を断ち切ることだ。ＰＣＩＴの第一段階では、親に課題が与えられる。「一日に五分間、子どもと遊んでください。ただし、ルールがあります。子どもに一〇〇パーセント注目を注ぐこと。電話に出るのは禁止。ＡＢＣを教えてもいけない。ただ、子どもを楽しませるのです」。親たちは、五分間で何ができるのかといぶかしむ。「何を言っているのよ。一日のすべての時間をこの子に捧げているっていうのに」とある親は言った。

最初、五分間の遊びは、実験室で行なわれる。テーブルと椅子がぽつんと置かれた部屋に親と子どもが座る。テーブルには三つか四つのおもちゃが置かれている。親は、子どもに遊びの主導権を与えるよう指示される。命令や批判はおろか、質問も禁止。親たちにとって、子どもに行動の主導権を握らせるのは信じがたいほどむずかしいのだ。

親子が遊んでいるあいだ、セラピストはマジックミラーごしに親を観察し、イヤホンを通じてその場で指導していく。ファンダーバークは一般的な親子交流を次のように説明する。

親子はまずぬり絵を始めます。親は子どもの紙に色をぬって、いっしょに遊ぼうとします。すると、子どもがいやがる。そこで、私たちは親にこう伝えます。「では、別の紙を用意して、子どものまねをしてください」

子どもが虹の色をぬったら、親も虹をぬる。「お母さんも同じ色にぬるからね。緑にぬるの？　じゃあ私も緑にぬろうっと」

特に反抗的な子どもは、親の緑色のクレヨンに手を伸ばしてつかみ取り、「こっちがほしい」と叫ぶこともあります。そういう場合、親にはこう言うよう教えます。「そうなの、クレヨンをいっしょに使えてうれしいわ。手が届くように、クレヨンを全部そっちに置きましょうね」

ときには、親が「それじゃあ、私は虹をピンクにぬるわね」と言うと、子どもが「ピンクは気持ち悪いから、使わないで！」と言うこともあります。子どもがあまりにも理不尽なときは、発言を無視するよう伝える場合もありますが、それ以外は子どもに賛成して、「そうね！　ピンクは虹には合わない色よね。じゃあ赤でぬりましょう」と言うよう指導しています。

私たちは、親に葦《あし》のように心を柔軟に曲げるよう伝えています。子どもが何をしようとも、親が抵抗しなければ、子どもには戦う対象がなくなるのです。

虐待する親は、たいてい五分間の遊びにとても疲れを感じる（その理由はおわかりだろう。親の象使いはつねに自己管理をしていなければならないからだ）。ファンダーバークと彼女の同僚は、研究所でも自宅でも、親たちに毎日これと同じ行動（「子ども中心の交流」と呼ぶ）を実践するよう求めている。そうすれば、行動が徐々に反射的になっていくからだ。行動が反射的になればなるほど、象使いはセルフコントロールが不要になり、行動を継続できるようになるのだ。

親たちは、当初は教えられるスキルに違和感を覚える。たとえば、「一生懸命やってくれてうれしいわ」「よくできました。お人形さんに優しくできたわね」というように、機会を見つけては子どもの行動をほめるよう教えられる。また、「わあすごい、車を車庫にしまってるのね」というように、子どもの行動を単に口に出すようにも教えられる。注目されていると感じさせるためだ。

プログラムの後半になり、親たちが子どもと短期間でも好意的な交流を持てるようになると、子どもが言うことを聞く命令の出し方を教える。親たちは、命令の具体的な鉄則を教えられる。命令が親の気まぐれと思われないように、命令の内容と理由をセットにするのだ。たとえば、「ジョニー、もうすぐバスが来る時間だから、すぐに靴をはいてちょうだい」という具合だ。

ファンダーバークとオクラホマ大学のチームは、児童虐待の経験がある一一〇人の親の半数を無作為に選び、一二回のPCITを受けてもらった。残りの半数には怒りの抑制療法を一二回受けてもらった。これは感情のコントロールを訓練する療法で、虐待する親には一般的な治療法だ。一二回のセラピーが終わったあと、三年間にわたって親たちの追跡調査を行なった。三年間のあいだに、怒りの抑制療法を受けたグループの六〇パーセントが子どもの虐待行為を再発させた。それとは対照的に、PCITを受けた親は二〇パーセントしか虐待を繰りかえさなかった。

ＰＣＩＴは問題を取り除いたわけではない。実際、親の五人にひとりは再び子どもを虐待したのだ。しかし、行動の変化という観点から見れば、驚くべき成果だ。私たちの大半は、心の底では、虐待する親には矯正しがたい欠陥があると考えている。心に根本的な問題がないかぎり、子どもを叩けるはずなんてないと考えている。一二回のセラピーを受け、これほどシンプルな指示を守るだけで、子どもを虐待する親の行動が変わると考えると、びっくりするだろう。

ファンダーバークはこう言う。「私の経験では、体罰を加える親も、目的はふつうの親と同じなのです。ただ、そのやり方と考え方がまちがっているのです。三歳の子どもに家の庭で遊んでいなさいと言ったのに、子どもがふらふらと道路に歩いていったというだけで、ダメな子だと思ってしまうのです。三歳児が言われたことを忘れるとか、衝動をコントロールできないということがわからない。だから、聞き分けがないとか危険だとか考えて、子どものために罰を与えようと考えるのです」

これまで、意地を張ったり抵抗したりしているように見えても、実は戸惑っている場合が多いと説明してきた。ＰＣＩＴプログラムからわかるのは、子どもの虐待も、理解不足や、明確な指示や指導の不足に原因があるのかもしれないということだ。もちろん、だからといって親の行動が許されるわけではない。私が言いたいのは、シンプルな台本には、誰も想像しえないほどのパワーがあるということだ。台本があれば、子どもを虐待する親でさえ行動を変えるのだ。

7

一九九五年、ブラジルのカルドーゾ大統領が国鉄の民営化を発表したのと同じ年に、サウスダコタ州のハワードという町の高校生グループが町の復興計画を立てはじめた。高校生たちは、死につつある町をよみがえらせるために、何かをしたかった。

ハワードを郡庁所在地とするマイナー郡は、数十年前から衰退の一途をたどっていた。(10) 農業や工業の働き口は徐々に減り、それを埋め合わせる仕事はなかった。ハワードの平均的な住宅価格はたったの二万六五〇〇ドルで、人口はおよそ三〇〇〇。それも減少する一方だった。サウスダコタ州のなかでも、マイナー郡は高齢者人口率がもっとも高く、若者の転出率も最大だった。つまり、若者はある程度の年齢になると町を出ていき、戻ってこないということだ。

「九〇年間も衰退しつづけているのです」と長年の住人であるランディ・パリーは話した。彼は地元の高校でビジネスの授業を受け持ち、バスケットボールの代表チームを指導し、副業でアイスクリーム店を営んでいた。

ハワード高校の生徒は、授業でアイオワ州の田舎町の消滅を描いた本を読み終えたばかりだった。パリーによると、生徒たちは「七〇年後のこの町の姿だ」と感想をもらしたという。

「すると、授業で生徒たちが〝この状況を変えるためにはどうすればいいだろう?〟と問いかけはじめたのです」

この状況で「意思決定の麻痺」が起こるのは無理もない。町の健全性にはさまざまな要素がからんでいる。歴史。人口構成。位置。経済基盤。気候。挙げればきりがない。こういった問題は複雑すぎて誰にも解決できなかった。しかし、それはやる気がないからではなかった。町を復興させるチャンスがあるとしたら、飛びつかない人などマイナー郡にはひとりもいなかった。象の群れはいつでも動き出す準備が整っていた。しかし、どこへ？　わずか数人でどうやって郡全体を復興させる？

そこで、生徒たちは状況を調査することにした。アンケートをつくり、マイナー郡から抽出した一〇〇〇人の登録有権者に配付した。すると、ひとつの発見に生徒たちは戸惑った。住民の半数がマイナー郡の外で買い物をしていたのだ。サウスダコタ州最大の都市であるスーフォールズまで一時間かけて車を走らせ、大型店で買い物をしていた。

マイナー郡をよみがえらせるには、経済を刺激する必要がある。とはいっても、投資、起業、移住など、経済を刺激する大半の活動は、生徒たちの手には負えなかった。しかし、ひとつだけできることがあることに気づいた。地元でお金を使うのだ。そこで、生徒たちは「マイナー郡のお金をマイナー郡に残そう」という最初のスローガンを考え出した。

パリーは、発見を自治体に発表するよう勧めた。生徒たちはそのアドバイスに従い、プレゼンテーションをまとめた。

生徒たちが復興に関心を抱きはじめたちょうどそのころ、町ではさまざまな活動が行なわれていた。マイナー郡の別の市民グループは、すでに何回ものミーティングを開き、郡の住民と町の将来について話し合っていた。会合は高校や住民の家で五回開催され、農業やビジネスを営む人々、牧師、年金受給者など、さまざまな住民が招かれた。人々は「マイナー郡を活性化するために何ができるか？」と互いに問いかけた。

挙げられた意見はさまざまだった。「なぜこの町はこんなにみすぼらしく、さびついた車ばかりが道を走っているのか？」、「事業主にさえ助成金がおりないのに、どうすれば農家に助成金がおりるのか？」、「なぜこの町には活気のあるメイン・ストリートがないのか？」。しかし、挙げられた意見は「真実だが役に立たない《トゥルー・バット・ユースレス》」ものばかりで、自治体には解決のしようがなかった。その多くには投資が必要だったが、財源となる税収は少なく、明確な資金源が見当たらなかったのだ。しかし、住民の手でもできることがいくつかあった。

人口一五〇人のフェドラという町のガソリンスタンドのオーナーは、数年前に住民が病気の木々をたくさん切り倒したことを嘆いていた。切り倒された樹木の切り株はいまだに町に放置されたままで、フェドラをさびれた悲しい雰囲気にしていた。そこで、懸念を抱いた市民グループが、フェドラの樹木に対処することを決めた。ある土曜日、チェーンソーを持った農家の人々がトラクターやショベルカーに乗ってフェドラの町に集まり、ほかの住民たちは労働者のためにサンドイッチやクッキーをつくった。たった一日で、グループは四〇〇本の切り株を掘り起こした。

その日にキッチン部隊を率いたキャシー・キャリーズは、五歳から九五歳まで五〇名もの人々が力を合わせて、町のために行動する光景はすばらしかったと話した。「一日が終わるころには、誰もが〝たった一日でこんなことができた〟と感じていました。そして、力を合わせて切り株を掘り起こし、みんなが町の理想像について同じ考えを持っているとわかると、事態は動きはじめるものなのです」（切り株の撤去作業には、強力な「象」と「道筋」の要素もある。変化を生み出したという勝利の喜びによって象に体力がみなぎり、町の強力な支援のおかげで道筋が平坦に感じられるようになった。仲間を集めれば、長い旅はラクになるのだ）。

町の人々は一致団結しはじめた。キャリーズはある日の出来事を覚えている。市民意識の高いフィリスという八〇代の女性が、町の復興支援者のミーティング会場に立ち寄ってこう言った。「呼ばれるのをずっと待っていたのよ。私の手が必要なときは、きっと呼んでくれると思ってた。でも、気づいたのよ。〝みんな忙しくて、私を呼んでいる暇なんかない〟って。だから、自分からやってきたの」。フィリスは、家の冷蔵庫に「老後なんてうんざり」という言葉の入った刺繍《ししゅう》を飾っていた。

高校生の発表の当日。八五人の住民がプレゼンテーションを聞こうと高校の体育館に集まった。そのなかには、教育委員、議会議員、郡政委員など、マイナー郡の町の長《おさ》たちもいた。

聴衆は高校生の話にじっと耳を傾けた。パリーはそのときの様子をこう話す。「会場はシーンと静まりかえっていました。人々は〝反対なんてできない。子どもたちがいつか帰ってこられる町にしたいから〟と話していました。さもなければ、私たちはぼけっと座って、町がどんどんさびれていくのを見守るしかない。そうすれば、すぐにこの町は灰になってしまうでしょう」

生徒たちは、印象的なスプレッドシート、図表、グラフを用意していた。しかし、それだけでなく、複雑なデータを意外でシンプルな事実で言いかえていた。ハワードの住民が地元で使うお金を一〇パーセント増やすだけで、地元の経済を七〇〇万ドルも押し上げられると計算していた。

聴衆は感銘を受けた。そして、プレゼンテーションは期待以上の効果を上げた。生徒たちがマイナー郡の「最初の一歩」の台本を書くと、地元の住民はすぐさまその期待に応え、マイナー郡でお金を使うよう心がけた。一年後、サウスダコタ州の税務課は驚くべき数値を発表した。マイナー郡で消費されたお金が生徒の期待を二倍以上も上回り、一五六〇万ドルも増えたのだ。

変化は雪だるま式に膨らんでいった。郡の税収が急増したため、地元のグループが検討していた提案に回す予算が生まれたのだ。税収はその後も膨らみつづけ、高校生のプレゼンテーションから数年後には、より大がかりな問題に取り組めるほどになった。その後、ハワードとマイナー郡はさまざまな基金から六〇〇万ドルの助成を受け、変革を推進した。ランディ・パリーは教師の仕事を辞め、フルタイムの復興責任者になった。ハワードの町は、有機牛肉の生産業や風力タービンの修理業など、二一世紀のビジネスを推進した。

「すべては小さなことから始まりました」とパリーは話す。「高校のバスケットボール・チームを引き継いだときと同じです。ちょうど、負け続きのシーズンを終えようとしているところで、誰も体育館に集まろうとしませんでした。ところが、ふとしたことから勝ちはじめた。すると、何人かが集まり、さらにその数は増えていきました。そのうち、どんどん勝てるようになったのです」。これまでに、パリーは三三の州の自治体のリーダーたちとマイナー郡の復興について話し合っている。

8

ブラジルの鉄道に、サウスダコタの小さな町。どちらも崩壊寸前だった。問題は入り組み、そのもつれを解くまともな予算もなかった。しかし、いずれのケースでも、予想外のリーダーが登場した。ビジネス・スクールを出たての若い男と、高校のバスケットボールのコーチ。そして、ふたりとも、解決しようとしている問題から見れば驚くほど小さな解決策を打ち立てて成功した（この非対称性については、ベトナムのジェリー・スターニンや問題児のボビーのエピソードでも見てきたとおりだ）。

マイナー郡が抱えていた問題は大きくて幅広かった。産業基盤の衰退。人口の高齢化。住民はこれらの問題を十分に理解していた。しかし、それは「真実だが役に立たない《トゥルー・バット・ユースレス》」知識だった。麻痺を引き起こす知識でしかなかった。

象使いから見れば、大きな問題には大きな解決策が必要だ。しかし、問題に見合うくらい複雑な解決策を探しても、見つかるのはせいぜいフード・ピラミッドのようなものくらいで、何も変わらない（象使いは、その意味を理解しようとして、頭を空回りさせるだろう）。したがって、象使いに反省や分析をやめさせ、行動のもとになる台本を与えなければならない。これまで見てきた成功例に、「低脂肪乳を買おう」「資金が増えて返ってくるという保証がないかぎり、お金は使わない」「マイナー郡でほんの少し多くお金を使おう」というはっきりとした指示が含まれているのはそのためだ。

変化について、数多くの〝常識〟を耳にする。人は変化を好まない。人は変化に抵抗する。人は自分のやり方にこだわる。人は頑固だ。しかし、本書ではそれとはまったくちがう例を見てきた。黒字に転じた鉄道。生まれ変わった町。変化した食生活。改心した親。

明確な台本は、抵抗をも消し去るのだ。

第4章　目的地を指し示す

1

クリスタル・ジョーンズは、二〇〇三年にティーチ・フォー・アメリカに加わり、ジョージア州アトランタの小学校で一年生のクラスを担当することになった[1]。その学校には幼稚園がなかったため、子どもの多くにとってジョーンズは最初の先生だった。

学年度が始まる九月の時点で、児童の能力には大きな差があった。「幼稚園の必修単語がわかる子が二~三人いたかと思えば、鉛筆さえ持てない子もいました。学校に通ったことのない子には、教室での基本的な行動が身についていませんでした。もちろん、アルファベットや数字が読めない子もいました。一人ひとりレベルが異なり、一年生に必要な能力がある子はいなかったのです」と彼女は話した。

しかし、ジョーンズには子どもたちの能力をアップさせる自信があった。「大事な一歩」

の台本を書き、すばらしい授業計画や活動を考案する自信もあった。しかし、その目的は？教室いっぱいの一年生たちに、どこへ向かうのか、そしてそこに向かう価値はなんなのかを、一年生にもわかる言葉で伝えるにはどうすればいいか？

ここで、ティーチ・フォー・アメリカの別の教師の悪い例を見てみよう。彼女は、その年の目標を次のように報告した。

本年度の読みの学習に関して、CWT、理解度評価、モンスター・テストの三つの診断基準を設けた。CWTを利用したところ、私のクラスの平均レベルは九月時点で一・五だった。目標は、生徒の単語認知度をクラス平均で三・〇に引き上げることである。また、理解度評価の結果を分析したところ、私のクラスの平均は九月時点で四一パーセントだった。目標は、理解度をクラス平均で八〇パーセントに引き上げることである。さらに、モンスター・テストを利用したところ、私のクラスの平均スコアは「セミフォネティック」と「フォネティック」の中間だった。目標は、生徒の発音およびスペリングの能力を「トランジショナル」レベルまで引き上げることである。

この意欲的で具体的な目標は、教師が計画を立てるうえではかなり役立っただろう。しかし、一年生の心に火をつけるには、明らかに役立たない。

対照的に、クリスタル・ジョーンズは、子どもにやる気を与えるには子どもの言葉を使うべきだと理解していた。そこで、学年度の初め、彼女はクラスの目標をこう宣言した。「今年度の終わりまでに、三年生になりましょう」。彼女はこれなら生徒全員の心をつかめるとふんでいた（もちろん、ほんとうに三年生になるわけではない。三年生レベルのスキルをつけようという意味だ）。

この目標は一年生の心理にぴったりだった。一年生は、三年生がどんなものかを知っている。大きくて、頭がよくて、かっこいい。オリンピック選手の優雅さや力強さにほれぼれしているときに誰もが感じる気持ちだ。一年生は三年生に対してそれと同じ気持ちを抱いているのだ。

ジョーンズは目標をじっくりと選んだ。彼女はジョージア州で定められている三年生の基準をきっちりと把握していたし、子どもたちの出発点も理解していた。そして、そのギャップを埋められると心から信じていたのだ。

彼女が最初に取り組んだのは、教室に学習という文化を根づかせることだった。彼女は生徒を「学者さん」と呼び、お互いにそう呼ばせた。誰かが教室にやってくると、彼女はクラスを「学者の集団」と紹介し、生徒たちにその言葉の意味を説明させた。「学者というのは、学ぶために生きていて、それが得意な人のことだよ」と生徒が叫ぶ。その学者たちは、家に帰ったら学んだことを家族に教えるよう言われた。

ある日、ひとりの学者が管理上の理由で教室から呼び出された。すると、教室にいたほかの学者たちが文句を言いはじめた。ふつうのクラスなら、「あいつだけ抜け出すなんてずるい」という妬《ねた》みが聞こえるだろう。しかし、驚いたことに、聞こえてきたのは「〝学者の仕事〟ができなくなってかわいそう」という哀れみの声だった。その瞬間、ジョーンズは「もうこっちのものだ」と思った。

春になると、生徒のテスト・スコアは二年生レベルに達した。そこで、ジョーンズは春休みの直前に卒業式を行なった。卒業式を終えると、子どもたちは自分をうれしそうに「二年生」と呼んだ。そして、学年度末までに、九〇パーセントの子どもが三年生（またはそれ以上）の読みの能力を備えていた。九カ月前までアルファベットさえ読めなかったというのに。

クリスタル・ジョーンズの挑戦は、「BHAG」を思い出させる。(2) BHAGとは、ジム・コリンズとジェリー・ポラスが長寿企業について記した著書『ビジョナリー・カンパニー』で提唱した言葉であり、壮大（Big）で困難（Hairy）で大胆（Audacious）な目標（Goal）という意味だ。たとえば、二〇世紀初頭のヘンリー・フォードのBHAGは、「自動車をだれもが購入できる製品にする」だった。また、小売チェーンのウォルマートは一九九〇年、「二〇〇〇年までに規模を四倍にし、売上高一二五〇億ドルを達成する」という目標を打ち立てた。コリンズとポラスは、BHAGを「描き出した未来に向かって前進するための一〇〜三〇年先の大胆な目標」と定義している。ふたりの研究の結果、このような壮大で意欲的な目標を設定しているかどうかが、息の長い企業とそれほどでもない企業の分かれ目になっていることがわかった。

しかし、変化を引き起こす場合には、もっと身近な目標を立てる必要がある。両親、中間管理職、社会運動家でも目指すことができ、数十年ではなく数ヵ月や数年で取り組める目標が必要なのだ。

このような近い将来に実現できる鮮明な未来像を「**目的地の絵はがき**《デスティネーション・ポストカード》」と呼ぶことにしよう。本書でまだ述べていなかったのはこの点だ。これまで、ブライト・スポットを探す重要性や、象使いに行動のしかたを教える方法については説明してきた。しかし、「私たちは最終的にどこに向かっているのか？」「目的地はどこなのか？」というごく基本的な疑問についてはまだ触れていない。

クリスタル・ジョーンズは、「もうすぐ三年生になれるわよ！」というすばらしい「目的地の絵はがき」を描いた。彼女が生徒に掲げた目標は、象使いに方向を教えただけではない。象にやる気も与えた。心を揺さぶり、感情に火をつけた。コリンズとポラスは、目標には感情的な要素を盛りこむべきだと述べている。BHAGは壮大で魅力的なだけではいけない。「心に響く」ものでなければならないのだ。一年生にとって、九ヵ月で三年生になれるというのは、まさに心に響く目標なのだ。

2

カリフォルニア大学サンフランシスコ校（UCSF）の外科准教授、ローラ・エッサーマン[3]のもとには、乳がんの女性たちが彼女の治療を受けようと、続々と詰めかけていた。患者たちは、温かくて親身になってくれるエッサーマンを愛していた。エッサーマンは患者に自分の携帯電話の番号を渡したり、手術室の患者に麻酔が効くまで子守唄を歌ったりすることもあった。

人間味あふれるエッサーマンのやり方は、乳がんと診断された女性が受ける一般的な治療とはまったく正反対だった。一般的な治療では、女性たちはまるで大した病気ではないといわんばかりに施設をたらいまわしにされることも多く、それが女性たちにとってさらなるストレスになっていた。スタンフォードの事例研究によれば、一般的にはまず女性が毎月の自己診断で乳房のしこりに気づく。心配になって医師に電話し、二〜三日後（場合によっては数週間後）に予約を取る。医師にしこりの精密検査が必要だと診断されると、別の施設の放射線医を紹介され、マンモグラフィーを勧められる。スキャンの結果が出るまで、さらに不安な数日を過ごす。

マンモグラフィーで疑いが見つかると、女性は外科医を紹介される。紹介された医師と会うと、しこりがあると確認される。残念ながら、マンモグラフィーの画像は診察日までに外科医のもとに届いていないので、放射線科と連絡を取るのにまた時間がかかる。しこりにがん細胞があるかどうかを診断するために、外科医は生体検査を行ない、病理部に検体を送る。そのあいだ、女性は家に帰され、電話で結果を待つ。

がん細胞が検出されると、次は手術へ。手術が終わると、外科医から放射線治療を担当する放射線腫瘍医と、化学療法を担当する腫瘍内科医を紹介される。放射線治療と化学療法は別々の場所で行なわれるので、予約手順も日程もバラバラ。少しでも治療をスムーズにしようと、患者は自分の記録、フィルム、病理スライドをまとめて持ち歩く。ときには、同じ病院のなかでさえそうしなければならない。このプロセスには数週間かかる場合もあり、そのあいだずっと女性は「死ぬのとどっちが先かしら？」と悩む。

ローラ・エッサーマンは、この不安だらけのプロセスに愕然とした。そして、このプロセスを一新するビジョンを思い描いた。乳房のしこりに不安を抱いた女性が、一日の初めに立ち寄り、一日の終わりには異常なしとわかる乳房クリニックがあったら？　そして、問題があると判明した場合には、治療計画を立てて帰れるクリニックがあったら？

このビジョンの最大のハードルは、診療科同士の連携不足だった。診療科同士がもっと密接に連携すれば、悩みながら数週間も待ちつづけなくてすむ。患者は建物を出る必要がなくなるし、診療科のニーズではなく患者のニーズに基づいて治療を行なえる。これこそエッサーマンの描いた見事な「目的地の絵はがき」だった。

しかし、巨大な大学病院の准教授にすぎないエッサーマンは、トーテムポールのはるか下のほうにいた。意のままに使える予算や人材はほとんどなく、乳房クリニックを始めても、職員の雇用や解雇はおろか、給料の設定さえできないだろう。放射線科や病理科などの各診療科が財布のひもや人事を握っていたため、ＵＣＳＦの医学部をあらわすのにもっともよく用いられる表現は「官僚的」と「政治的」のふたつといわれるほどだった。最高総務責任者を務めたメレディス・メンデルソンは、「それぞれの診療科が予算を握っている。診療科には縄張りもある。だから、連携させるのはむずかしいのです」と述べた。

「放射線腫瘍医は放射線腫瘍科に属します。外科医は医学部に属します。腫瘍内科医は腫瘍内科に属します。看護師や職員は医療センターに属します。精神科医やソーシャルワーカーはまた別の組織に属します。ですから、組織の人々に一体感を感じさせるのはむずかしいのです」とエッサーマンは話した。エッサーマンには組織的な権限がほとんどなかったため、変化を引き起こす最大の財産といえば、彼女自身の忍耐力と、乳がん治療のビジョンを売り込む営業力だけだった。

エッサーマンとメンデルソンは小さなことから始めた。週一日、四時間だけ営業する乳房クリニックを開設し、もっと連携して仕事をするよう診療科を説得した。ひたすら我慢と忍耐だった。「マンモグラフィーを行なう放射線科は、まるで鉄道駅のような仕事ぶりです。予約が一二時一五分なら、一二時一五分きっかりにしか会わない。それが放射線科のやり方なのです」とメンデルソンは言う。しかし、エッサーマンの目標は、患者のニーズに基づいた医療を構築することだった。そして、患者のニーズは、放射線科のスケジュールに合わせられるほど、いつも予測可能なわけではない。エッサーマンは放射線科医と協力し、従来の厳格なプロセスに一定の柔軟性を持たせる方法はないかと探った。

「放射線科の時間をあまりに取りすぎるわけにもいきませんでした」とメンデルソンは言う。「そこで、彼女たちは工夫をこらしました。「エッサーマン医師が午前中に患者と会います。それをする医師は彼女だけです。いわば実験台になったのです。それから、彼女は〝どうぞ昼食や買い物に行ってください。午後一時にまた戻ってきてください〟と言って患者を送り出します。昼食のあいだ、彼女は放射線科に行って、放射線科医とともにすべての画像を診断し、次の手を決めるのです」

一年目、クリニックは週一日のモデルをつらぬいた。その後、仕事が軌道に乗りはじめると、エッサーマンは診察日を週二日に拡大した。より多くの外科医がかかわりはじめ、さらに看護師、カウンセラー、支援スタッフが加わると、雪だるま式に膨れはじめた。

最終的に、乳房クリニックはUCSFの建設する新たながんセンターにまるまるワン・フロアを与えられるほどの成功を遂げた。エッサーマンは間取り案を見るなり、「放射線科はどこなの？」と尋ねた。がんセンターの当初の計画では、放射線科は旧棟に残る予定だった。しかし、それでは「すべてをひとつ屋根のしたに」というビジョンは実現できなくなる。そこで、彼女は同じフロアにマンモグラフィー施設のスペースをつくるため、乳房クリニックの三分の一を空け渡した（外部の人々は驚いた。ふつうは互いにスペースをめぐって争うのに、エッサーマンはみずからスペースを空け渡したのだ！）。

これで、エッサーマンはふたつの力強い財産を得た。クリニックにふさわしい建物と、彼女の新たな治療ビジョンに共感しはじめたスタッフたちだ。乳房クリニックには患者が詰めかけた。一九九七年から二〇〇三年にかけて、一カ月あたりの患者数は一七五名から一三〇〇名に急上昇した。やがて、同センターはUCSFの主要な収入源になり、乳がんの治療や研究における国家的な先進施設として名声を得た。まさに、エッサーマンが「目的地の絵はがき」で描いたとおりの場所へと進化したのだ。

エッサーマンは、現在の患者の体験を次のように表現している。

患者さんが乳房クリニックにやってくると、私が目と鼻の先にある施設まで歩いていって、その日のうちに乳房の画像を診断できます。患者さんが部屋にいるあいだに生体検査を行なって、五分で診断を下すこともできます。クリニックの職員のなかには、乳がん女性の不妊問題を専門とする婦人科医もいますし、ナース・プラクティショナーの資格を持つ精神科医・遺伝カウンセラーもいます。患者さんはずっと同じ場所にいればよく、動きまわる必要はありません。

乳房クリニックには、リラックスできる癒しの庭やコーヒーが飲めるカフェも併設されており、売店では一般的な花やギフトだけでなく、化学療法の患者向けのウィッグやスカーフも売られている。

「初めて、女性が主役となったのです」とエッサーマンは語った。

3

魅力的な目的地を描くことで、象使いの大きな弱点のひとつ、つまり分析に迷いこんでしまうという弱点を正すことができる。変化の場面では、私たちはたいてい直感的に相手の象使いにデータを見せ、「これが変化の必要な理由です。この表、グラフ、チャートを見ればおわかりでしょう」と言おうとする。象使いはこれが大好きだ。データを検討し、分析して穴を指摘し、あなたの出した結論について話し合おうとする。象使いは「実行」段階よりも「分析」段階に満足感を抱くことも多いが、それは変化にとっては危険だ。

しかし、魅力的な目的地を指し示した場合はどうだろう。象使いは、その強みを活かして、「目的地に着く方法」を探りはじめる。たとえば、エッサーマンが「ひとつ屋根のした」のビジョンを宣言したことで、チームはその意味をじっくりと考えはじめた。「放射線科にアクセスできなければ、このビジョンは実現しないだろう。だから、スペースを空け渡す必要がある」

象使いのエネルギーをどう使うか――その選択の鍵を握っているのはあなただ。何もしなければ、象使いはどの方向に進むか、進む必要があるかどうかで延々と悩みつづけるだろう。しかし、そのエネルギーを、目的地へと進む力に変えることは可能だ。そのためには、心に響く目標、つまり象と象使いの両方に訴えかける目標が必要だ。エッサーマンの「ひとつ屋根のした」のビジョンや、クリスタル・ジョーンズの「生徒を三年生にする」という挑戦を思い出してほしい。

しかし、大半の組織の目標には、感情的な要素が欠けている。代わりに、いまではＳＭＡＲＴな目標が標準になった。つまり、具体的（Specific）で、測定可能（Measurable）で、実行可能（Actionable）で、重要（Relevant）で、適時的（Timely）な目標だ。たとえば、「当マーケティング・キャンペーンでは、二〇〇九年の第3四半期末までに、営業グループに四五〇〇人の見込み客をもたらす」というのがSMARTな目標の典型例だ。

SMARTな目標は具体的なので、目標設定の最大の過ちを犯さずにすむ。それはあいまいさと無意味さだ（「私たちは、あらゆる面でつねにお客様を喜ばせます！」）。しかし、SMARTな目標が効果を発揮するのは、変化の場面というよりも安定した状況だ。というのは、SMARTな目標では、その目標に価値があるという前提があるからだ。「営業グループに四五〇〇人の見込み客を獲得するのは有効な時間の使い方だ」という前提があるなら、確かにこの目標には効果があるだろう。しかし、あなたがいままで見込み客の獲得に携わったことがないのに、新しい上司に新たな方向性を押しつけられ、四五〇〇人の見込み客の獲得という目標を設定されたら、問題が起きるかもしれない。SMARTな目標は感情を前提とするもので、感情を芽生えさせるものではない。

象に訴えかけ、心に響く目標を探す際には、SMARTな目標はあてにならない（なかには、「今後一八カ月で流動性比率を三〇パーセント増加させる」という目標に心がウキウキする人もいるだろう。それは経理担当者だ）。一九八〇年代、組織の変革活動に関する大がかりな研究が行なわれた。その結果、顧客によりよいサービスを提供するとか、より役立つ商品をつくるといった感情的な目標と比べて、経済的な目標はそれほど変革の成功にはつながらないことがわかった。研究者はこう話した。「効果的なビジョンには、従業員が会社と一体感を持てるような価値観が盛りこまれていました。あるガラス会社のマネジャーは〝一五パーセントの投資利益率を実現する、ではちっともワクワクしない〟と話していました」[4]

その点、「目的地の絵はがき」はふたつの仕事をやってのける。象使いに行き先を指示し、象に旅の価値を納得させるのだ。

クリニック　企業に短期的な思考をやめさせるには？

場　面

ジュディ・サミュエルソンは、アスペン研究所内で「ビジネスと社会プログラム」という企業方針のシンク・タンクを率いている。[5] これは、ビジネス界の「短期主義」と戦うプログラムだ。サミュエルソンは、ビジネス界の協力なくしては、地球規模の問題（温暖化、貧困、エネルギー需要）を解決するのはむずかしいと述べている。なんといっても、企業のなかには、ひとつの国家以上の資産を抱えているものもあるからだ。しかし、短期的な思考にはまりこんでいる企業は、長期的な問題に対処する余裕がない。サミュエルソンは、ある大手金融サービス会社のＣＥＯと交わした会話を覚えている。そのＣＥＯは、現代の大規模な問題に取り組みたいのはやまやまだと述べた。しかし、壁にかけられた四半期カレンダーを指さして、「これが私の現実だ」と認めた。つまり、市場の圧力により、四半期ベースの思考をせざるをえないということだ。小さな非営利団体のリーダーにすぎないサミュエルソンが、この巨大な勢力に影響を与えることなどできるのか？　彼女はどうやって「短期主義」と戦えばよいのか？（これは二〇〇九年時点で進行中の実話だ。サミュエルソンの戦略と私たちの考えを並行して述べる）

変えるべきポイントとは？　何が妨げになっているのか？

目的は、エグゼクティブたちに長期的な視野に立って行動してもらうことだ。では、何がその妨げになっているのか？　ひとつ目に、象使いに大きな問題がある。「短期主義」という言葉を読んだとき、あなたはわけがわからなくなったのではないだろうか。サミュエルソンの抱える問題をひとつの単語で要約するのには役立つが、変化を引き起こすには、行動の台本を書くことが必要だ（「長期的な視野に立つ」は行動とはいえない）。ふたつ目に、道筋の問題がある。株式市場の文化が短期的な思考を助長しているのだ。面白いことに、ここでの悪の根源はおそらく象ではない。条件がすべて同じなら、ほとんどのエグゼクティブは長期的な思考を好むだろう。つまり、やる気の問題ではないはずだ。三つ目に、現実的に考えてみよう。サミュエルソンが求めているのは大規模な変化だ。したがって、特効薬のような解決策があるとは思えない。しかし、大規模な変化を小さなステップから始めることは可能だ。では、サミュエルソンの勝ち目を増やすにはどうすればいいか？

変化を起こすには？

・象使いに方向を教える　**①大事な一歩の台本を書く。**サミュエルソンは全体的な目標を具体的な行動に置きかえる方法を考案している。それはエグゼクティブに四半期ごとの収益予想をやめさせるという方法だ。投資家は収益予想という奇妙な踊りになじみがあるが、一般の人々は知らないかもしれない。株式会社は、四半期ごとに翌四半期の財務報告で予想される一株あたりの収益を発表する。そして、財務報告の時期になると、面白いことが起こる。企業は「予想を一株あたり一セント上回りました！　すばらしい！」と発表するのだ。市場はこのちょっとした遊びを楽しむが、法律で義務づけられているわけではない。企業は、事前に収益予想を発表せずに、四半期の財務報告を発表してもかまわないのだ。つまり、サミュエルソンは、エグゼクティブにもできる具体的な行動を見つけたというわけだ。収益予想という踊りは、まさに短期的な思考のシンボルなのだ。**②目的地を指し示す。**サミュエルソンはビジョンを売りこむ必要がある。四半期ベースの経営という重責から逃れ、長期的な経営を取り入れた先進的なCEOには、どのようなメリットがあるのか？　「目的地の絵はがき」は？

・象にやる気を与える　**①変化を細かくする。**四半期ごとの収益予想に目をつけることで、サミュエルソンは変化を細かくしている。これは、長期的な思考を取り入れるうえで実現できる最初のステップといえる。**②アイデンティティに訴えかける。**サミュエルソンは、GE、マイクロソフト、コカ・コーラ、グーグルなど、高名な企業のCEOがすでにこのような改革を行なっていると訴えるべきだ。〝先進的なCEO〟を手本にしたいと考えているCEOには効果があるはずだ。

・**道筋を定める** **①習慣を生み出す。**ドナルド・バーウィックと一〇万人を救うキャンペーンの話を覚えているだろうか？ バーウィックはキャンペーン参加のハードルを下げた。病院のCEOは一ページのフォームに署名するだけでよく、バーウィックのチームが病院に新たな習慣を築く手助けを行なった。サミュエルソンは、「収益予想の廃止」キャンペーンの参加のハードルを下げるために、何ができるだろうか？ 解決すべき事項（法的、広報的、業務的な問題）をまとめたシンプルなチェックリストを作り、企業の変革を支援するという手もあるだろう。**②仲間を集める。**収益予想の廃止に気が進まないCEOもいるだろう。企業が問題を抱えているシグナルだととらえられ、慌てて株式が売却されてしまうのではないかと心配しているからだ。そこで、この認識に対抗するために、「収益予想の廃止」日をあらかじめ発表するという手もある。そうすれば、発表のタイミングがそれほど怪しまれない。また、この考えに共感するビジネス・リーダーたちを結びつけ、バンドワゴン効果を狙うという手も考えられる。後ほど説明するように、行動は伝染するのだ。

4

「目的地の絵はがき」（努力して実現できる未来像）は驚くほど人を奮い立たせる。一年生たちは三年生になることを夢見た。ローラ・エッサーマンのチームは、患者のニーズに応える新たな乳房クリニックを思い描いた。

しかし、チームが奮い立たなかったら？

チーム・メンバーが密かに（あるいは大っぴらに）あなたの思い描いた未来像に抵抗したら？　すると、新たな敵が登場する。正当化だ。たとえば、誰もが新年の誓いで「もっと健康的な食生活を送ろう」と決意したことがあるはずだ。心のなかで、スリムでスマートな自分の姿を思い浮かべる。そして、その姿になりたいと願う。しかし、心の奥底では、そんな決意はしていない。元旦から数日もすれば、お腹が空き、食料棚にあるチートスの派手な袋に目がいってしまうのだ。

象の欲求は明らかだ。美味しいチートスを口いっぱいにほおばりたい。象が何かを切実に望むと、象使いは従うしかない。選択肢などないのだ。そして、誓いを破ることを正当化しはじめる。「木曜日にサラダを食べたし、スーパーで低脂肪乳も買った。ダイエットもやりすぎは禁物。よい行ないをしたごほうびに、チートスくらいはいいんじゃないか」。するとびっくり、チートスを食べはじめるのだ！　それどころか、心のなかでは、それでも健康的な食生活を送っていると思っているのだ。

「もっと健康的な食生活を送る」といった総括的な目標は、かならずといっていいほど不明瞭だ。そして、そのあいまいさが象に言い逃れの余地を与え、失敗を正当化しやすくする。

このジレンマに対処するひとつの手は、超明確な目標を定めるという方法だ。たとえば、企業であれば、「今年度は収益を一四・二パーセント増加させる」と宣言するのだ。従業員に「最善を尽くそう」と訴えるよりは、はるかに効果的なはずだ。しかし、数字そのものをずばり定義しても、数字のとらえ方にはまだ正当化の余地が残されている。たとえば、会社が一二・三パーセントしか増収を達成できなかったとしよう。しかし、目標に届かなかったからといって誰かを解雇しようとは思わないはずだ。むしろ、「チームのみなさん、この経済環境のなかで一二・三パーセントの増収は大成功と考えるべきです！」というようなもっともらしい正当化が行なわれ、目標との差がうやむやになる可能性が高い。

正当化の危険は私たちのプライベートにも潜んでいる。たとえば、飲酒の量を抑えようと、ワインは一晩にグラス一杯までという目標を立てたとしよう。すると、象がどうしても二杯以上飲みたくなる夜がやってくる。すると、境界があいまいになるのだ。グラス一杯のルールを〝守って〟、グラスいっぱいにワインを注ぐかもしれない。あるいは、こんど一杯も飲まない夜をつくるから今日はもう一杯だけ飲もうと、心のなかで取引をするかもしれない。

自分自身のセルフコントロールの問題となると、誰でも法の抜け穴を悪用する弁護士になるのだ。

自宅や職場で正当化が心配なら、目標からあいまいさをそぎ落とす必要がある。「**白黒の目標**」が必要だ。白黒の目標というのは、オール・オア・ナッシングの目標であり、逆戻りが心配なときには有効だ。禁酒の場合、白黒の目標は「絶対にワインは飲まない」となるだろう。言い逃れの余地はない。そして、新年の決意を「もっと健康的な食生活を送る」から「毎日ジムに通う」や「二度とチートスを食べない」に変えたらどうだろう？　隠れる場所はない。指にチートスのオレンジ色の食べかすが残るか、そうでないかのふたつにひとつだ。

ただし、「二度とチートスを食べない」や「絶対にワインは飲まない」といった白黒の目標は、まったく心躍るものでないという点に注意。一〇〇パーセント縛られてしまう。さらに、目的地のビジョンを描くというよりは、行動の台本を書くものだ。では、「目的地の絵はがき」が持つ感情的なパワーと、正当化を許さない「白黒の目標」の強みを組み合わせることはできるのか？　できる。その方法を説明するために、イギリスの石油大手BPの事例を見てみよう。一九九一年、BPは白黒の目標を発表した。それは、石油業界で長年働いてきた従業員たちを驚かせた。「二度とチートスを食べない」の数十億ドル版だったからだ。

二〇世紀の大半において、石油採掘者たちは直感を信じていた。彼らの直感はとても鋭く、未開発の埋蔵石油が数多く残っていたため、直感でもうまくいっていた。一九六〇年代、BPの偉大な採掘者のひとり、ジム・ヴァンダビーがエジプトに向かった。彼が掘削した最初の四～五つの穴ははずれだった。彼の上司は電報を打ち、掘削をやめるよう伝えた。しかし、電報は届かなかった――彼が言うには。いずれにせよ、彼は再び掘削し、次のスエズ湾の掘削で、世界初の数十億バレル規模の油田を掘り当てた。

BPの幸運は六〇年代～七〇年代に立て続けに訪れた。なかでも、アラスカのプルドー湾（一九六八年）や北海のモントローズ（一九七一年）は大発見だった。しかし、八〇年代後半になると、大ヒットは少なくなっていった。「何が変わったかというと、油田がどんどん見つけづらくなっていったということです」とアモコの上級幹部のピート・キャラガーは話した。アモコは九〇年代後半にBPと合併した企業だ。「昔の油田は巨大で、二次元の地震探査技術で発見できました。しかし、ターゲットは次第に小さくなり、見つけづらくなりました。そのため、必要な技術も変化したのです」

業界の風景が一変すると、BPの戦略も進化した。一九八九年、BPのリーダーは、その後一五年間の指針となる探査方針を打ち出した。巨大な油田に専念し、小さな油田をめぐる競争をやめることにしたのだ。そうすれば、あまたある小規模な競合企業と競い合わずにすむ。さらに、コストにも狙いをつけた。当時、BPは多くの人々から世界でもっとも効率的な探査会社と考えられていた。それでも、BPのリーダーたちは、探査コストが高すぎると考えた。そこで、コストを一バレルあたり五ドルから一ドルに削減することを決意した。従業員はこの目標を無理難題ととらえた。

　これほど劇的にコストを削減するには、〝空井戸《からいど》〟の掘削回数を最小限に抑える必要があった。新しい油田の掘削の成功率は、一般的におよそ八分の一だった。BPの成功率はそれよりもだいぶよく、五分の一だった。しかし、探査コストを一バレルあたり五ドルから一ドルに削減するには、「優秀な」成功率を「空前の」成功率に引き上げる必要があった（「不可能な」成功率と呼ぶ人もいた）。

　BPの研究者は、過去の探査を調査しはじめた。調査の対象になったのは、採掘者が掘削の成功率をどれくらい正確に予測しているかだった。過去一〇年間に掘削された油田を調べたところ、採掘者の予想は総じて恐ろしく正確だった。一般的に、油田のヒットする確率は二〇パーセントという予想が立てられると、平均二〇パーセントの確率で油田が実際にヒットしていた。

　しかし、この平均値には興味深い偏りが隠されていた。たとえば、採掘者がヒットの確率を二〇～七〇パーセントと予想した場合、予想は非常に正確だった。ところが、採掘者が成功の確率を七五パーセント以上と予想した場合、ヒットする確率はほぼ一〇〇パーセントで、成功の確率を一〇パーセント以下と予想した場合、実際には一パーセント程度しかヒットしなかった。つまり、採掘者の油田に対する直感は正しかった。彼らは見込みのある井戸となない井戸を見分けていたのだ。しかし、特に高確率と低確率の井戸に対しては、十分に情報が利用されていなかった。

従来、採掘者はいわば経営陣に掘削のゴーサインを求める油井のセールスマンだった。八〇年代になると、彼らは経営陣に売りこむ新たな方法を学んだ。リスク経済学の道具、特に「期待値」という概念を用いるようになったのだ。

期待値の計算は、リスクとリターンが十分に把握できている状況ではきわめて正確だ。コイン投げを行なったら、勝つ確率はきっかり五〇パーセントになる。しかし、油田のヒットする確率はどれくらいか？ ヒットした場合、リターンはどれくらいになるのか？ これらは主観的な推測になる。主観的な推測を期待値の計算にあてはめると、明確な数値がはじき出され、科学的な確実性という錯覚が生まれる（「この井戸の期待値は一億一二八〇万ドルだ。考えるまでもない。掘削しよう」）。

当然ながら、掘削者は「どうしても井戸を掘削したければ、スプレッドシートの数値をいじればいい」と気づきはじめた。ヒットの確率かリターンを高く見積もれば、期待値もそれに従って上昇するからだ（数値の細工にはおそらく悪意があったわけではなく、意識的に行なわれたわけでもないだろう。しかし、象が何かをどうしてもしたいと言い出せば、象使いはかならず正当化しはじめるのだ）。

さらに、期待値を利用することで、人々は掘削を数値のゲームと考えるようになった。BPの探査部門の幹部のひとり、ジム・ファーンズワースはこう述べている。「採掘者は、確率論的リスクという観点で考える。あまりに数値にとらわれすぎて、〝ヒット確率が一〇分の一の井戸を一〇回掘削すれば、そのうち一回はヒットするので、ボロ儲けすることができる〟と考える。しかし、よくよく分析してみると、確率一〇分の一の井戸は当たった試しがない。したがって、統計的な錯覚にすぎないのだ」

この確率のゲームによって、誰もが「なんだ、空井戸を掘っても、ほかの井戸が当たって埋め合わせられるだろう」という誤った安心感を抱いていた。彼らはまるで、ポートフォリオがめちゃくちゃでも、イーベイやグーグルのような企業が一社あれば埋め合わせがきくと考えているベンチャー・キャピタリストのようだった。

もしあなたがBPのエグゼクティブで、探査コストを八〇パーセント削減しようと思ったら、まずはこの誤った安心感を取り除く必要がある。目標があいまいだと、正当化が忍びこむすきを与えてしまう。それでは、チームの行動を変え、すべての掘削作業に真剣に取り組ませるには、どうすればいいか？　チームの象使いに隠れみのを与えないためには、どうすればいいか？

新たな戦略的スローガンの選択肢を検討してみよう。「成功を二倍にしよう！」「見込みのない井戸を掘るのはやめよう！」「期待値を最大化しよう！」。このなかには有望なものもあるが、どれにも言い逃れの余地がある。「見込みのない井戸を掘るのはやめる」は、ずる賢い象使いなら簡単に言い逃れができる。プライドを持つ採掘者が、見込みのない井戸を掘っていると考えるだろうか？　「成功を二倍にする」はややましだが、それでも多くの空井戸を正当化する余地が残っている。そして、「期待値を最大化する」については論外だ。

当時、BPの探査部門を率いていたイアン・ヴァンは、言い逃れの余地をなくす方法を考案した。彼は「空井戸を掘らない」という新たなビジョンを掲げた。[6]

ひとつもだ。

採掘者は怒った。無理な目標だと考えた。経営陣は不可能を求めている。空井戸を掘るのは、油田ビジネスでは日常茶飯事で避けようのないことだった。先ほど説明したとおり、空井戸を掘る確率は成功の四倍もあった。いまや、ヴァンはそれを失敗とみなしはじめたのだ。「空井戸を掘らない」という白黒の目標は過酷だった。それまでは確率的な予想がつねに失敗をかばってきたからだ。ジム・ファーンズワースはこう語った。「私たちは確率という言葉から脱却したかった。確率五分の一の井戸が失敗だったときに、〝五分の一と言ったのだから、まちがってはいない〟という言い訳に身を隠してほしくなかったのです。〝空井戸を掘らない〟というのは、人々に究極を追い求めてもらうための試みです。データを隅から隅まで調べ上げ、正確な分析をしてもらいたかったのです」

「空井戸を掘らない」というビジョンを念頭に置いた採掘者たちは、探検家の帽子を脱ぎ捨て、地質学者の帽子をかぶりはじめた。豊かな油田が生まれるためには、さまざまな要素がかみ合う必要がある。そこで、地質学者たちは、あらゆる地質的性質を評価する数多くのテストを考案してきた。石油を形成するのに適した炭素の豊富な基質が存在するか？　石油が形成された場合に、それを貯蔵する強固な不透水層が下にあるか？　地史上のある時点で石油が形成されたとしても、その後の地圧や温度の影響で石油が劣化している可能性はないか？

　空井戸を掘らないという考え方によって、地質学者たちは持ち合わせの情報をより系統的に解読して組み合わせるようになった。まず、彼らは地図を色分けした。緑は油田の存在を裏づける特徴。オレンジは情報が不足している領域。赤は明らかに油田がないことを示す徴候。次に、さまざまな地質テストの結果をあらわすカラー地図を重ね合わせる。そして、考えうるあらゆる角度から緑と判定された領域のみを掘削した。

「空井戸を掘らない」という目標は、軽はずみな掘削作業のふたつの正当化をなくすのに効果的だった。ひとつは「学習」という正当化。ある井戸がヒットしなかったとしても、チームはその過程でさまざまなことを学習できるので、将来の作業が成功しやすくなるという便利な言い訳だ。「毎回、次に役立つ情報を学んだと言いながら、得た知識を使わずにミスを犯した例はいくらでもあります」とヴァンは話す。もうひとつのよくある正当化は、特定の井戸には「戦略的価値」があるというものだ。「ペテン師は最終弁論でいつも〝戦略的価値〟という言葉を使う。〝これは戦略的価値のある井戸だから掘らなければならない〟という具合にね」とキャラガーは言う。しかし、「空井戸を掘らない」という目標は、言い逃れの余地をなくした。戦略的価値があろうがなかろうが、とにかく空井戸であってはならないのだ。

　当時、ＢＰの主任地球物理学者を長く務めたデイヴィッド・バンフォードは、「技術チームにとっては候補に挙がった井戸が空井戸だということが明らかでも、上層部が政府やビジネス・パートナーからの圧力で掘るよう指示した例はいくつもあります」と話す。従来、現場の人々がこういった決断に逆らうのはむずかしかった。「パートナーからの圧力」がどういうものかを知っているのが上司だけだったら、説得力のある反論を行なうことなどできないだろう。

「空井戸を掘らない」という目標は、現場の従業員たちの自信を高めた。探査フォーラム（探査の決定について説明責任を持つ同僚グループ）は発言力を増し、「戦略的な理由」で低確率の探査を行なうことに反対した。なんといっても、戦略は「空井戸を掘らない」であり、「掘削が重要なパートナーの怒りをしずめる場合以外、空井戸は掘らない」ではないのだ。戦略が変わったことで、現場の従業員も意思決定に同じくらい重みのある意見を述べられるようになった。

白黒の目標は、経営チームの思惑どおりの効果を上げた。会社が隠れみのを取り去ったことで、従業員は隠れるのをやめた。厳密に分析を行ない、「いちかばちか」の決断を下す回数が減った。あらゆるデータを真剣に使って決断を下すようになった。そして、政府やパートナーの圧力に頑として抵抗するようになった。

二〇〇〇年になると、BPのヒット率は三分の二にまで上がり、業界トップになった。一九八九年の成功率の三倍だ。いまでも空井戸を掘ることはあるが、この目標は多くの人々が想像だにしなかった改善を生んだ。BPは、言い逃れの余地をなくすことでみずからを変革させた。「井戸を掘るなら、とにかく空井戸であってはならない」

注意してほしいのは、BPのリーダーたちは「三分の二か。ほとんど達成だ。お祝いをしよう」とは言わなかったということだ。空井戸はすべて失敗であり、失敗をごまかそうとはしなかった。「戦略的価値がある！」「いい学習機会になった！」という言い訳を簡単にはできなかったからこそ、彼らには「次はもっと正確に掘削する」という選択肢しか残されていなかったわけだ。

6

「チームが行動してくれないのではないか」「無言の抵抗によって変革活動が遅れたり妨害されたりするのではないか」と心配なら、白黒の目標がその解決策になるかもしれない。しかし、はっきりとさせておくが、いつもこれほど妥協を許さない目標が必要なわけではない。「三年生になろう」というクリスタル・ジョーンズの呼びかけは、白黒の目標ではなかった。子どもたちが算数と理科で三年生レベルのスコアを取り、語彙では取れなかったとしても、先生はどっちみち〝卒業〟させるだろう。ローラ・エッサーマンの乳房クリニックのビジョンも白黒ではなかったし、その必要もなかった。

しかし、重要なのは、長期的な目標と短期的な行動を結びつけることだ。エッサーマンのビジョンは魅力的だったが、行動レベルでさまざまなことを実践しなければ、机上の空論に終わっていただろう。

「目的地の絵はがき」を適切な行動の台本で支えるというのが、成功のレシピだ。しかし、現在から目的地までの道中にあるすべての曲がり角を予測する必要はない。旅全体の計画を練るのはよくないと言っているわけではない。不可能なのだ。グーグルマップのように、曲がり角をひとつ残らず計算して目的地までの地図を描けると考えるのは、傲慢だ。

あなたがスタート地点にいるなら、中間地点に頭を悩ませないようにしよう。中間地点は、たどり着いたときには風景が変わっているものだ。適切なスタートと適切なゴールを見つけて、あとは歩きはじめればいいのだ。

7

一般の投資家は、株の銘柄を選ぶとき、投資アドバイザーの意見を聞いたり、報道に目を通したり、テレビの経済チャンネルをくまなくチェックしたりする。しかし、慈善基金や教員向け退職基金などの大口機関投資家は、ウォール街の特別な待遇を受けている。歴史的に、投資銀行は機関投資家に対し、無料の調査サービスを提供してきた。その見返りは明らかだ。銀行が的確なアドバイスを行なえば、投資家はその銀行のトレーダーを通じて株式を売買してくれるようになるので、銀行の利益が上がると考えられていたのだ。

事実上、調査部門は大規模な投資マネーを惹きつけるため、ウォール街では非常に重視されている。『インスティテューショナル・インベスター』誌は毎年、大口投資家に各社の調査の的確さを評価するよう依頼している。この回答に基づいて、雑誌は各業界の調査アナリストを格付けし、ウォール街の調査部門全体のランキングも提供している。『インスティテューショナル・インベスター』誌の格付けは絶対視されている。この結果に応じて個々のアナリストに（巨額の）ボーナスが支払われ、優秀な調査部門を抱える銀行には顧客が押し寄せるからだ。

一九八六年、シアーソン・リーマンの調査部門のランキングは、屈辱的な一五位だった。そこで、シアーソンの上層部は新しいリーダーを求め、ペイン・ウェバー社の調査部門を躍進させたジャック・リフキンを雇った。(7) シアーソンの上層部がリフキンに期待する内容は明らかだった。トップ5に入るということだ。

調査部門に対するリフキンの第一印象はよくなかった。「私が就任したとき、調査部門はめちゃくちゃでした。まったく尊敬されていなかった」と彼は話す。シアーソンのトップ・アナリストのひとり、エレイン・ガザレリはこう言った。「まったくまとまりがなく、それぞれ好き勝手なことをしていました。定期的なミーティングで発言する必要もなければ、定期的に報告書を提出する必要もなかったのです。『インスティテューショナル・インベスター』誌の発表する全米調査チームのことなど、話題にのぼったことすらありませんでした」

リフキンは、調査部門に数多くの組織的な変更を行なった。彼はナンバー・ツーとしてフレッド・フレンケルを雇い、会社に人材と予算の増強を行なわせた。チームの役立たずを解雇し、給与体系を見直した。

これらは決定的な変化だったが、最終的にはチームのアナリストたちの日々の行動に影響を与える必要があった。たとえば、野球チームを運営するゼネラルマネジャーを例に取ってみよう。自由に使える資金が多いほど、より多くの有能な選手と契約できる。成績の悪い選手をトレードに回すことができる。プレーオフ進出にボーナスを支払える。こういった変化は重要だが、選手のプレーに直接的な影響を与えるわけではない。そうするためには、コーチが必要だ。

リフキンはゼネラルマネジャーでありコーチでもあった。コーチとして、彼はチーム・メンバーの仕事ぶりを劇的に改善する必要があることを承知していた。そのためには、初めの一歩の台本を書く必要があった。そこでまず、彼はアナリストに「毎月一二五回以上、クライアントと会話するように」と指示した。そして、会話の内容をメモし、社内のネットワークに公開するよう求めた。アナリストの顧客コンタクトの量と質が公的に記録されるようになったのだ。入社したてのアナリストはこう述べた。「アナリストの顧客コンタクトの成績が電子掲示板に公開されるようになると、アナリスト全員がランキングの上位に入ろうと努力しはじめました。最下位の近くにおさまりたい人なんていませんからね。アナリストは互いにこんな会話をするようになりました。〝どうしたらそんなに電話をかけられる？　どこにそんな時間があるんだ？〟」

一二五回の電話というノルマは調査部門を揺るがし、従業員をやる気のない態度から引きずり出した。アナリストの大半は一日に一二〜一五時間、一年間ほぼ無休で働きはじめた

（指示の明確さに注目。低脂肪乳キャンペーンのリフキン版だ）。

さらに、リフキンはそれまでのやりたい放題で自己中心的な文化に戦いを挑み、調査部門にチーム意識を芽生えさせようとした。彼は、クライアント向けのプレゼンテーションを行なうときに、同僚の仕事を最低二回は引き合いに出すようアナリストたちに要求した。「〝私、私、私〟だらけのプレゼンテーションは聞きたくありません。私が聞きたいのは、〝私たち〟という言葉や、ほかの同僚たちの名前なのです」。当初は強制されたものだったとはいえ、同僚と考えや功績を共有することで、チームははるかに進歩した。さらに、個々のアナリストにとってもメリットがあった。同僚の仕事を話題にすることで、本来なら目に触れないはずの情報に触れることができたからだ。

リフキンは、「電話を一二五回以上かける」「同僚の仕事を引き合いに出す」といった大事な一歩の台本を書いただけではなく、『インスティテューショナル・インベスター』（II）誌のトップ5に食いこむ」という目的地も指し示した。それは、調査部門の誰もが理解でき、目指そうと思う目標だった。

実際、調査部門では「IIに載るか死を選ぶか」というジョークが出回るほどだった。しかし、その野望は本気だった。改革から一八カ月後、生まれ変わったあるグループでは、アナリストのなんと九五パーセントがII誌の業界個人アナリスト・ランキングに食いこんだ。顧客たちは、シアーソンのアナリストから特別な注目を受けていると感じはじめた。そして、『インスティテューショナル・インベスター』誌が投資家にもっとも信頼できるアナリストを尋ねると、シアーソンのアナリストが初めて真っ先に挙がるようになった。リフキンが打ち立てた方向性は、ある逆張り投資の布石になった。この逆張りによって、シアーソンの調査部門はウォール街で一人勝ちをおさめ、II誌のランキングでその地位を不動のものにした。

一九八八年、シアーソンのアナリストは、アムジェンによって開発され、ジョンソン・エンド・ジョンソンによって販売された「エポジン」という製剤の調査を始めた。エポジンは、エリスロポエチンというホルモンを人工合成したもので、人体における赤血球の産生を促進する。赤血球は、体じゅうの細胞に酸素を運ぶ働きをしている。エポジンは赤血球を増加させるため、さまざまな種類の深刻な貧血にとって特効薬となる。たとえば、化学療法で赤血球を破壊された患者などに大きな効果が期待できる。当時、この薬剤は承認手続きが進められている最中だった。発売を間近に控え、株式投資家は薬剤の売上を占いはじめた。薬剤の売上によっては、アムジェンの株価が跳ね上がるからだ。

他社の調査部門は、この薬剤の主要市場をひとつ特定していた。しかし、シアーソンのアナリストは、ほかにも市場があるのではないかと考えた。赤血球の産生を促す薬剤には、ほかにもきっと使い途《みち》があるにちがいないと推測したのだ。そこで、彼らは調査に取りかかった。フレッド・フレンケルはこう語る。「アナリストとアシスタントが全員で電話をかけまくりました。世界じゅうの一〇〇の病院や薬局に電話し、薬剤の潜在市場を評価しました。データが出そろうと、アムジェンは数十億ドル規模の薬剤を手にしていることがわかったのです。アナリストとアシスタントがひとりずつでは、どの調査部門もこんな予測を立てることはできなかったでしょう」

シアーソンのアナリストたちは、アムジェンが大ヒット製品を抱えているという予測をもとに、常識を打ち破った。シアーソンのチームは『ニューヨーク・タイムズ』や『ウォール・ストリート・ジャーナル』に発見の内容を宣伝する広告を自信満々で掲載した。

その判断は正しかった。エポジンはアムジェン初の大ヒット製品となり、当時のバイオテクノロジー業界では最大の成功を遂げた。一九九〇年、シアーソンは『インスティテューショナル・インベスター』誌の全米調査チーム部門で一位にランキングされた。たった三年で、シアーソンは一五位から一位へと大躍進を遂げたのだ。

アムジェンをあてにするというのは、リフキンが予想しえたことではなかったし、予想しようとしても無駄だっただろう。彼は自分の手に負えるものごとに専念した。「目的地の絵はがき」を描き（「ＩＩに載るか死を選ぶか」）、従業員に好スタートを切らせるための「行動の台本」を書き、適切なスタートとゴールを描いた。その結果、道中でアムジェンのチャンスが浮かび上がったとき、チームにはチャンスに飛びつく準備が整っていたのだ。

8

これまで、本書では象使いのさまざまな強みと弱みを学んできた。象使いの強みは先見性だ。長期的な利益のために、短期的な犠牲を払うこともいとわない(象使いが象とたびたび衝突するのはそのためだ。象はたいていその場の満足を選ぶからだ)。また、象使いは賢い戦術家でもある。地図を渡せば、完璧に従うだろう。しかし、象使いのさまざまな欠点も見てきた。体力には限りがあり、あいまいさや選択肢に直面すると麻痺を起こし、解決策よりも問題ばかりに目を向ける。

しかし、悪い部分ばかりではない。象使いの強みは大きく、欠点は緩和できる。あなたが自分自身の象使いや、変えたい相手の象使いに訴えかけたいと思うなら、戦略はシンプルでなくてはならない。

まず、ブライト・スポットを手本にしよう。まわりとちがって栄養の足りていたベトナムの子どもたちや、高い売上を上げたジェネンテックの営業担当を思い出してほしい。まわりを観察すれば、ほかよりもうまくいっている部分を見つけることができるだろう。失敗にこだわってはならない。むしろ、成功を観察し、広めるべきなのだ。

次に、象使いに方向を教えよう。つまり、スタートとゴールを明確にするのだ。象使いに「目的地の絵はがき」をプレゼントし(「もうすぐ三年生になれるわよ!」)、大事な一歩の台本を書こう(「低脂肪乳を買おう」)。

このふたつを行なえば、象使いは変化を引き起こす準備万端だ。そして、怠け者で扱いづらいパートナー、つまり象と戦いつづける武器を手に入れることができるのだ。

象にやる気を与える

第5章　感情を芽生えさせる

1

一九九二年、ターゲット社は売上高三〇億ドル規模で、競合企業のKマート（九〇億ドル）やウォルマート（三〇〇億ドル）と比べれば取るに足らない地方小売業者だった。しかし、ターゲットは改革をもくろんでいた。当時でさえ、このチェーン店の広告はおしゃれで流行に乗っていた。しかし、残念ながら、店頭の商品は広告の約束を果たしておらず、顧客は「あのすばらしい広告を見てやってきたのに、ウォルマートと同じでつまらない商品しか置いていない」と不満をもらした。

この物語の結末はみなさんもご存知だろう。その後の一五年間で、ターゲットは「タージェイ」というフランス語風の読み方で呼ばれるようになり、六三〇億ドル規模の大手企業となった。まさに、小売業界のアップルであり、誰もが愛するロゴ（二重丸マーク）の守り手であり、デザインの推進役でもある。ターゲットの新時代はマイケル・グレイヴスの象徴的なやかんに始まり、トッド・オールダムの寝具、アイザック・ミズラヒのシャワー・カーテン、モッシモのセーターなど、流行と低価格という聖なるコンビで、毎年数えきれない商品を送り出してきた。

ターゲットの物語の始まりと終わりは有名だが、その途中はあまり知られていないのではないだろうか。だとすれば残念だ。なぜなら、その途中で起きたのは変化だからだ。その変化は重役室で起きたわけではない。ロビン・ウォーターズなどの人たちの手で引き起こされたのだ[1]。

もともと、ロビン・ウォーターズはターゲットで働く気はなかった。彼女はみずからも認めるファッション・オタクであり、春と秋の大半が冬みたいな故郷のミネソタ州には戻るまいと誓っていた。また、ディスカウント店で働く気もなかった。当時の彼女は、高級デパートのジョーダン・マーシュで人もうらやむ仕事をし、おしゃれな生活を送っていた。「イタリアに行って、アルマーニやヴェルサーチのミーティングに参加して、世界じゅうのファッション通たちと交流していた。三〇代半ばの人間にとっては、それがとびきりクールだったのよ。でもその矢先、全員クビになっちゃったの。だから、視野を広げるようになったのよ」

一九九二年、彼女はターゲットに入社し、「既製服」のトレンド・マネジャーとなり、黒のトレンカ、スウェット、アニメTシャツの担当になった。彼女は「どうしてヴェルサーチからアニメなんかに転落するはめになってしまったのだろう」と悩んだ。

彼女が入社したとき、会社は重要な転換期を迎えていた。ボブ・ウルリッヒがCEOから退き、取締役会長になったばかりだった。彼は、デザインで差別化を行なう「高級ディスカウント店」をつくり上げたいという明確なビジョンを抱いていた。彼は会社のロゴである二重丸マークをコカ・コーラ、ビートルズ、レゴのように尊敬されて愛される「ラブマーク」にしたいと夢見ていた。そして、マクドナルドのゴールデン・アーチと同じくらいありふれたものにしたいと考えていた。

しかし、当時のターゲットはそのビジョンとは程遠かった。各部門の商品を選ぶターゲットの商品責任者たちは、かねてからまねっ子だった。ウォーターズは、「今年のベストセラーを見つけ、アジアで大量生産し、翌年に半値で販売する」というのが衣料品の商品責任者に共通する考え方だと指摘した。ターゲットがデザインの推進役になるためには、トレンドを後追いするのではなく、トレンドの波に乗らなければならない。それがウォーターズのトレンド部門への要求だった。

問題は、ウォーターズには「トレンドに乗る」というビジョンを推進する権限がほとんどないということだった。商品責任者はウォーターズと協力する義務がなかった。「商品責任者を味方につける必要がありました。〝今年は紫がトレンドだから、紫でいきましょう〟と命令するわけにはいきませんでしたから」と彼女は語った。

ウォーターズは少しずつ信者を集めていった。最初の改宗者のひとりは、タートルネックの商品責任者だった。彼女は使い古された同じ柄を毎年使うことにうんざりしていた。たとえば、どのディスカウント店も使っている雪の結晶とトナカイのかわい子ぶったプリントだ。そこで、ウォーターズの提案で、彼女はデザイナーを雇い、斬新な柄をデザインさせた。ふたりの予想どおり、売上は劇的に向上した。

この最初の実験で、ウォーターズはかけがえのない成功例を手に入れた。ターゲットには分析や数値を重視する企業文化があったため、最初の成果を発表することには大きな意味があった。リスクを冒して成功をつかみ取った組織の〝英雄〟たちを前例として挙げることができたからだ（「タートルネックの商品責任者の例を見てください」）。

小売業界では、かねてからトレンド衣料品は中性的な色が主流で、グレー、白、カーキ、茶色、黒ばかりだった。するとあるシーズンに、ロンドンやパリの生地展示会や小売業界で鮮やかなカラーが爆発的に流行した。それは静かなトレンドではなく、巨大な波だった。そこで、ターゲット社のデザインの牽引役として、ウォーターズは商品責任者たちをカラーのとりこにしようと考えた。しかし、業績を重視する商品責任者たちは、過去数年間の売上を確認し、カラフルな商品の売上が芳《かんば》しくないことに気づいた（この状況では、象使いへのアピールは成功しなかっただろう。ウォーターズの主張はデータと食いちがっていたからだ）。

ウォーターズには工夫が必要だった。そこで、彼女は老舗おもちゃ店「FAOシュワルツ」のお菓子売り場に向かい、色とりどりのM&Msチョコレートを買ってきた。そして、色鮮やかなM&Msが詰まった大きな袋を社内ミーティングに持ちこんだ。彼女はM&Ms

をガラスのボウルに注ぎ、青緑、ホット・ピンク、ライム・グリーンの滝をつくってみせた。「みんな〝うわあ〟と声をもらしていたわ。それを聞いて、〝ほら、色はそういう反応を生み出すものなのよ〟と言ったんです」

さらに、彼女はアップルが発売したばかりのｉＭａｃのサンプルを持ちこんだ。ライム、イチゴ、グレープ、オレンジの色をしたコンピュータは市場に衝撃をもたらしていた。史上初めて、消費者は自動車の色と同じくらい真剣にコンピュータの色を選ぶようになったのだ。また、彼女は世界中のブティックの写真もたびたび持ちこんだ。商品責任者にポロの品揃えの写真を見せて言った。「中間色が三つに、淡い黄色がひとつ。それから、アクセントに明るいブルーを加えているの」。すると、彼女は実際の衣料品のサンプルを使って陳列モデルをつくった。商品責任者は自分の目でそれを確認すると、「確かに、あの青は目を惹きますね」と言った。そして、すぐにその青のポロ・シャツがターゲットのフロアにワンシーズン並んだ。

組織の変化はこうして起こるものなのだ。

ウォーターズはこの時期を振りかえり、自分はこの物語の〝英雄〟ではなく、会社の変革を成し遂げた多くの人々のひとりでしかないと語っている。彼女の貢献をどう評価するかは別として、注目すべきは、彼女が権限や予算なしに成功を遂げたという点だ。ウォーターズはこう言う。「当時はまったく人手が足りなかったの。つねに人を借りていたので、いつも赤字の状態。商品責任者に助けを求めても、〝ええ、人手は余っていますよ。このデザイナーをお貸ししてもいいですけど、こっちの仕事しかしないかもしれません〟と言われてしまうし、次の部署に行くと、〝こっちも人手がほしいくらいだ〟なんて言われてしまうのよ」

ウォーターズは商品責任者に対して権限がなかっただけでなく、商品責任者の言葉さえ使わなかった。そうなると、ウォーターズの成功の最大の謎はこうなる。数字が共通言語である分析好きな企業文化のなかで、なぜウォーターズは数回の実演で組織を変えることができたのか？

2

ジョン・コッターとダン・コーエンは、著書『ジョン・コッターの企業変革ノート』のなかで、デロイト・コンサルティングのチームの協力のもとで行なわれた研究について報告している。[2] 同社のプロジェクト・チームは、大組織で変革が起こる理由を解明するために、アメリカ、ヨーロッパ、オーストラリア、南アフリカの一三〇以上の企業で四〇〇名以上にインタビューを行なった。コッターとコーエンはデータを総括して、大半の変化の場面で、マネジャーはまず戦略、構造、文化、システムに注目すると述べている。その結果、もっとも大事な問題が忘れられてしまうのだという。

問題の核心は、人々の行動を変えることにある。そして行動を変えるうえで何より効果的なのは、人々の心に訴えることである。このことは、分析や数値目標を重視する組織にも当てはまり、MBAが考える意味で優秀だと自負する人々にも当てはまった。変革に成功した事例では、理性だけでなく感情に訴える形で、問題点や解決策に気づいてもらう方法を探し出している。

言いかえると、変革に成功するときには、リーダーは象使いだけでなく象にも訴えかけているということだ。

ロビン・ウォーターズと同じ立場にいたら、大半の人々はデザインのパワーを訴える「ビジネス・ケース」を作成するだろう。表やグラフ入りのパワーポイント・プレゼンテーションを作成し、「デザイン重視」をビジョンに掲げる会長の言葉を入念に選んで引用するだろう。プレゼンテーションを終えるころには、部屋の誰もがその意味を理解している。賛成さえするだろう！　しかし、行動は変わるか？　コッターの研究によれば、変わらない。

コッターとコーエンによると、大半の人々は「分析し、考えて、変化する」の順序で変化が起こると考えているという。分析してから考え、変化を起こすのだ。ふつうの環境なら、それでもうまくいくかもしれない。印刷所の複写費用を六パーセント削減したい場合や、日々の通勤時間を五分だけ短縮したい場合には、このプロセスは役立つだろう。コッターとコーエンは、分析的手法が有効なのは、「変数が既知であり、想定条件が少なく、将来が不透明でない」場合だと述べている。

しかし、大規模な変化の場面ではそうはいかない。変化の場面では、たいてい変数が不明で、将来は不透明だ。変化がもたらす不安のせいで、象はなかなか動こうとしない。そして、分析的な言葉をいくら並べても、象の腰を上げさせることはできない（大切なパートナーと結婚するか迷っている人に、税制上のメリットや家賃の節約効果を持ち出して説得する人などいないだろう）。

コッターとコーエンは、変革に成功した大半のケースで、変化は「分析し、考えて、変化する」の順序ではなく「見て、感じて、変化する」の順序で起こることに気づいた。つまり、なんらかの感情を芽生えさせる証拠を突きつけられたとき、変化が起こるのだ。それは気がかりな問題かもしれないし、解決の一筋の希望かもしれない。あるいは、我にかえるような現実の描写かもしれない。いずれにせよ、感情のレベルであなたを揺さぶる何かだ。つまり、象に訴えかける何かといってもいい。

ロビン・ウォーターズは、ターゲット社の同僚に実演を行なってみせたとき、「見て、感じて、変化する」の考え方を取り入れていた。商品を陳列し、商品責任者に何を実現できるかを見せた（「あの青いポロ・シャツは目を惹くでしょ？　目に飛びこんできて、ついつい見入ってしまうでしょう？」）。また、iＭａｃやＭ&Ｍsを持ちこみ、人々をうならせた（「ほら、色はそういう反応を生み出すものなのよ。それに、スティーヴ・ジョブズやアップルと同じ運動に加われるなんてすてきだと思わない？」）。

ウォーターズは、同僚たちが見るものを入念に選びぬいた。なぜなら、彼女は同僚たちに何を感じてもらいたいかをはっきりと理解していたからだ。それは、力、希望、独創性、競争心だ。同僚たちはその誘惑に乗ったのだ。

第1章で紹介したジョン・ステグナーの話も思い出してほしい。「手袋の山」をつくり上げた男だ。彼は、同僚が手袋の一括購入というアイデアには興味を示さないとわかっていた。そこで、彼は数字の話をするのをやめ、同僚に感情を芽生えさせるものを見せたのだ。これも「見て、感じて、変化する」の一例だ。

分析的な主張で惰性や無気力と戦うのは、おぼれかけている人に消火器を投げこむようなものだ。問題と解決策が一致していないのだ。

しかし、人々が変化に力を貸さない理由を見分けるのがむずかしい場合もある。頭で理解していないからなのか、それとも心に響いていないからなのか？　訴えかける必要があるのは象なのか、それとも象使いなのか？　その答えはいつも明白とはかぎらない。専門家にとってさえも。

3

ホープラブの設立者のパム・オミダイアは、一〇代のがん患者の苦労を知っていた。病院で数週間もの過酷な化学療法に耐え、退院して家に帰るころにはすっかりボロボロになっている。体力は奪われ、髪は抜け落ち、のどは荒れて痛み、免疫システムは崩壊。しかし、ようやく家に戻るころには、一筋の光が見えている。最悪の時期はもう過ぎたはずだと。回復するにあたって、守らなければならないことは比較的シンプルだ。熱などの症状が出たらすぐに報告すること。薬をきちんと飲むこと。たとえば、抗生物質と低用量の抗がん剤を二年間服用しなければならないこともある。

しかし、多くの若者が計画を守れなかった。というのも、服薬計画を守るのは簡単ではないからだ。いくら低用量とはいえ、抗がん剤の副作用は激しい。吐き気。吹き出物。倦怠感。イライラ。しかし、自宅治療の副作用は集中的な化学療法の恐怖と比べればかなり軽いし、用量を守らなければ、がんの再発の危険性もある。ホープラブの研究担当責任者のスティーヴ・コールは、「服用の二〇パーセントを怠った場合、がんの再発の確率は二〇パーセントではなく二〇〇パーセントも高くなるのです」と話す。

なぜ若者はそのような恐ろしいリスクを冒すのか？　オミダイアは若者にメッセージが伝わっていないと考えた。彼女は若者の行動に影響を与える新たな方法を探った。若者の言葉を使った常識にとらわれない方法はないか。そこで彼女はひらめいた。テレビゲームをつくろう。

数カ月を経て、ホープラブは「リミッション」というゲームを開発した。(3) このゲームでは、プレーヤーがシルバー・スーツに身を包んだナノロボット「ロキシー」になる。ロキシーは血流のなかを進み、緑色の電子化学ビームでがん細胞を破壊していく。ゲーム・プレーの合間に、プレーヤーは簡単な「解説」ビデオを見る。指導ロボットのスミッティが化学療法や回復について補足情報を教えてくれるのだ。リミッションには二〇レベルまである。各レベルの所要時間は一時間で、情報がぎっしりと詰まっている。ホープラブのチームは、子どもにゲーム全体をプレーさせることができれば、誤解を解き、服薬計画を守ってもらえると確信した。

最終的に、チームはリミッションの最初の臨床試験を開始した。二〇〇八年、医学誌の『ピディアトリクス』にその結果が発表された。ゲームをプレーした子どもの血液中を流れる抗がん剤の量は服薬計画の順守率が向上した。大したことはないと思われるかもしれないが、順守の小さな差が二〇パーセント増加した。健康に大きな差をもたらす。化学療法の順守率が二〇パーセント向上すると、生存率は二倍になるのだ。

しかし、成功の裏にはもうひとつの意外な事実が埋もれていた。多くの子どもたちはそれほどゲームをプレーしていなかったのだ。ゲームに設けられた二〇レベルすべてではなく、レベル一かレベル二でゲームをやめていた。しかし、すぐにゲームを投げ出した子どもでさえ、薬を定期的に服用するようになっていた。実際に、二〇レベルすべてをプレーした子どもと、レベル二までしかプレーしなかった子どもでは、行動の変化の度合いにちがいはなかった。

一見すると、この発見はばかげているように思える。一学期を通じて授業に出席した学生と、一回しか出席しなかった学生とで、代数学の期末試験の成績が変わらないことを発見したようなものだからだ。研究担当責任者のコールは、「明らかに、レベル一かレベル二では教えられる量に限りがあります。体内を動きまわって敵を破壊している時間がほとんどですからね」と認めた。では、なぜゲームを十分に活用していないのに、子どもたちの行動はこれほど変わったのか？

この謎を解明するために、コールはさまざまな人々に尋ねまわった。友人のひとりであるスタンフォード大学のマーケティング学教授はこう答えた。「マーケティングの観点から考えてみよう。マーケターは、短時間のテレビCMで視聴者の行動を変えることができる。しかし、それは情報のおかげではない。アイデンティティに訴えかけているからだ。〝BMWを買えば、こんな人間になれる。こういう休暇を取れば、エコな人間になれる〟という具合にね」

コールは理解しはじめた。若者が服薬計画に従わなかったのは、知識の問題ではなく、感情の問題だったのだと。「結局のところ、アイデンティティの問題なのです。集中的な化学療法を体験すると、がんによって命を吸い取られた気分になります。すると、子どもたちは考えるのです。〝もとのボクに戻りたい〟と。もう〝病気の子ども〟ではいたくないと思うのです」と彼は話した。

このゲームは、本能的なレベルで子どもとの感情的つながりを生み出した。「きみはがんと勇敢に戦うロキシーという名のナノロボットだ。抗がん剤や抗生物質を飲んで光線銃にエネルギーをチャージしよう。薬はパワーだ」。教育ビデオがちょくちょく飛び出し、指導ロボットが薬の大切さを教えるが、それは子どもの身に起きている変化とはまったく関係がない。変わるのは知識ではなく感情なのだ。「ボクにもできる。ボクがなんとかする」と気づくわけだ。「化学療法は病気のなごりではなく、命を取り戻す手段だ。がんから本当のきみを奪いかえす手段なのだ。さあ、錠剤を飲んで〝がんの子ども〟とは永久におさらばしよう」

クリニック　開発者にユーザーのことを気にかけてもらうには？

場　面

ソフトウェア会社の多くでは、新たなソフトウェア・プログラムを書く開発者たちは、自分のコードに酔いしれる。開発者はプログラムをテストした顧客からのフィードバックを疑うこともある。マイクロソフトを例に取ると、ある新機能のテストで、ユーザーの一〇人に六人は使い方がわからなかった。テスト・ラボが開発者にそのデータを突きつけると、「その六人の馬鹿を、どこで見つけてきたんだ」という反応が返ってきた。(4) 多くの企業が、これと同じような問題を経験しているだろう。開発者に顧客のフィードバックをより真剣に受け止めてもらうことは可能なのか？

変えるべきポイントとは？　何が妨げになっているのか？

最終的に、企業は顧客のフィードバックに基づいて開発者にソフトウェアを修正してもらわなければならない。そうしなければ、プログラムは成功しないからだ。しかし、ときには開発者が顧客の不便に共感せず、顧客のフィードバックを否定したり無視したりして、〝名ばかりの〟修正しか行なわない場合もある。これはおそらく象の問題だ。開発者は要求されていることを理解しているが、ばかな利用者のために美しいコードを変更させられるのが不満なのだ。しかし、だからといって開発者を「傲慢な技術者」といった〝型〟にはめるのは待ってもらいたい。第8章で説明するように、そのような性格判断は心理的な偏見のあらわれだ。開発者にやる気を与え、歩きやすい道筋を定めることに専念しよう。

変化を起こすには？

・象使いに方向を教える　**①目的地を指し示す。**製品の発売に成功したときのグループの栄光を描こう。開発者はソフトウェアの英雄となり、履歴書には輝かしい一行がずっと残ることになる。顧客の話に注意深く耳を傾けることは、その栄光に向かって進む近道なのだ。**②大事な一歩の台本を書く。**開発者に求めるものを具体的に示しているだろうか？　開発者にプログラムの「使いやすさ」が「不可」と評価されていると伝えたとしよう。そう言われても、開発者はどこをどう直せばいいのだろう？　象使いは何時間も頭を空回りさせ、さまざまな改良策のあいだで悩んでしまうだろう。大事な一歩を定めるのは私たちの責任だ。たとえば、「このオブジェクトをもっと回転しやすくすべきだ」などと伝えよう。

・象にやる気を与える　①感情を芽生えさせる。マイクロソフトの実例を見てみよう。マイクロソフトの開発者は、ユーザビリティ・テスト・ラボに招かれ、マジックミラーごしに本物のユーザーがプログラムに手を焼いている様子を観察した。これは大きな変化を生み出した。テスト・ラボの責任者は、じかにユーザーを観察した開発者にはたちまち「二〇ほどのアイデアが浮かんでくる」と述べている。「なによりもまず、テストに取り組んでいるユーザーに同情する。〝使い方がわからなければ、マニュアルを見るさ〟とか、〝このアイデアは抜群なんだ。馬鹿を十人あつめたんだろう〟とか、いつも口にしていた反論が封じられた」という。②**人を育てる。**開発者は、コードに修正が必要となると、能力が否定的に評価されると心配しているのかもしれない（この点については、第7章の「こちこちマインドセット」のセクションで詳しく説明する）。優秀な開発者の基準になるのは、最初のコードの品質ではなく、かならずやってくる問題を解決するコードを書く能力だという点を強調すべきだ。顧客の問題をうまく解決した開発者をたたえるようにすべきなのだ。

・道筋を定める　**①習慣を生み出す。**顧客のフィードバックは、コードの開発サイクルのなかでもっとも都合のよい時期に返ってくるようになっているか？　開発者には開発者なりの習慣がある。道筋が複雑にならないように、ユーザー・テストを開発者のそれまでの習慣に組み込む努力をしているだろうか？　**②環境を変える。**多くの企業では、プログラマーには最高のコンピュータが与えられている。この習慣は、生産性という点では効果的だが、顧客への共感という点では非効果的だ。あるマネジャーの話では、開発者が顧客より一世代先のマシンを使うと、ソフトウェアにはかならず使いやすさの点で問題が生じるという。なぜだろうか？　開発者は、一般的な利用者のマシンでソフトウェアの動作がどれほど遅いかを直感でつかめないからだ。これを解決するには、開発者に顧客と同じマシンでプログラミングしてもらうとよい（これも、実際にマイクロソフトが考えた「道筋」の解決策だ）。

4

人は、変化を引き起こそうとして何も変わらないと、理解不足のせいにすることが多い。母親は「娘が危険な運転をしていると理解さえしてくれれば、運転のしかたを変えてくれるのに」と不満を口にするし、科学者は「議会が地球温暖化の危険性を理解さえしてくれれば、法的措置をとってくれるはずなのだが」と言う。

しかし、変化に失敗するのは、たいてい理解不足が原因ではない。スモーカーはタバコが健康に悪いと理解していても、禁煙しない。二〇世紀初頭のアメリカの自動車メーカーは、SUVやトラックの販売（さらには原油価格の低さ）に頼りすぎていると理解していながら、イノベーションを行なわなかった。

ある程度までは、私たちはこの葛藤について理解している。「行動のしかたを理解する」のと「行動する気になる」のはちがうと知っている。しかし、いざ他人の行動を変える立場に立つと、「喫煙は健康にものすごく悪いんだぞ！」、「この抗がん剤はほんとうに大事なのよ！」という具合に、まず直感的に何かを教えようとする。象に訴えかけるべきときに、象使いに訴えかけようとしてしまう。

変化すべき理由を非のうちどころがないくらい合理的に説明しても、人々は行動を変えない。この事実はたいへんもどかしい。なぜロビン・ウォーターズはターゲット社の同僚のためにわざわざ実演を行なう必要があったのか？　デザイン・イノベーションの論理を並べ立てるだけでも、十分に説得できたはずではないか？

なぜ頭で考えるだけでは、新しい行動へと突き進むことができないのか？　なぜなら、私たちはときに自分自身の考えさえ信頼できないからだ。

5

あなたは部屋のなかにいる。すると、見知らぬ男が部屋に入ってきて、テーブルの向こうに座る。彼は新聞紙を手に取り、いたってふつうの天気予報を読み上げる。「明日の最高気温は三〇度近くまで上がり、深夜にかけて一一度前後まで下がる見込みです」。彼は九〇秒ほどで〝予報〟を終え、部屋を立ち去る。

次に、あなたは彼のIQを予想するよう言われる。

心理学の実験に参加しているあなたは、その要求のばからしさに反論する。「あの男のことなんて何も知らない。部屋に入ってきて天気予報を読み上げただけだ。それも、自分で書いた予報じゃなく、手渡された予報を！ どうやってIQを予想しろっていうんだ？」

しかたなく、あなたは当てずっぽうで予想する。それとは別に、そのニセ気象予報士にも自分自身のIQを予想してもらう。どちらがより正確に予想できるか？

驚くべきことに、あなたのほうなのだ。ニセ気象予報士は赤の他人なのにである。ドイツのビーレフェルト大学のふたりの心理学者、ペーター・ボルケナウとアネッテ・リープラーは、この実験を行なった結果、他人によるIQ予想は自分自身の予想よりも約六六パーセントも正確であることを発見した。[5]

正確に言えば、あなたの予想が的確なのではなく、彼の自己評価が不正確なのだ。人は誰でも自己評価が下手だ。[6] 大学生は、ルームメイトの恋愛が長続きするかどうかに関しては、自分の恋愛よりも見事に正確に予測するのだ。

この発見がどれだけ不条理か、じっくりと考えてみよう。ニセ気象予報士は自分自身についていろいろと知っていたが、あなたはいっさい知らなかった。彼は、いままでの自分の成績、大学入試のスコア、職務評価など、数十年分のデータを握っていた。ニセ気象予報士は、自分自身の世界最高の専門家だったはずなのだ！

自己評価が情報のみで決まるとしたら、こんな結果にはなりえない。まるで、無作為に母親を連れてきて、その母親の子どもの数を当てるクイズを行なったら、母親でなく他人が勝つようなものだ。

しかし、自己評価には「解釈」の問題が含まれる。すると、象が出しゃばるのだ。象は事実をもっとも楽観的に解釈する傾向がある（「私のGPAのスコアは二・一なので、知性がある証拠だ。少なくとも、知能の問題で仕事を失うなんてことはないだろう」）。

大半の人々が自分は平均よりも運転がうまいと思っているという研究結果は有名だ。心理学の文献では、この信念は「**肯定的幻想**」と呼ばれている。私たちの脳は肯定的幻想の工場だ。高校の最上級生のうち、自分のリーダーシップ能力が平均以下だと思っている生徒はわずか二パーセントしかいない。二五パーセントもの人々が、人間関係のスキルで上位一パーセントに入ると考えている。九四パーセントの大学教授が平均以上の業績を上げていると報告している。人々は、心臓発作やがんだけでなく、サルモネラ中毒などの食品関連の病気のリスクでさえ、ほかの人よりも低いと考えている。その自己欺瞞《ぎまん》の最たる例として、人々はほかの人よりも正確に自己評価できると主張するのだ。

肯定的幻想は、変化に関して重大な問題を投げかける。変化を起こし、新しい方角に向かって進むためには、方向感覚が必要だ。しかし、肯定的幻想によって方向感覚が乱れてしまう。自分がどこにいるのか、どう行動しているのかをきちんと理解しづらくなるのだ。では、否定的な言葉を浴びせることなく、人々の肯定的幻想を振り払う方法はあるだろうか？

6

肯定的幻想を振り払うひとつの方法を示すのが、マサチューセッツ州のDYS（青少年部）という機関だ。非行少年に対処するDYSは、更生機関と社会福祉団体の両方の役割を果たしていた。一九七〇年代後半、マサチューセッツ州は少年司法制度を見直す画期的な試みを行なった。少年院を減らし、更生訓練施設、グループ・ホーム、外来カウンセリング・センター、就職支援センターなど、非営利団体のネットワークを拡充した。これらの非営利団体の目標は、若い犯罪者を更生させ、地元の地域社会にとどまらせることだった。

マサチューセッツ州がこのネットワーク・モデルを取り入れるにあたって、DYSは大きく変化する必要があった。DYSは子どもに直接サービスを提供するのをやめ、主に更生訓練施設やカウンセリング・センターなど、外部組織を通じて仕事をするようになった。その結果、DYSのスタッフは仕事のしかたを変えなければならなかった。大半の人々はこの転換にうまく対応した。

唯一の例外は経理部だった。

経理部のトップは独裁者で、みずからの部署を力で支配していた。彼はガミガミ屋としても有名で、一部の同僚からは「経理部のアッティラ大王」と呼ばれていた[7]（訳注／アッティラは五世紀のフン族の大王。我の強い性格の人に「アッティラ」というニックネームがよく使われる）。アッティラは、規則にかけては極端すぎるほど厳しかった。彼のチームに経費報告書を提出しても、日付や小計などの項目がひとつでも抜けていると、項目を代わりに記入してはくれず、報告書を突きかえしてくるほどだった。当時、DYSの企画・調査担当責任者だったシム・シトキンは、その誰もが認める器の小ささから、アッティラは「組織全体で嫌われていた」と話す。アッティラ率いる経理グループは、みずからを社内のサービス提供者というよりも、番人ととらえていた。

DYSがネットワーク・モデルに移行すると、経理部の標的も変わった。請求書を提出するのは、従業員ではなく外部の組織になった。アッティラについてひとつ言えることは、彼は彼のままだったということだ。彼は新しい取引先に対しても、社内の同僚と変わらぬ独裁的な態度で接した。取引先から不完全な報告書を提出されると、彼は受けつけなかった。しかし、それが大きな問題を引き起こした。「非営利団体にはそれほど余裕がないのです。ささやかな資金で生きのびている。だから、支払いが遅れると、子どもたちにサービスが提供できなくなるのです」とシトキンは話した。

シトキンと副責任者のゲイル・アン・ヒーリーのもとには、こうした非営利団体から悲痛な電話がどしどしかかってきた。なかには、アッティラがすぐに小切手を切ってくれなければ、給料を支払えないケースもあった。シトキンとヒーリーはアッティラを説得しようとした。取引先をもう少し大目に見るべきだと説明した。しかし、何度も説明してきたとおり、変化を引き起こすには知識だけでは不十分だ。アッティラはアッティラのままだった。

業を煮やしたシトキンとヒーリーは、アッティラをドライブに誘った。三人はDYSの主なサービス組織をいくつか車で回った。組織の多くは、さびれた地域の古い家で運営を行なっていた。オフィスは荒れ果ててめちゃくちゃだった。そして、まさにこの環境のなかで、スタッフたちは小さな奇跡を起こそうと懸命に仕事をしていた。「たいていのスタッフは、パトロール警官とソーシャルワーカーを足したようなものでした。なかには、子どもたちとかつて同じ境遇にいたのではないかと思わせる人たちもいました。みな懸命に働いていましたが、どう見てもあまり儲かってはいないようでした」とシトキンは話す。

訪問のあいだ、アッティラはスタッフがどれほど忙しいか、職場がどれほど雑然としているかをその目で観察した。経理部のようにドアを締めきったオフィスがあるわけではないし、家に住む子どもたちのおかげで周囲は騒々しい。ひっきりなしに出入りする子ども。食事をつくる子ども。ただ集まっておしゃべりをしている子ども。ソーシャルワーカーは走りまわりながら、子どもたちを世話し、診療所や面接に送り迎えしている。

アッティラは、非営利団体の金銭的な窮状を目で見て感じた。まさに破産すれすれだった。

小切手が一枚とどこおっただけで、何かの支払いができなくなる。給料を遅らせるか、食事を減らすか、子どもの診察を延期するかしなければならない。アッティラは初めて、自分のつまらないこだわりが被害を生み出していると直感的に理解したのだ。オフィスに戻るころには、すっかり改心していた。

念のために言っておくが、彼はアッティラのままだった。相変わらず独裁者でガミガミ屋だった。しかし、ガミガミ言う内容が変わった。「以前は〝なぜ抜けがあるのにこんな報告書を提出するんだ？〟とスタッフにどなっていましたが、その後は〝この小切手を予定どおりに処理できないとどうなるかわからないのか？　給料が支払えなくなる人が出てくるんだぞ！〟というふうに変わりました」とシトキンは話す。

アッティラの変化は肯定的幻想に対する勝利といえるだろう。社外見学に出るまえ、アッティラが経理担当者としての能力を自己評価するよう言われていたら、彼はきっと自分を上位一〇パーセントに評価しただろう。彼の考える経理とは、細部に気を配り、厳格な基準を守り、政治的圧力に屈しないことだったのだ。

ほんとうにこれが基準なら、自分を高く評価するのはまちがっていない。しかし、それはご都合主義だ。私たちが自分は平均以上のリーダー、運転者、パートナー、チーム・プレーヤーだと思いこむのは、そういった単語を自分に都合よく解釈しているからだ（「私は優れたチーム・プレーヤーだ。同僚にいつも自分を向上させるヒントを与えているのだから」）。幻想を生み出しているのは、「リーダー」や「チーム・プレーヤー」といった単語のあいまいさだ。自分は平均以上の棒高跳びの選手だと思いこむのがはるかにむずかしいのはそのためだ。

アッティラがソーシャルワーカーたちに会ったとき、「優秀な経理担当者」の定義のあいまいさは消えてなくなった。スタッフたちの働きぶりや騒々しい仕事環境を目の当たりにしては、共感せざるをえなかった。そして、その共感が肯定的幻想の偽りを暴いた。「優秀な経理担当者の条件は厳格さだと思っていたが、いまではサービスも条件のひとつなのだとわかった」と感じたわけだ。彼はそれまでのやり方がいかに不適切だったかを実感し、新たなアプローチの信仰者になった。「チームの諸君、早く小切手を処理してくれ。みんな待っているんだから！」

これは心温まる物語ではないかもしれないが、大きな変化であることはまちがいない。経理部のアッティラ大王は頑固者だった。しかし、ヒーリーとシトキンは、彼のトゲだらけの殻を打ち破り、何かを感じさせることに成功した。そして、何かを感じた彼は変わった。この結末は、私たち全員に希望を与えてくれるはずだ。私たちのまわりにいるアッティラたち（父親、上司、息子）だって変えられるという証拠なのだ。

7

象にやる気を与えるのは感情だ。したがって、変化を引き起こそうとしているときは、感情を芽生えさせる必要がある。とはいっても、どのような感情を？　怒り？　希望？　失望？　熱狂？　恐怖？　幸福？　驚き？

　ホープラブは一〇代のがん患者のためにテレビゲームを開発し、自己統制やパワーを与えた。ジョン・ステグナーの「手袋の山」はエグゼクティブたちにショックを与え、事態を解決する決意をさせた。マイクロソフトのユーザビリティ・ラボは開発者に顧客への共感を植えつけた。しかし、芽生えさせるのはどんな感情でもいいのだろうか？

　人が変わるのは、危機に背中を押されたときだけだという話をよく聞く。つまり、恐怖、不安、危機感がなければ変わらないという話だ。組織の変革について記したハーバード・ビジネス・スクールのふたりの教授によると、変化を起こすのがむずかしいのは、人が過去にうまくいっていた習慣を変えたがらないからだという。「切迫した危機感がなければ、社員たちは何も変えようとしない」とふたりは記している。その結果、両教授は危機の重要性をこう指摘している。「再建を担った経営陣は、組織が瀕死の状態にある、あるいは、何とか持ちこたえようとしているならば、少なくとも抜本的な変革は避けられないことを納得させなければならない」。つまり、場合によっては危機をつくり出す必要があるということだ。そして、大惨事が迫っているから、動くほかに選択肢はないと説得するのだ[8]。

　危機の重要性に関しては、かつてセラピストのあいだでも同じような考え方が一般的だった。大半のセラピストは、アルコール依存症者や麻薬依存症者はどん底に落ちるまで救いようがないと考えていた。しかし、一九八〇年代に開催された専門家の会議で、セラピストのルース・マクスウェルは、出席したセラピスト仲間たちに向けてプレゼンテーションを行ない、依存症者がまだどん底まで落ちていなくても、現在では一般的になった「家族介入」という手法を使えば、依存症者を治療プログラムに参加させることはできると述べた。マクスウェルは、著書『ブレイクスルー（*Breakthrough*）』のなかで、「ブーイングで会場を追い出されたようなものだった。従来の精神医学の常識に染まりきった人々は、患者が治療にやる気を出さないかぎり、治療するのは無理だとかたくなに信じているのだ」と記している。[9]そして、患者が「やる気」を出すにはどん底の危機が必要と考えられていたのだ。

危機の必要性に関して広く知られている言葉に、「燃える足場《バーニング・プラットフォーム》」というものがある。[10]組織の変革に関する文献ではおなじみのフレーズだ。これは一九八八年に北海の石油プラットフォーム「パイパー・アルファ」で起きた恐ろしい事故を指している。ガス漏れによって爆発が発生し、石油プラットフォームは真っ二つに崩壊した。記者はこう記している。「生き残った人々は悪夢の選択を迫られた。四五メートル下の火の海に飛びこむか、崩壊するプラットフォームのうえで確実な死を迎えるか」。プラットフォームを監督していたアンディ・モカンは、「飛ぶか焼かれるかのふたつにひとつでした。だから、私は飛びました」と話した。最終的に、彼はNATOとイギリス空軍からなる救助隊に助けられた。

この悲劇から、かなり奇妙なビジネスの決まり文句が生まれた。エグゼクティブが「燃える足場が必要だ」と言うときには、つまるところ従業員をおどして変えさせる手段が必要だという意味だ。「燃える足場」を生み出すということは、現状の悲観的なイメージを描き、従業員が火の海に飛びこまざるをえなくするということだ（ここで「火の海に飛びこむ」というのは、組織の習慣を変えるという意味だ。この「燃える足場」の用法は、辞書的にいえば「誇張法」にあたる）。

簡単に言えば、「燃える足場」とは従業員の気分を高揚させる巧妙な話のことだ。「チームの諸君、炎に焼かれて死ぬくらいなら、危険な海に飛びこもうではないか！　さあ、仕事に戻って！」

「燃える足場」という比喩の愚かさはさておき、恐怖は強力なやる気の源になる。一九六四年のリンドン・ジョンソンのかの有名な選挙広告「デイジー」を思い出してほしい。花を持つ少女の後ろで、キノコ雲が巻き上がる。共和党のゴールドウォーターに投票すれば、子どもを核で失うかもしれないと暗示しているのだ。あるいは、ピュリッツァー賞を受賞したデイヴィッド・マメットの戯曲『グレンギャリー・グレン・ロス』に登場するたちの悪い不動産会社の上司を思い出してほしい[11]。「一位の者にはキャデラック・エルドラド。二位の者にはステーキ・ナイフのセット。三位の者はクビだ」

健康の推進者たちも例外ではない。スモーカーの真っ黒でボロボロになった肺の写真を載せた広告は記憶に新しいだろう。また、「これが麻薬を吸う人の脳です」というコマーシャルも有名だ。麻薬依存症者の脳を目玉焼きに例えているのだ（ただし、こういったビジュアルを見ると、マリファナ依存症者はかえって吸いたくてたまらなくなる）。

ネガティブな感情にやる気を奮い立たせる効果があるのは事実だ。誰だって、子どもを核に被爆させたくない。しかし、ネガティブな感情はいったい何を刺激しているのか？

ペンシルヴェニア大学のマーティン・セリグマンという心理学者は、「靴のなかに石ころが入っていたら、チクチクするので取り除こうと思うはずです」と述べている。ある意味では、ネガティブな感情の役割とは靴のなかから石ころを取り除かせること、つまり具体的な行動を促すことだ。人は怒ると、目を細めて拳を握り、対決に備える。うんざりすると、鼻にしわを寄せ、胸くその悪いものごとから離れようとする。怖くなると、目を見開いて体を硬直させ、逃げる態勢を整える。このように、ネガティブな感情は危険を避けたり問題に立ち向かったりするのに日々役立っているのだ。

まとめると、すばやく具体的な行動が必要なら、ネガティブな感情が役立つ場合もあるということだ。しかし、変化の必要な場面の大半は、「靴のなかの石ころ」と同じ状況ではない。温室効果ガスの削減は「靴のなかの石ころ」と同じ状況ではない。「高級小売店」を目指すというターゲット社の目標や、結婚生活をよりよくしたいという人々の欲求もそうだ。このような状況では、創造性、柔軟性、創意工夫が必要になる。そして、残念ながら、「燃える足場」ではそれは手に入らないのだ。

では、どうすればよいか？

8

長年にわたり、心理学者はネガティブな感情について研究してきた。しかし一九九八年、バーバラ・フレデリクソンという心理学者が『ポジティブな感情にはどのような利益があるか？（*What Good Are Positive Emotions?*）』という刺激的な論文を発表した[12]。この論文は定番となり、一般的な心理学の論文と比べて一〇〇倍以上も引用されるようになった。これは「ポジティブ心理学」という心理学の一分野の発展に火をつけ、ここ数年間で幸せをテーマにした書籍が何冊もヒットした。

フレデリクソンが論文のタイトルで投げかけているように、ポジティブな感情はやや謎めいている。ネガティブな感情とは異なり、攻撃、逃走、回避といった一定の行動を引き起こすわけではないし、一つひとつに特有の表情があるわけでもない。実際に、喜び、満足、自信、愛情、興味といった感情はすべて「うれしい」という一種類の表情しか生み出さない。この表情は「デュシェンヌ・スマイル」と呼ばれている（唇の両端がつり上がり、目元の筋肉にしわが寄っている状態。わかりやすく言えば、「きみ、やせた？」と妻に聞いたときに妻がする表情だ）。ポジティブな感情の大半は、チューバから流れ出るシンフォニーのように、まったく同じ「デュシェンヌ・スマイル」のマスクを通じて表現される。それどころか、美人コンテストの歴代の優勝者が証明するように、本物と偽物のデュシェンヌ・スマイルを区別することさえ簡単ではないのだ（見分けるコツは、本物のデュシェンヌ・スマイルにある目元のしわ。これをつくるのはむずかしい）。

ネガティブな感情には、思考を「狭める」効果がある。体をこわばらせて暗い小道を歩いているとき、明日は何をしようかと考えをめぐらす余裕はないだろう。恐怖、怒り、嫌悪は神経をとぎすませる。目隠しをされたときと同じだ。たとえば、刑事たちは重犯罪の被害者の証言によくイライラさせられる。被害者は、犯人の持っていた銃はこと細かに表現できるのに、犯人にヒゲがあったかどうかさえ思い出せないことが多いからだ。

ネガティブな感情が思考を狭めるのとは対照的に、ポジティブな感情には思考や行動の幅を「広げて養う」効果があるとフレデリクソンは主張する。たとえば、喜びを抱いているときは、遊びたくなる。遊びには台本があるわけではなく、しようと思うものごとの幅を広げる。あれこれと考えて、新たな活動を探したり発明したりしたくなる。さらに、喜びは遊びを促すため、資質やスキルを養うことにつながる。たとえば、子どもは混沌とした遊びを通じて身体能力を養う。おもちゃ、ブロック、クレヨンを使って遊ぶことで、モノの使い方を覚える。動物や英雄になりきることで、他人とのつき合い方を学ぶ。

「興味」というポジティブな感情は、好奇心の幅を広げる。興味を持つと、それにかかわったり、新たなものごとを学んだり、新たな体験をしたりしたくなる。そして、新しい考え方に心を開くようになる。個人的な目標を実現したときにわき上がる「自信」というポジティブな感情は、将来の活動の幅を広げ、さらに大きな目標を追い求めるきっかけになる。

私たちが組織や社会で目にする大きな問題のほとんどは、あいまいで変化しつづけている。人々に困難な計画を理解させて本気で取り組んでもらわなければならない「燃える足場」のような状況ばかりではない。より大規模であいまいな問題を解決するには、柔軟な心、創造性、希望をはぐくむ必要があるのだ。

そうなると、思い出すのはターゲットのロビン・ウォーターズのエピソードだ。彼女はポジティブな感情を芽生えさせる名人だった。彼女は「ウォルマートが私たちを食い尽くそうとしている！　この会社は死ぬ寸前よ！　私といっしょに火の海に飛びこみましょう！」と言って、「燃える足場」をつくり上げようとはしなかった。その代わりに、彼女は同僚の斬新な発想や熱意を引き出す方法を見つけた。「このｉＭａｃみたいに〝目に飛びこむ〟カラーを取り揃えたら？　このパリのブティックの陳列を見てちょうだい。私たちもこんなふうにセーターを陳列できないかしら？」

ウォーターズは、一つひとつの商品から、凝り固まった企業文化を変えていった。それができたのは、同僚に希望、楽観主義、興奮を吹きこむすべを見つけたからだ。彼女は感情を芽生えさせたのだ。

第6章　変化を細かくする

1

二〇〇七年、アリア・クラムとエレン・ランガーのふたりの研究者が、ホテルのメイドとその運動習慣に関する研究を発表した(1)。研究のテーマはそれほど斬新には聞こえないが、結果はとても意外だった。おそらく、簡単には信じられないだろう（実際、これから説明するように、研究者自身も実験結果をまちがって説明してしまった）。

まずはメイドについて考えてみよう。

平均的なホテルのメイドは一日に一五室を清掃する。一部屋を完了するまでにおよそ二〇～三〇分。ここで、メイドの生活を想像してみてほしい。脳のフィルムを早送りすれば、メイドが歩き、かがみ、押し、持ち上げ、運び、磨き、拭く光景が映るだろう。彼女たちがしているのは、ひと言でいえば運動だ。それも激しい運動。実際、メイドたちのしている運動は、もっとも運動にうるさい公衆衛生局長官が勧める一日の運動量よりもはるかに多いのだ。

しかし、当のメイドたちは自分が運動をしているとは思っていないらしい。研究の開始当初、メイドの六七パーセントが定期的な運動はしていないとクラムとランガーに報告した。さらに、三分の一以上がまったく運動していないと答えた。えっ？　まるで、トーク番組の司会者の三分の一が、新しい出会いがひとつもないと嘆くようなものだ。

それでは、「運動」とはなんなのだろうか？　フィットネス・クラブでスパンデックスを着た女性や汗だくの男性に囲まれてトレッドミルに乗るといったような、運動の社会的な定義を真に受けるなら、メイドたちは正しい。しかし、身体にとっては、方法にちがいなどない。一カロリーの消費は一カロリーの消費なのだ。

ふたりの研究者は、メイドに自分たちが実は運動のスーパースターだという意外な事実を伝えたらどう反応するかに興味があった。メイドの一方のグループには朗報が告げられた。彼女らは運動のメリットが書かれた文書を受け取り、日常の仕事がその恩恵を受けるのに十分な運動になっていると伝えられた。運動は過酷である必要も苦痛をともなう必要もなく、ジムで行なう必要もないと伝えられた。カロリーが燃焼するように筋肉を動かすだけでいい。さらに、このグループのメイドは、日々の活動で燃焼されている推定カロリー量も教えられた。一五分間のシーツ交換で四〇キロカロリー。三〇分間の掃除機かけで一〇〇キロカロリーなど。一方、もうひとつのグループのメイドには、運動のメリットに関しては同じ情報を伝えたが、仕事が適切な運動になっているとは知らせなかった（カロリー消費量のデータもふせておいた）。

四週間後、研究者が再びメイドを調べたところ、信じられないことがわかった。よい運動をしていると伝えられたメイドは、平均で〇・八キロほどやせていたのだ。これは週に約〇・二キロということになり、大きな減少率だ。もう一方のグループのメイドはまったくやせていなかった。

クラムとランガーは考えうる説明を探した。体重の減少は単なる統計的な誤差ではなかった。そのような偶然で片づけるには、メイドの数が多すぎた。さらに、体重が落ちたメイドは、それに比例して体脂肪も落ちていた。それも、〝運動の虫〟に取りつかれたわけではない。つまり、仕事以外で運動を増やしたわけでもなかった。

研究者はそのほかの可能性も除外した。勤務時間が増えたわけではない。酒、カフェイン、タバコの消費量を変えたわけでもない。食生活が大きく変わったわけでもない。つまり、野菜を多くとるようにしたり、糖質を含む食品を控えたりしたわけではない。それでも、彼女たちはやせたのだ。

やせた原因は何か？

2

近所の洗車場がスタンプカードのキャンペーンを始めた。客が洗車に来るたびに、カードにスタンプを押し、カードに八つのスタンプがたまると、洗車が一回無料になる。

しかし、同じ洗車場で、別の客のグループには少し異なるスタンプカードを渡した。洗車が一回無料になるためには、八個ではなく一〇個のスタンプを集める必要があった。ただし、そのカードには〝スタート・ダッシュ〟が与えられていた。カードを受け取るときに、すでに二個のスタンプが押されているのだ[2]。

どちらの客も「ゴール」は同じだ。八回洗車で一回無料。しかし、心理は異なる。一方は、ゴールまですでに二〇パーセント進んでいる。しかし、もう一方はゼロから始めなくてはならない。数カ月後、八個用のスタンプカードを受け取った客は、一九パーセントしか無料の洗車までこぎ着けなかった。一方、スタート・ダッシュを切った客では三四パーセントがスタンプをためきった（しかも、ためきるまでの時間も短かった）。

人は、短い旅の出走ゲートにいるよりも、長い旅が途中まで終わっているほうがやる気を出すのだ。たとえば、慈善事業の寄付キャンペーンでは、資金の半分が集まるまでキャンペーンを公表しないのが開発団体の常識になっているが、それも同じ理由だ（目標一〇〇万ドルの寄付キャンペーンで、最初の一〇〇ドルを寄付したいと思う人はいないだろう[3]）。

したがって、思っていたよりもゴールラインの近くにいると感じさせるのが、行動を促すひとつの手なのだ。

3

研究者のクラムとランガーは、メイドの体重減少をプラセボ効果によるものと結論づけた。つまり、日常業務の運動効果を知ったことで、メイドの行動の物理的な変化とは無関係に、体重が減少したと考えたのだ。

プラセボ効果は、現代の医学ではもっとも確かな現象のひとつだ。したがって、一見するとこの説明は筋が通っているように聞こえる。あなたのまわりにも、悪臭のする草からつくったサプリメントや、ヤギの角のエキスなど、怪しげな薬の治療効果を自信たっぷりと語る友人がいるだろう。おそらく、メイドたちも新しい知識から同じような精神的昂揚を得たのではないか。

しかし、プラセボ効果が生まれる状況の共通点を考えてほしい。それは患者の自己報告であるという点だ。患者は、鎮痛剤を飲み、あとで医師に「痛みはどうなりましたか？」と尋ねられる。あるいは、抗うつ剤を飲み、六週間後にセラピストから「気分はどうですか？」と尋ねられる。したがって、鎮痛剤や抗うつ剤ではなく偽薬《プラセボ》を受け取った患者が、症状がよくなったと報告するのはありえない話ではないのだ（それでもずいぶんと奇妙だが）。

しかし、この研究の場合は自己報告ではない。メイドたちは「気分がどうなったか」とか「健康になったと感じるか」と聞かれたわけではなく、単に体重計のうえに乗っただけだ。そして、体重計の針がいままでよりも低い体重を指し示したのだ。体重計にプラセボ効果は起きない。

ここまではわかった。しかし、自分がよい運動をしていると急に知ったら、心身になんらかの影響が引き起こされる可能性はないだろうか？　新陳代謝が活発になったりすることは？　確かにその可能性も否定はできない。しかし、ずばり言おう。もし、考えるだけでスリムになるなら、常温核融合と肩を並べるくらいの科学的発見だろうし、『考えるだけダイエット』というダイエット本で大儲けできるだろう。

より信憑性があるのは、洗車の実験の再現を見ているのではないかという説明だ。メイドはふたつスタンプの押されたスタンプカードを受け取ったのだ。つまり、彼女たちは自分の考えとはちがって実は運動していると知ってびっくりした。目的地まで〇パーセントではなく二〇パーセント進んでいたと知った。そして、それが驚くほど刺激になった。「私は怠け者なんかじゃない、運動しているんだ！」

あなたが同じ立場だったらどう感じるか考えてみてほしい。科学者がやってきて、実はあなたのしている頭脳労働は最高の運動だと言われたら？　マウスをクリックするたびに八キロカロリーを消費している！　オンライン野球ゲームのデータをチェックするたびに一マイルのランニング効果がある！　そう聞いたら、「ほら、オレはこんなに体によいことをしているんだぞ！」という満足感がわき上がってこないだろうか？

そして、ここからが大事なのだが、その瞬間からおそらく行動を変えるだろう。些細なことが運動になるとわかれば、少しでも体を動かす方法を見つけようとするはずだ。

これと同じように、よいニュースを聞いて興奮したメイドたちは、シャワー室を磨くとき、以前よりも力をこめるようになったのかもしれない。シーツを交換するとき、歩く量をもう少し増やそうと、何度もカートとのあいだを往復するようになったのかもしれない。あるいは、ランチに出かけるとき、エレベーターではなく階段を使うようになったのかもしれない。彼女たちが余分な努力をしたのは、誰かが「運動のスタンプカード」にスタンプをふたつ押してくれたからなのだ。そのおかげで、思っていたよりもゴールラインが急に近く見えはじめたのだ。

このような進歩の感覚は重要だ。象は簡単にやる気を失うからだ。すぐに怖じ気づき、すぐにあきらめてしまう。だからこそ、自信が必要だ。たとえそれが旅の最初の一歩にすぎないとしても。

あなたが変化の主導者なら、まずはチームのカードに押せる最初のふたつのスタンプを探すべきだ。新しくなる点や変わる点ばかりに注目するのではなく、すでに達成しているものごとを知らせよう。たとえば、「チームのみなさん、確かに組織構造は変わりますが、実は過去の案件で一度経験があるはずです」とか「二〇キロもやせるのはたいへんだと思うけど、炭酸を飲むのはもうやめたんだから、それだけでも今年じゅうに二～三キロは落ちるんじゃないか？」という具合だ。

ビジネスでは、「ハードルを上げよ」という決まり文句がある。しかし、気乗りしない象にやる気を与えたいなら、それは得策とはいえない。むしろハードルを下げるべきなのだ。走り高跳びのバーを手に取り、またげるくらいの高さまで下げる光景をイメージしよう。

やる気のない象を動かしたいなら、「変化を細かくする」べきなのだ。(4)

4

あなたも筆者と同じように、きれいな家は好きでも、家の掃除は嫌いかもしれない。掃除を終えても、一日ごと一時間ごとに部屋の書類の山は高くなり、洗濯物の量は膨れ上がり、食器棚のほこりはたまっていく。問題が悪化するにつれて、恐怖は増していく。すると家を掃除する気がなくなり、ますます家は汚くなっていき……まさに悪循環だ。

しかし、私たちはいったい何を怖がっているのだろう？　考えてみてほしい。床に落ちている下着を拾い上げて洗濯かごに入れることが怖いのか？　ちがう。コップをすすいで食器洗い機に入れることでも、フォルダを書類整理棚にしまうことでも、浴室の鏡にガラス・クリーナーを吹きつけることでもない。それでは、なぜ恐怖とは縁もない一つひとつの行動が組み合わさると、掃除への恐怖が生まれてくるのだろうか？　そのひとつの理由は、「家を掃除するためには、家がきれいになるまで作業しなければならない」と恐怖しているからだ。そして、その最終状態までの道のりを想像し、クロゼット、食器、カーペット、トイレ、床など、ゴールにたどり着くまでに手をつけなければならないものすべてを思い浮かべると、ドアさえ開けるのが怖くなる。手に負えないと感じるからだ。

しかし、私たちは退職金の積み立てに恐怖したりはしない。巨額の預金を一度に振りこむ必要がないからだ。退職金の積み立ては一度に少しずつ行なうものだと理解している。それと同じ理屈で、家をきれいにするのではなく、いまよりもきれいにすると考えるほうが気楽ではないだろうか？　目標を小さくすることで、自分を恐怖から解き放つことができるのではないか？

その発想から生まれたのが、「五分間お部屋《ファイブ・ミニット・ルーム》レスキュー」という見事な自助テクニックだ[5]。みずからを「フライ・レディ（昆虫女）」と呼ぶ家の整理の達人、マーラ・シリーの考え出した方法だ（羽を使って飛びまわり、あなたの掃除をチェックする光景を思い浮かべてほしい）。その方法とはこうだ。キッチン・タイマーを用意して五分間にセットする。次に、家のなかで最悪の部屋に行く。ゲストには絶対に見せられないような部屋だ。そして、タイマーをスタートさせたら、手当たり次第に片づけていく。タイマーが鳴ったら作業は終わり。なんの未練も必要なし。悪くないだろう？

これは象向けのトリックだ。象は短期的な見返りのないものごとをするのを嫌がる（ラバを進みたくない方向に無理やり引っ張っている人を見たことがあるなら、イメージがわくだろう）。象に重い腰を上げさせるには、そんなにきつい仕事ではないと思わせる必要がある。

「ほら、たった五分間なんだから、そんなにきついはずがないだろう？」

五分間の掃除にどれほどの効果があるだろうか？　たいしてない。しかし、とりあえず腰を上げることはできる。そして、それがもっともむずかしい部分なのだ。面白くもない作業を始めるのは、それを続けることよりもむずかしい。したがって、いったん家の掃除を始めてしまえば、五分間より長く続ける可能性も高いのだ。あまりにも簡単にうまくいくので驚くはずだ。そして、その成果に誇りを持つようになるだろう。まずはピカピカのシンク。次にピカピカの浴室。そしてピカピカの一階。その誇りと自信は積み重なっていく。こうなれば好循環だ。その好循環を手に入れることができたのは、まず変化を細かくしたからなのだ。

5

イーベイに店舗を構えるスティーヴン・ファーラーと妻で薬剤師のアマンダは、かつて金銭的な危機に陥ったことがある。「すべての始まりは卒業直後でした。学費ローンで六万ドルの負債を抱えました。当時はそれがふつうだったのです。それから家を買い、新車を二台買い、クレジットカードでさらに三万五〇〇〇ドルの借金。でも気にしなかった。誰と競争していたわけでもないし、無駄なものをたくさん買っていたわけでもない。ただ注意が足りなかったんです」。すると、ついにパニックが襲った。ファーラー夫妻は、一回でも事故か解雇に遭えば破産するというところまで追いつめられていたのだ。ふたりには助けが必要だった[6]。そこで、ふたりは個人ファイナンスの達人、デイヴ・ラムジーの本に救いを求めた。

ラムジーは若いころに人生が変わる体験をした。二六歳のとき、彼と妻は四〇〇〇万ドル以上の不動産を所有していたが、突然その富が揺らぎはじめたのだ。ラムジーは著書の『家計をまるごと建て直す（*The Total Money Makeover*）』でこう述べている。「私たちは借金地獄に陥り、三年間で何もかも失った。裁判を起こされ、財産を差し押さえられ、ついには生まれたばかりの赤ん坊とよちよち歩きの子どもを抱えたまま破産した。不安どころではない。絶望と言ったほうがいいかもしれない。しかし、私たちは身を寄せ合い、変化を起こそうと決意した」

ラムジーはこの金銭的な臨死体験からはい上がり、ほかの人々に同じ過ちを繰りかえさせまいと決意した。彼は自身の著書やラジオ番組を通じて、苦しんでいる個人や家族に金銭的なアドバイスを提供している。たいていの場合、いちばんの問題は多額の負債だ。

ラムジーのもっとも有名で、賛否両論ある債務との戦い方のひとつが、「雪だるま式返済《デット・スノウボ》法《ール》」だ。一〇万ドルの負債と住宅ローンを抱えたファーラー夫妻が実践したのがこの「雪だるま式返済法」だった。この方法では、まず負債をすべてリストアップする。クレジットカードの請求書から、滞納中の電気料金、学費ローンまで何もかもだ。そうしたら、金額の小さい順に並べていく。次に、すべての負債の最低支払額のみを支払う。ここで、ひとつルールがある。最低額を支払ったら、残りの支払いをリストのいちばんうえの負債の返済に当てるのだ。いちばんうえにあるのはもっとも少額の負債なので、かなり早く完済できる。返済したら線を引いてリストから消し、二番目、三番目、四番目に少額な負債を順番に返済していく。負債がひとつなくなるたびに最低支払額が減るので、次の負債に当てられる資金が増える。これが「雪だるま式返済法」と呼ばれているゆえんだ。債務がなくなるたびに、次の負債に当てられるお金は「雪だるま式」に増え、返済のスピードが少しずつ上がっていくのだ。

ここで何かに気づかないだろうか。そう、利息がいっさい考慮されていないのだ。たとえば、ファーラー夫妻の最小の負債が滞納中の公共料金で、いまのところ利息はかかっていないとしよう。それでも、ラムジーは二〇パーセント以上の利息がかかるクレジットカードの請求書よりも先に、そちらを支払うようアドバイスするのだ。

ふつうの金融アドバイザーなら、このアドバイスに唖然とするだろう。ちょっと計算をすれば、高利息な負債から先に支払いを済ませたほうが金銭的に得なのは明らかだ。しかし、ラムジーにとってそんなことは百も承知だ。

私は正真正銘のオタクなので、いつも計算から入ろうとしてきた。計算は確かに重要だが、ときには計算よりもやる気のほうが大事だということを学んだ。それが現実なのだ。考えてもみてほしい。ダイエットに挑戦して、一週目に体重が落ちたら、ダイエットを続けようと思うだろう。しかし、ダイエットに挑戦して体重が増えたり、六週間たっても目に見える効果がなかったりしたら、あきらめてしまう。営業担当者の研修を行なうとき、私はすぐにひとつかふたつセールスをさせてみる。成功すれば意欲がわくからだ。同じように、雪だるま式返済法を始めて数日で債務をいくつか返済すれば、確実にやる気がわくのだ。心理学の修士号を持っていようが関係ない。やる気を燃やすには、小さな成功が必要だ。そして、やる気を燃やすことが何より重要なのだ。

大半の金融アドバイザーは、お金を最大限に有効活用するため、高利息の負債から順番に支払うよう勧めている。しかし、ラムジーが解決しようとしているのは効率最大化の問題ではない。象の問題なのだ。人々が金銭トラブルに陥るのは、コントロールを失うからだ。人は負債の山をまえにすると無気力になっていく。そして、計算ではその無気力と戦うことはできない。自分でも勝てるという確信がなければ戦えないのだ。高利息のクレジットカードの二万ドルの借金に一八五ドルを返しても、絶望感は消えないだろう。しかし、滞納中の一八五ドルの公共料金の支払いを済ませれば、リストから消すことができる。負債に勝ったことになるのだ。

ラムジーの戦略は、フライ・レディの「五分間お部屋レスキュー」と同じだ。気の遠くなる作業と直面して、本能的に逃げたいと思ったときは、作業を細分化するべきだ。つまり、変化を細かくするのだ。絶対に実現できるくらいまで変化を小さくしよう。ひとたび一部屋を掃除すれば、またはひとつの負債を返済すれば、恐怖は消え去り、状況は雪だるま式によくなっていくはずだ。

クリニック　政治的な混乱を引き起こさずに予算を削るには?

場　面

メアリー・カーは入学者数が大幅に落ちこんでいる大学の最高財務責任者だ。学生数の減少にともなって大学の授業料収入は減っており、予算不足につながっている。カーの仕事は、三〇ほどある学部で有意義な予算削減を指揮することだ（これは実話だ）。

変えるべきポイントとは？　何が妨げになっているのか？

カーは大学の学部長たちを説得して、大きな抵抗や政治的内紛を引き起こさずに学部予算を削る必要がある。目標はすでにある程度はっきりとしている。分析の結果、学部長たちは予算を各自五パーセントずつ削らなければならないことがわかった。学部長のほとんどが予算削減の必要性を理解して賛成しているものの、カーは予算削減が先延ばしにされるのではないかと心配している。したがって、なるべく早く一定の成果を上げる必要がある。そのためには、学部長たちの象にやる気を与えることが重要だ。

変化を起こすには？

・象使いに方向を教える　**①ブライト・スポットを見つける。**センサー式の照明や暖房の設置、管理機能のアウトソーシングなど、独創的な方法で資金の節約方法を見つけ出した学部長の成功例はないだろうか？　もしあるなら、その成功をほかの学部にもまねてもらおう。

・**象にやる気を与える** ①**変化を細かくする。** 五パーセントの削減方針は明確だが、予算の削減は恐怖を生み出す。「〝予算を五パーセント削減しなければならない〟と言うと、多くの人々がちょっとしたパニックを起こすのです」とカーは話す。どうすれば作業を細分化できるか？　実のところ、メアリー・カーはフライ・レディのファンで、「五分間お部屋レスキュー」を参考にしている。そこで彼女は、事務用品代、研修費、交通費など、毎週ふたつか三つの予算項目を挙げ、その予算を五パーセント削減できないかと尋ねることにした。カーは「小さな課題をひとつずつ選び出すことで、パニックが治まるのです」と話す。つまり、カーはなるべく象の抵抗に遭わずにすむように、変化を細かくしたのだ。②**人を育てる。** 学部長たちが最初の三つの予算項目の削減に成功したので、カーはその勢いを持続させたいと考えた。そこで、「もう三分の一のところまで来ましたよ！」と伝えた。これは洗車カードにふたつのスタンプを押すのと同じだ。ゴールに向かってすでにだいぶ前進していると思わせるのだ。

・**道筋を定める** ①**習慣を生み出す。** 毎週月曜日、カーは時計仕掛けのように予算の最新情報を送信している。彼女は状況を尋ね、シンプルな行動項目を伝える。たとえば、「交通費の五パーセント削減を満たせそうにない場合は、今日中に連絡をください」といった具合だ。毎回同じプロセスを用いることで、カーは予算削減のサイクルをより習慣的・機械的にしようとしているのだ。②**仲間を集める。**予算の削減がある程度進んだら、すべての学部長に年一回の計画集会に参加してもらう。一日目は、初期段階で各学部が行なった削減の内容を全員で確かめ合う。夜になったら、各学部長はじっくりとさらなる削減案を練る。次の朝、提案された削減案を互いに発表し合う。「全員で互いの削減内容や将来の削減案を確かめ合いました。そのうえで、一人ひとりではなく全員で結論を出したのです。誰もが大学をひとつと見ていました」とカーは話す。つまり、学部長たちは仲間の集団圧力をプラスに利用したわけだ。その結果、各学部の観点から予算を削減するのではなく、大学全体（＝強力な共有アイデンティティ）の観点から予算を削減するという社会規範が生まれたのだ。

6

つまり、「五分間だけ掃除する」、「少額の負債をひとつだけ返済する」といったように、相手に求める努力を制限するのが変化を細かくするひとつの方法だ。変化を細かくするもうひとつの方法は、「小さな成功」、つまり手の届くマイルストーンを思い浮かべることだ。

たとえば、一〇代の息子に家を掃除してもらいたいとする。「五分間お部屋レスキュー」のテクニックを実践すれば、最初の抵抗はかわせるだろう。しかし、掃除してもらう部屋についても少し作戦を練ってみよう。たとえば、ゲスト用の小さな浴室から始めてもらうのだ。五分も掃除すれば、まちがいなくピカピカになるからだ。家全体をきれいにするという最終目標はあまりにも遠すぎてやる気をそぐが、最初の五分間で「小さな成功」を上げることができれば、次のマイルストーンに向かうやる気がわくかもしれない（といっても、子どものことだから、あまりあてにはならないが）。

長距離の運転が待ち構えているとき、あなたもこのテクニックを利用したことがあるはずだ。「一度に次の町まで進む」、「一度に一時間だけ運転する」、「一二〇キロ走ったらコーヒー休憩を取る」という具合に旅を計画したことがあるだろう。「コーヒー休憩まであと一二〇キロ走ろう」と考えるほうが「祖母の家まであと八時間半ここに座っていなければ」と考えるよりもはるかに気楽だ。

このようなマイルストーンが自然に生まれると思ってはならない。変化を促すには、みずから計画する必要があるのだ。

これまでは、長距離ドライバーや家を掃除する子どもにやる気を与えるといったように、個人レベルで小さな成功を積み重ねる方法について述べてきた。しかし、同じ考え方が大組織にもあてはまる。たとえば、スティーヴン・ケルマンという男性は、連邦政府で「小さな成功」を生み出さなければならない状況に直面した。

ハーバード大学のケネディ行政大学院で公共経営学の教授を務めるケルマンは、一九九三年にクリントン政権から連絡を受け、連邦調達政策局（OFPP）の運営を依頼された。[7]OFPPのトップになったら、政府の調達業務の改革を担当することになっていた。調達とは、人々がモノを購入するプロセスであり、政府は膨大な額の調達を行なっている。二〇〇三年、政府は三二〇〇億ドルの商品やサービスを自由裁量で購入していた。[8]これには、書類クリップから国立公園局のヘリコプターまで、あらゆるものが含まれる。

ケルマンはOFPPの職に乗り気ではなかった。どんなにがんばっても何も変わらないのではないかと思っていたからだ。しかし、結局は職務を引き受けた。彼はその三年前に調達改革に関する本を執筆した経験があったため、その道のプロだった。

調達にはさまざまな問題点があった。長きにわたって、政府はさまざまな乱用を防ぐために多くの規約や対策を定めてきた。こういった対策に悪意はなかったが、それが幾層にも積み重なることで、乱用の防止効果よりも害のほうが多くなっていた。たとえば、調達の担当者は、購入の決定を下す際に取引先の「過去の業績」データを利用してはならなかった。たとえば、政府がとある会社とソフトウェア開発の契約を結んだとしよう。しかし、同社は予定を大幅に遅れて製品を納品し、その性能も弁解の余地がないほどひどかった。ところが、政府は別の業務でこの会社との契約を検討する際に、この業績データを利用してはならないのだ！（まるで、美容師を選ぶときに、これまでにどう髪を切られたかを参考にしてはならないようなものだ。）

ときには、規則そのものが非常識なほど多いこともあった。有名な例を挙げよう。兵士用のチョコチップ・クッキーのメーカーを検討していた国防省は、二〇ページつづりの〝軍用規格《ミルスペック》〟を発表した。つまり、原材料、クッキーのサイズ、焼くプロセスなど、さまざまな内容を定めた詳細な仕様書を用意した。当然ながら、軍用規格の内容の一部は、キーブラーやナビスコなど、クッキーを効率的に大量生産できる企業の標準的な手順と食いちがっていた。そのため、これらの企業は入札せず、クッキーの価格は法外に高くなった。それなのに、契約にはクッキーがおいしくなければならないという条件さえ明記されていなかったのだ。

ケルマンは、OFPPのトップとして調達改革を担うことになったが、彼には十分な権限がなかった。彼のスタッフは二〇名ほどで、誰も大きな購入にかかわっていなかった。実際の購入決定は、数ある大規模な連邦機関が各自で行なっていた。調達の改革を行なうには、政府内に散らばる購入担当者の行動を改革する必要があった。

これは勝ち目の薄い物語の典型例だろう。三二〇〇億ドルといえば、コンピュータ・ハードウェア業界全体で一年間に生産されるすべての製品を購入できるほどの金額だ。デルのラップトップ、IBMのメインフレーム・コンピュータ、シーゲイトのハードディスクなどすべてだ。そして、それでも自動車業界が製造するすべての自動車とすべての自動車部品を購入できる資金が余るのだ。

調達にかかわる政府関係者は数千人もいたが、どっちみち四年後（最長でも八年後）には大統領の座を退くクリントンに進んで手を貸そうと思う者はほとんどいなかった。ケルマンはこの「無気力」という名の広大な砂場に足を踏み入れ、問題の解決を担うことになった。しかし調達改革について名著を書いているとはいえ、彼は一介の教授でしかない。彼が統率できるのは、砂場の左端にあるわずか二〇粒の砂だけだった。

ケルマンはすぐに一定の成果を出さなければ解雇されると考えた。「早いうちに変化の成功例がひとつ手に入れば、それをきっかけに別の変化を促すこともできるはずだ」と彼は後に記した。彼は手軽で実現しやすく、目に見える成功を探した。つまり、国防総省から保健社会福祉省まで、すべての部門に影響を及ぼす「小さな成功」を生み出そうと考えた。「五分間お部屋レスキュー」の政府版のような簡単な課題で彼らの象を動かすことができれば、ずっと歩かせつづけられるのではないかと考えたのだ。

ある日、政府職員との会話からひとつのアイデアが浮かんだ。その職員の話によると、数枚のCDなど、ちょっとした安い品物が必要なときでも、調達規則がネックとなり、通りの向かいの大型コンピュータ店まで歩いていって買うことができないのだという。彼女はその制約に不満を覚えていた。

ケルマンはそこに機会を見出した。彼は調達の上級管理者を訪れ、「あなたの機関で、政府の発行するクレジットカードの来年の利用額を二倍にしてもらいたい」と訴えた（内容の明確さに注目してほしい。低脂肪乳キャンペーンと同じだ。行動の変化を具体的に示すことで、ケルマンは象使いに方向を教えたのだ）。彼は、CD、外付けハード・ディスク、コピー用紙など、ちょっとした買い物が必要になったとき、従業員がクレジットカードを持って通りを渡り、現場で必要なものを購入できるようにすべきだと考えた。そこで、ケルマンは各機関にアイデアの導入を正式に「誓約」するよう求めた。反応は上々だったので、ケルマンはもう一歩先に進んだ。翌年、彼は新たに四つの誓約を求めた。

ふたつ目の誓約は大きなものだった。ケルマンは過去の業績を無視するという伝統を捨てるよう求めたのだ。このアイデアを売りこむのがむずかしいのはわかっていた。そこで、彼は正式な要求を出すまえに、最低八つの機関を味方につけようと考えた。彼は電話をかけ、従業員や顧問たちの人脈をたどって仲間を集めた。ようやくチームは八つの機関に署名してもらうことに成功した。しかし、それだけでは終わらなかった。「九機関になったところで、雪だるま式に参加が増えた。すると、態度を決めかねていた人々にこう言えるようになった。〝きみのところ以外はほとんど参加している〟とね」(この結果は、第10章で述べる「行動の伝染性」をあらわしている。ケルマンは「象使いに方向を教える」「象にやる気を与える」「道筋を定める」という本書のフレームワークの三つの要素に対処したのだ)。

最終的に、二〇の機関が「過去の業績に関する誓約」に同意した。誓約を本気でとらえてもらうために、ケルマンは各機関に近々行なう五八の契約をリストアップしてもらい、過去の業績をしっかりと検討してもらった。

ケルマンは、誓約を利用することで、よどみきった官僚の惰性をはっきりとした前進の勢いに変えた。五年後の内部調査で、第一線で働く従業員の七〇パーセントが調達の改革を支持すると述べた。一九九八年、高名なシンク・タンクであるブルッキングス・インスティテューションが、過去八年間のさまざまな「政府改革」活動の成功度の格付けを発表した。それによると、「A」を獲得した活動はケルマンの調達改革のみだった。たったひとりの男の登場で、連邦政府は大きな変化を成し遂げたのだ。

7

初期の成功をつくり上げるということは、実際には希望をつくり上げているということにほかならない。変革活動において希望はかけがえのないものだ。象のエネルギーになるからだ。

変化がいったん軌道に乗り、進展しはじめたときに重要なのは、進歩を目に見えるようにすることだ。ダイエットなど、なかには進歩が測りやすい変化もある。体重計に乗りさえすればいいからだ。しかし、「新製品のイノベーション」や「二酸化炭素の負荷の軽減」などには、手軽な尺度がない。あなたが起こそうとしている変化を測定する尺度を見つけるにはどうすればよいだろうか？

象使いのパートの第2章で紹介した解決志向療法のセラピストたちは、自分で尺度を設けている。セラピストたちは患者にこんなミラクル・クエスチョンを投げかけていた。「今夜、ベッドに入ってぐっすり寝るとしましょう。夜中、眠っているときに奇跡が起こり、あなたがここで相談した問題がきれいさっぱり解決したとします。朝起きたときに、どうやってそれに気づきますか？」

解決志向療法のセラピストたちは、患者にとって奇跡は遠く見えるため、目的地に着くまでやる気と希望を与えつづけなければならないことを知っている。そこで、奇跡に対する進捗度を数値化する方法を考案した。それが「奇跡の尺度《ミラクル・スケール》」だ。数値の範囲は〇～一〇で、一〇が奇跡。(9) 初回のカウンセリングで、患者に現在の自分のスコアを尋ねることも多い。患者の多くは二～三と答える。すると、セラピストは興奮気味に「すごい！　もう奇跡まで二割も進んでいるじゃないですか！」と答えるのだ。どこかで聞いた言葉だって？　そう、セラピストは患者の洗車カードにスタンプをふたつ押しているわけだ。

カウンセリングを続けるあいだ、セラピストは患者が報告するスコアを記録しつづける。(10) セラピストは、勝利を重ねるたびにほめるよう訓練されている。患者が三から四に上がったと報告したら喜ぶのだ。この方法は大半の人々の直感に反するかもしれない。営業担当者がノルマの四〇パーセントまで達成したと聞いて、踊り浮かれる営業責任者などどれくらいいるだろう？　しかし、このような励ましは重要だ。自信になるからだ。一から二へ、二から三への進歩を祝うことで、次の段階に進む自信が持てるのだ。

奇跡を測るもうひとつのメリットは、旅がわかりやすくなることだ。あなたの中学生の息子が極端にシャイだとしよう。息子にとっての奇跡とは、学校のダンス・パーティーに女の子を誘うことかもしれない。そんな離れ業《わざ》はいまの息子にとってはとうてい無理だ。しかし、あなたと息子はシャイな性格について何度も話し合ってきている。そして、彼はシャイであることを認め、治そうと思っている。その会話を交わしただけで、彼はすでに二のスケールまで進んでいるのだ。

解決志向療法のセラピストなら、息子にこう尋ねるだろう。「どうすれば三になれるかしら？　棒高跳びみたいに奇跡までひとっ飛びなんて考えは捨てましょう。まだそんな段階じゃない。三になるための方法を考えましょう」

おそらく息子にとって、スケール三というのはスーパーの店員に歯ブラシの売り場を尋ねるというようなことだろう。それができれば、彼はまったく見ず知らずの人とうまく交流できたという証拠になる。そうすれば、奇跡に向かって前進していると感じられるのだ。「ミラクル・スケール」の利点とは、はるか向こうの最終目的地ではなく、目に見えて実現しやすい小さなマイルストーンに目を向けられることだ。高いはしごを昇るときに、てっぺんをぽかんと眺めるのではなく、次の段に専念するのと似ている。てっぺんまではまだ何段もあるかもしれないが、正しい方向に着実に進んでいるという安心感を抱くことはできるのだ。

ここでも注目すべきなのは、象使いへのアピールと象へのアピールは重なる場合が多いということだ。このケースでいえば、あなたの息子の象使いはとびきり明確な方向性を手に入れている（「店員に歯ブラシの売り場を聞く」）。そして、象は少し希望を持ちはじめている（「いつかきっとシャイな性格を治せる」）。

「ミラクル・スケール」を利用すれば、次にどこに向かうべきかを明確につかみ、次の「小さな成功」をはっきりと理解することができる。前に進めるだけでなく、自分には前に進みつづける力があるという自信が持てるようになるのだ。

8

NFLのコーチとして二度もニューヨーク・ジャイアンツをスーパーボウル制覇に導いたビル・パーセルズは、「いかに小さな成功であっても、それを積み上げることで自信につながる」という考え方を支持している。『ハーバード・ビジネス・レビュー』誌の記事で、彼はこう述べた。

トレーニング・キャンプでは、「スーパーボウル出場」という最終目標にしがみつく必要はありません。むしろ、目のまえのことを目標に掲げるのです。

具体的には、「うまい戦術を展開できるチームになる」「常に最高のチーム状態でプレーする」「どんな時も全力でプレーする」「チームとしてのプライドを持つ」「常勝チームを目指す」「チーム内で互いを批判しない」などです。

このような目標を目指すに当たり、選手全員がその目標を達成している自分の姿を想像できなければいけません。私は、事あるごとに選手たちを「目標が達成できそうだ」と激励し、同時にその次の目標へ導くことを忘れませんでした。

特に練習の成果が表れた日には、チーム全員を集めて、このように言ったものです。「今日はよくやった。本当に実りある一日だった。ならば、明日はもう一歩、完璧に近づいたチームワークを見せてくれ。それができれば、日曜のゲームへの準備は万端だ」すぐに手の届く小さな目標でも、一度達成されると、「自分たちにもできるのだ」というメッセージが頭にインプットされるものです。そしてまた、新しい目標を掲げる。そうしているうちに連敗から脱し、常勝チームへと変貌していくのです。(11)

UCLAの元コーチで史上最高の大学バスケットボール・コーチのひとりであるジョン・ウドゥンも、かつてこう述べている。「毎日小さなことを改良していけば、やがて大きなことが起こる。大きな改良を早急に期待してはいけない。日々、小さな改良を求めるのだ。それが変化を起こす唯一の方法だ——こうして変化が起きれば、それは持続する」(12)

コーチは変化を細かくする名人だ。チームに「小さくて目に見える目標」を次々と実現させ、勢いを築いていく。心理学者のカール・ワイクは、「小さな成功——社会問題の規模を見直す（Small Wins: Redefining the Scale of Social Problems）」という論文で、「小さな成功によって、困難が和らぎ（〝これはどうってことない〟）、要求が抑えられ（〝これだけやればいい〟）、能力レベルの認識が向上する（〝これならできる〟）」と述べている。(13) この三つの要素すべてが変化をラクにし、持続的にするのだ。

しかし、ここであまりに楽観的になってはならない。重大な変化とは、勝利に向かって着々と必然の行進を続けるようなものではない。小さな成功が数珠つなぎになっているわけでもない（優勝経験なしに引退していったコーチも数知れずいることを忘れないでほしい）。むしろ、一歩まえに進み、一・三歩あとずさりし、二・七歩前進しては、六歩横道にそれるのがふつうだ。そして、その瞬間に新しいCEOがやってきて、別の目的地を宣告することもあるのだ。

誰も小さな成功を保証できるわけではない。私たちのコントロールできないことはいくらでもある。しかし、コントロールできるものごとには知恵を振りしぼるべきだ。そして、私たちがコントロールできることのひとつは、最終的な勝利と、それにつながる小さな成功を定めることなのだ。

小さな成功を選ぶときには、ふたつの性質を持つものを選ぼう。①意義があること。②ビル・パーセルズの言葉を借りれば「手が届く」こと。両方を満たすのがむずかしいときには、後者を優先すること！（たとえば、「五分間お部屋レスキュー」そのものにはそれほど意義はないが、大きな変化のきっかけにはなる。）

生産性がテーマの自己啓発書『仕事を成し遂げる技術』の著者、デイヴィッド・アレンも、手の届く目標を設定することが重要だと述べている。彼は、作業リストをつくるときに大半の人々は根本的なまちがいを犯していると話す。「経費を精算する」「ヘレンと話す」「スライドショーを作成する」「タイヤをかえる」など、項目を書きまくるのだ。アレンの考えでは、こういった人々は行動をあいまいにしすぎて、結局はサボる可能性が高いという。彼は「次の行動は？」と自分に問いかけることが重要だと述べている。以下がアレンの話だ。

私のセミナーの参加者はたいてい、「車のエンジンの調整をしてもらう」というような項目を行動リストにのせているが、「エンジンの調整」が次の行動といえるだろうか？　その人が作業服を着てレンチを持ち歩いているなら話は別だが。

「では、次の行動は？」

「ええと、車を修理工場へ持っていくことでしょう。いや、まずは修理工場に空きがあるかどうかを調べなくては。電話して予約を取らないと」

「番号はわかりますか？」

「いえ、わかりません。フレッドが勧めてくれた修理工場なのですが、番号は知りません。何か足りないとは思っていたのですが……」

多くの人たちが同じような経験をしている。目の前の課題を見て、頭のどこかでは「ここのピースが欠けている」と思っている。何かが足りないとわかっているのに、それがなんなのか、正確にはわからない。だから、考えるのをやめてしまうのだ。(14)

課題をきつすぎると感じれば、象は抵抗する。したがって、禁酒会がリハビリ中のアルコール依存症者に「一日ずつ」積み重ねればよいと訴えるのも偶然ではない。変化を細かくしているのだ。アルコール依存症者にとって、死ぬまで一滴も飲まずにやりすごすのは至難の業だ。しかし、二四時間ならできそうだ。

アラノン（匿名アルコール依存症者の家族の会）は「一日ずつ」についてこう語る。「あらゆる状況の変化を予測することはまず無理です。どんなにしっかりと心の準備をしても、気が緩むことはあるのです。私たちはこれまで、将来の出来事を予測し、将来の傷をいやし、将来の影響を予防することばかりに時間とエネルギーをつぎこみ、今日のチャンスを逃してきました。あまりにも大きな課題を自分に課すことで、疲れ果て、圧倒され、戸惑ってきたのです」[15]

9

小さな目標が小さな成功につながり、小さな成功がしばしば行動の好循環をもたらす。結婚セラピストのミシェル・ウィーナー＝デイヴィスは、相談者のポーラとジョージについて記している。ふたりは結婚してから八年がたつが、ここ二年ばかりはけんかが絶えない。この夫婦のカウンセリングを始めてしばらく、ある程度の進展はあったものの、劇的な変化はなかった。するとあるとき、画期的な出来事が起きた。キスだ。[16]

ある朝、ジョージがポーラにキスをした。ポーラはキスに不意を衝かれてびっくりしたが、幸せな気分になった。うれしくなった彼女は、久しぶりにちょっとしたことをした。コーヒーを淹れたのだ。「まえはよくふたりでコーヒーを飲んでいたんです。でもここのところ、その習慣もすっかりなくなっていました」と彼女はセラピストに語った。

コーヒーの香りに気づいたジョージは、一杯飲もうと階下《した》におりた。彼とポーラは楽しい会話を交わした。ふたりともその朝はいつもより「リラックスして心が軽い」感じがしたと話した。さらに、ポーラの同僚はその日の彼女の態度のちがいに気づいたという。ジョージとポーラの子どもたちも、よい雰囲気に影響を受けたようだった。その日の夜はふだんより落ち着いていて、口答えも少なかった。ジョージのキスが好循環の始まりだった。

なぜこれほど小さなことが大きな影響を与えたのか？　変われるという希望を生み出したからだ。

小さな変化の連続で大きな変化が起こるというのは、本書で何度も繰りかえしてきたテーマだ。最初の変化はどんなに些細でもかまわない。重要なのは象を動かすということ。最初はどんなに動作がゆっくりでもいいのだ。したがって、負債を抱えた夫婦に高利息のクレジットカードの請求書から支払えとアドバイスしてはならない。公共料金の請求書から片づけるべきだ。政府の職員に新たな調達方針を受け入れさせようとしてはならない。政府発行のクレジットカードでの購入を二倍にするよう言うべきだ。夫婦にけんかをやめろと言ってはならない。妻に軽いおはようのキスをしてみるよう夫に勧めるべきなのだ。

象はこういった小さなマイルストーンを乗り越えるのにはなんの苦労もしないだろう。そして乗り越えれば、別の何かが起きる。一歩進むたびに、象の恐怖は減っていき、やる気は高まる。うまくいっていると実感するからだ。一歩進むたびに、象は変化を感じはじめる。

恐怖に始まった旅は、自信やプライドに向かってゆっくりと近づいていく。そして、変化を細かくするたびに、象は成長していくのだ。

第7章　人を育てる

1

イロマジリボウシインコは、カリブ海に浮かぶセントルシア島にしか存在しない美しい鳥だ。鮮やかな青緑の頭。ライム・グリーンの羽。そして胸には鮮やかな赤い羽毛を持つ。一九七七年、セントルシア島にはイロマジリボウシインコが一〇〇羽しか生息していなかった。生態系の破壊や狩猟、ペットにしようと罠をしかける人々が原因で、生息数は激減しており、イロマジリボウシインコの運命は決まりきっているように思えた。ある生物学者は「二〇〇〇年までに絶滅は避けられない」種だと述べた。

そこにあらわれた救世主が、大学生のポール・バトラーだった。(1) 一九七七年、バトラーはノース・イースト・ロンドン工科大学で研究生活の最後の年を終えようとしていた。彼は自然保護に情熱を持ち、以前にもセントルシア島で五週間の実地調査を行なったことがあった。

そこでこのインコを調査し、種の保存に関する提案を発表した。

卒業を間近に控えて就職浪人が迫っていたとき、バトラーのもとにセントルシアの森林局のトップから手紙が届いた。驚いたことに、仕事のオファーだった。森林局のトップはバトラーの提案に感銘を受け、局の自然保護アドバイザーとして再び半年間セントルシアに来る気はないかと打診した。月給は二〇〇ドルで、政府の「滞在施設」に無料で住むこともできる。バトラーは自分の幸運が信じられなかった。美しいカリブ海の島の政府が、二一歳の自分に絶滅危惧種の保護を依頼するなんて。

バトラーが政府に出した提案はシンプルだった。①イロマジリボウシインコの捕獲や殺傷に対する罰則を、少額の罰金から高額の罰金および禁固刑まで引き上げる。②現在の森林保護区にイロマジリボウシインコの生態系を守る「インコ保護区」を設ける。③保護区の運営資金を調達するために、「熱帯雨林ツアー」のライセンスを提供し、観光客に保護区や人気の動物を観察してもらう。

余談だが、法律の改正や罰則の制定といった提案は、本書では避けている内容だ。大半の人々の道具箱にはそんな道具は入っていないからだ。しかし、困ったことにバトラーにもその道具はなかった。さらに森林局にも。バトラーの提案を実行に移すには、島の法律を変える必要がある。そのためには、住民を取りこむ必要があった。したがって、大学を出たばかりのバトラーは、森林局の協力と数百ドルの予算で、セントルシアの住民をインコの味方につける方法を見つけなければならなかった。住民の大半はインコをありふれたものと考えており、なかには食用にしている人々までいた。

インコを救う経済的メリットはあまりなかった。インコは生態系の要になっているわけでもなく、悲しいことにインコが絶滅してもセントルシアの大半の住民は気づきもしないというのが現実だった。また、バトラーはインコを保護する分析的な主張では効果がないとわかっていた。そこで、彼は感情に訴える必要があった。

バトラーの目標は、要するにセントルシアの住民に「自分たちの財産は自分たちで守る」と思ってもらうことだった。バトラーは公共のイベントで、「このインコは島の財産だ。この鳥はここにしかいない。だから、この鳥を大事にし、面倒を見なければ」と訴えた。住民にこの鳥のことをもっと知ってもらおうと、あらゆる手を尽くした。イロマジリボウシインコの人形劇を開催し、Tシャツを配り、地元のバンドに頼んで鳥の歌をレコーディングしてもらい、地元のホテルに頼んで車のバンパーにステッカーを貼ってもらい、ボランティアを雇ってインコのコスチュームで地元の学校を訪れ、地元の牧師にインコの保護と関連のありそうな聖書の一節を引用してもらった(たとえば、自分の授かったものの善き管理者であれと説く一節)。さらに、彼は通信会社を説得してイロマジリボウシインコのテレホンカードを発行した。あるカードには、インコの隣にハクトウワシが掲載されていた。まるで子犬の隣にハンターを描くようなものだ。どちらが国の鳥にふさわしいかは明白だった。

セントルシアの住民は、まるでそのインコがずっと国家アイデンティティの一部だったかのように、インコを受け入れはじめた。バトラーの実施した世論調査によると、この鳥に対する住民の支持率は急上昇した。住民の支援の波により、ガブリエル・チャールズ率いる森林局とバトラーの提案が法律として議決された。

それから数年後、インコは絶滅の危機から生還した。最新の集計では、六〇〇～七〇〇羽のイロマジリボウシインコが確認されている。絶滅の危機に瀕していた種としては、驚くべき増加だ。密猟もなくなった。「過去一五年間、イロマジリボウシインコを撃って捕まったセントルシア島民はひとりもいません」とバトラーは二〇〇八年に語った。

一九八八年、バトラーは政府から完全な市民権を与えられ、後にセントルシア最大の名誉のひとつ、セントルシア功労勲章《メダル・オブ・メリット》を受賞した。彼はアイデンティティに誇りを持つ意義をセントルシア島民に教え、その過程で自分もセントルシア人になったのだ。

2

ほかの人々もバトラーの功績に触発された。一九八〇年代半ば、自然保護団体レアの役員のひとりが、次はセントヴィンセント島で同じことをしないかとバトラーに話を持ちかけた。興味を持ったバトラーはレアに加わり、セントヴィンセントの森林当局と協力した。一年後、セントヴィンセント政府は島固有のインコを保護する法律を議決した。

バトラーやレアのリーダーたちは、自然保護のもっとも重要な問題のひとつを解決したと考えた。そもそも、住民の支援なしに世界の貴重な地域を保護するのはたいへんむずかしい。

しかし、レアは住民を刺激すれば環境に関心を持ってもらえることを証明した。そこで、レアの自然保護者たちは世界じゅうで同じようなプロジェクトを開始することを決意し、それを「プライド・キャンペーン」と名づけた。(2)二〇〇九年までに、レアはパナマからインドネシアまで、五〇の国々で一二〇のプライド・キャンペーンを成功させた（実を言うと、レアの功績に感銘を受け、筆者のダン・ハースが二〇〇九年にレアの評議会に参加した）。プライド・キャンペーンの対象となった動物は、アカウミガメからナポレオンフィッシュ（サンゴ礁に生息する鮮やかな青い魚）までさまざまだ。

これまでに説明してきたように、変化を刺激するひとつの方法は、変化を細かくすることだ。変化を細かくすることで、問題と比べて自分たちが「大きく」感じられるようになる。しかし、このケースはちがう。ポール・バトラーは変化を細かくしたわけではない。人を育てたのだ。彼はセントルシア島民をこの島にしか存在しないインコへの誇りでいっぱいにし、決意、覚悟、やる気を与えた。そして、こうして人を育てることができれば、人は行動する力を養うものなのだ。

3

五〇カ国の人々にやる気を与えたレアの成功は、世界共通の成功要因があることを示している。それを裏づけるのが、スタンフォード大学の政治学教授、ジェームズ・マーチの研究だ。マーチによると、人は選択を下すとき、意思決定のふたつの基本モデルのいずれかに頼る傾向があるという。それは「結果」モデルと「アイデンティティ」モデルだ。[3] 結果モデルは経済学の学生にはおなじみのモデルで、「決定を下すとき、人は選択肢の費用と便益を評価して、満足度が最大になる選択を行なう」と仮定している。これは合理的で分析的なアプローチだ。ポール・バトラーは、セントルシア島民にはこのアプローチはうまくいかないとわかっていた。インコにはそれほど費用便益上のメリットはなかったからだ。

一方、意思決定のアイデンティティ・モデルでは、決定を下す際に基本的に三つの疑問を投げかける。①自分は何者か？　②自分はどのような状況に置かれているか？　③自分と同じ状況にいる人々ならどう行動するか？　費用と便益の分析が抜けている点に注目。アイデンティティ・モデルなら、大半の人々が「利己的投票者」という考え方とは矛盾する投票行動を取る説明がつく。オクラホマの自動車修理工が自分に健康保険を与えてくれる民主党員に票を投じず、シリコンバレーの億万長者が減税してくれる共和党員に票を投じない理由がわかる。

一般的には、「アイデンティティ」といえばなんらかの不変な性質を指している。たとえば、人種、民族、地域のアイデンティティだ。しかし、それはこの言葉の狭い使い方にすぎない。私たちは単一のアイデンティティを持って生まれてくるわけではない。人生のなかでアイデンティティを取り入れていくのだ。私たちはよき母や父、敬虔なカトリック教徒やイスラム教徒、愛国的な国民などになろうとする。

あるいは、「科学者」などの職業的なアイデンティティを考えてみてほしい。明らかに、科学者として生まれてくるわけではない。それは人が自分で追い求めるアイデンティティであり、指導教授や恩師などの他者がその人のなかに意識的に養うアイデンティティでもある。そのアイデンティティのもとで成長し進化するうちに、それは自己像のなかでますます重要な一部となり、マーチの説明するような意思決定を生み出す。たとえば、あなたが化学を教える教授だとしよう。大手製薬会社で新薬の毒性の研究に取り組む金儲けのチャンスが訪れた。結果モデルの観点からすれば、仕事を受けるかどうかなど考えるまでもないだろう。大学の給与よりもはるかに金になる。しかし、アイデンティティ・モデルの観点からすれば、仕事を引き受けるかどうかは一筋縄では決められない。どのような条件がついているのか、顧客を喜ばせるためにどのような対価を払わなければならないのかと悩むだろう。そして、「自分と同じ状況にいる科学者ならどう行動するか？」と考えるだろう。

アイデンティティは人々の意思決定において中心的な役割を果たすので、アイデンティティをおびやかす変革活動はたいてい失敗に終わる（相手の行動を変えるために直感的に「見返り」をつけようとするのが愚かなのはそのためだ）。すると、次なる疑問がわく。変化を結果の問題ではなくアイデンティティの問題にするにはどうすればよいのか？

4

ニューメキシコ州アルバカーキにあるラヴレース病院では、看護師の離職の早さに懸念が持たれていた。(4) 離職率は国の平均よりは悪くなかったものの（年間一八～三〇パーセント）、それはなんの慰めにもならなかった。看護師が離職すると、穴埋めに多くの経費がかかり、士気が落ち、交替中に患者のケアがおろそかになる。

正看護師で病院運営の副責任者であるキャスリーン・デイヴィスは、前例のないアプローチで離職の問題を分析する決心をした。彼女は「アプリシエイティブ・インクワイアリー」を専門とするコンサルタント、スーザン・ウッドを雇った。アプリシエイティブ・インクワイアリーとは、機能していない部分ではなく、機能している部分を調査して組織を変革するプロセスだ（第2章で説明したブライト・スポットのもうひとつの例だ）。

ウッドとデイヴィスは、看護師の離職が多い理由は調査しないことに決めた。代わりに、ほかの看護師が離職しない理由を探りはじめた。三〇〇名の看護師を抱える病院で、チームは一〇〇名以上に面接を行なった。ウッドは仕事のどこに満足しているかを看護師に尋ねた。

「病院の看護師たちは過労でクタクタになっていました。しかし、得意な仕事を聞きはじめたとたんに、口ぶりが変わったのです」と彼女は語る。

デイヴィスとウッドは、病院に残っている看護師たちは看護という職業にたいへん忠実であることに気づいた。つまり、満足はアイデンティティの問題だったのだ。看護師という職業の尊さが働きがいを生み出していた。これを知った病院経営者たちは、看護師のこのアイデンティティを養うべきだと気づいた。たとえば、優れた看護実績の評価方法を検討したり、看護という仕事のすばらしさを強調する新たなオリエンテーション・プログラムを考案したり、看護師が知識やスキルを磨くための指導プログラムを開発したりした。

変化の最初の兆しは、年一回の従業員の満足度調査にあらわれた。看護師の満足度スコアがさまざまな分野で著《いちじる》しく上がったのだ。特に「コミュニケーション」のスコアが群を抜いていた。アイデンティティに関する面接や会話が影響を及ぼしたのだ。しかし、影響はこの調査結果にとどまらなかった。翌年の離職率は三〇パーセントも減少した。さらに、この成功は思わぬ飛躍を見せた。地域の調査で、ラヴレース病院の患者の満足度評価も向上したのだ。

本章で紹介したアイデンティティのエピソードは、科学者、看護師、セントルシア島民にかぎった特殊な事例ではないということを理解するべきだ。アイデンティティは、ほとんどの変化の場面で役割を果たすはずだ。もちろん、あなた自身の場合にも。誰かに行動を変えてほしいと思ったら、相手が「そのアイデンティティを手に入れたい」と思っているか考えてみよう。答えがイエスなら、あなたにとって大きなプラスの要因だ。答えがノーなら、相手がそのアイデンティティを手に入れたいと思うまで、懸命に説得する必要がある。そして、ポール・バトラーがセントルシアで行なったのはまさにそれだ。彼は島民たちに「これは私たちの鳥だ。よきセントルシア島民になりたかったら、保護しなければ」と考えさせたのだ。

アイデンティティがビジネス環境で果たす役割を説明するために、アイデンティティを発明した企業について考えてみよう。そのアイデンティティが後の企業の成功の原動力となった。それはブラジラータという企業だ。各種のスチール缶を製造する売上高一億七〇〇〇万米ドルのブラジルのメーカーだ。ご想像のとおり、缶の製造業界はかなり成熟しており、成長の余地や面白味は少ない。しかし、ブラジラータは、型にはまった退屈なメーカーというステレオタイプを打ち破っている。実際、ラテンアメリカで最高のイノベーション企業のひとつという評価を得ているのだ。

缶のメーカーがいったいどうやってイノベーターとして名を馳せたのか？　ブラジラータの創業者たちはホンダやトヨタなど、現場の従業員に仕事を任せている日本の自動車メーカーに刺激を受けた。たとえば、トヨタでは、従業員は欠陥を見つけると組立ラインを停止することができる（これは当時のデトロイトでは考えられなかった）。また、トヨタとホンダは従業員のイノベーション・アイデアを積極的に採用していた。そこで、一九八七年、ブラジラータの創業者は日本の先駆者たちをモデルにした従業員のイノベーション・プログラムを開始した。

新たなアイデンティティはプログラムの核となった。ブラジラータの従業員は「発明家《インベンター》」と呼ばれるようになり、企業に新入社員が入ると、「イノベーション契約」に署名させられた。これは単なる言葉のあやではない。経営陣は従業員にイノベーションの可能性を探すよう求めた。つまり、商品を改良し、製造プロセスを改善し、システムからコストを削るアイデアだ。提案の手順は工場内で考え出されたため、発明家たちは気軽にアイデアを提案できた。このプログラムは通常の期待をはるかに上回る成功を遂げた。二〇〇八年、従業員は一三万四八四六ものアイデアを提案した。発明家ひとりあたり一四五・二個のアイデアだ！この数字は、プログラムの発想のもとになった日本企業と肩を並べるほどだった。

その結果、提案の多くが新商品の開発につながった。たとえば、二〇〇八年後半、ブラジラータは危険な液体や可燃性の液体を運ぶスチール缶の新たなアプローチを生み出した。国連の基準を満たすには、そのような缶は一・二メートルからの落下に耐える必要があった。従来のメーカーの大半は、この基準を満たすために金属の層を厚くしていた。これにより、使用する原材料の量が増えるうえに、新しい製造プロセスが必要になった。さらに、強化された設計でも絶対安全とはいえなかった。缶が端の部分から落下した場合、金属の継ぎ目が裂けやすかったのだ。

そこで、ブラジラータの発明家は、衝撃を受けるとつぶれる自動車のバンパーをヒントに、新しいデザインを提案した。新たなスチール缶は、衝撃を受けるとわずかに変形し、重要な継ぎ目への負荷を和らげる。新たなデザインによって、衝撃への抵抗が増すと同時に、缶に使われるスチールの量を減らすこともできた。

発明家たちはブラジラータの危機も救った。二〇〇一年、ブラジルで深刻なエネルギー危機が発生し、政府はエネルギー制限を行なった。その結果、企業は厳しい電力制限を課せられた。そのとき、発明家たちは電力を節約する何百ものアイデアを考案した。数週間後、ブラジラータのエネルギー消費量は三五パーセントも減少し、企業の制限値を下回ったおかげで、余分なエネルギーを転売することもできた。

さらに、ある予想外のアイデアがふたりの従業員によって共同で考案された。「自分たちの仕事はもう不要なのでなくしてほしい」というものだった。アイデアは承認されたが、ふたりには別の働き場所が与えられた。ブラジラータには不解雇方針があり、さらには純利益の一五パーセントが従業員に還元されていた。ブラジラータがブラジルの「もっとも働きやすい企業」リストにつねにランクインしているのは不思議ではない。

おさらいしてみよう。この「発明家」というアイデンティティは企業の成功や従業員の満足に火をつけたが、そもそもつくられたものだ。ブラジラータの従業員は生まれつき「発明家」だったわけではない。「発明家」というアイデンティティが与えられ、従業員はその響きを気に入った。それは着てみたくなるマントだった。発明家というアイデンティティがプライドや強みの源になったわけだ。

5

アイデンティティを養うのはたいへんそうだと思っているなら、安心してほしい。心理学のある有名な研究が証明するように、小さなステップから始めることは可能だ。一九六〇年代、スタンフォード大学のふたりの心理学者、ジョナサン・フリードマンとスコット・フレイザーの依頼で、調査員がカリフォルニア州パロアルトの高級住宅街で戸別訪問を行なった。家のオーナーがドアを開けると、調査員は安全運転協会のボランティアを名乗り、「安全運転をしよう」と書かれた看板を芝生に設置してもいいかと尋ねる。オーナーは別の家の芝生に設置された看板の写真を見せられる。どう見ても目障りだ。組み立ては雑で、あまりに巨大なため家の正面がかなり隠れてしまう。しかし、家のオーナーたちは「芝生にちょっと穴を開けるだけだから」と言われる[6]。

　このボランティアがドアをノックしてきたら、あなたは冷たくあしらうだろう。そして、実際に八三パーセントのオーナーがこの「機会」を見送った。しかし、驚くのはここからだ。別の地区で、調査員はシンプルなテクニックを使い、イエスの数を四倍以上にしたのだ！

　そのテクニックは驚くほど些細なものだ。その二週間前、別の安全運転団体を名乗るボランティアが家を訪問し、「安全運転を心がけよう」と書かれたはがきの半分にも満たない小さなステッカーを自動車か自宅の窓に貼るよう頼んだのだ。ボランティアは市民に安全運転を心がけてもらうためのステッカーだと説明した。オーナーの大半がこれくらいならとＯＫを出した。この小さなイエスが次の大きなイエスへの道を切り開いた。二週間後、調査員が家を再訪し、目障りな看板を設置してほしいと頼むと、七六パーセントが同意したのだ。フリードマンとフレイザーは、この戦略を「ドアに足をはさむ《フット・イン・ザ・ドア》」テクニックと呼んだ。いったん小さな安全運転ステッカーを受け入れたことで、家のオーナーが巨大な安全運転看板を受け入れる可能性が大幅に増したのだ。

　すると、さらに奇妙な結果が待ち受けていた。ボランティアは三つ目のグループの家のオーナーのもとを訪れ、別の要求を持ちかけた。安全運転を訴える小さなステッカーの代わりに、「カリフォルニアをいつまでも美しく」という嘆願書に署名してもらった。さすがにこれを断わるのはむずかしく、ほとんど全員が応じた。そして二週間後、嘆願書に署名した人々に目障りな看板の設置を持ちかけると、半数がイエスと答えたのだ。嘆願書に署名しなかった家のオーナーと比べると、イエスの率は三倍だった。

この結果にフリードマンとフレイザーはますます困惑した。「カリフォルニアをいつまでも美しく」という嘆願書が安全運転の取り組みの第一歩《フット・イン・ザ・ドア》になるとは思っていなかったからだ。ふたつはまったく関係がない。しばらく考えた結果、ふたりは嘆願書の署名によって家のオーナーのアイデンティティ意識に変化が生じたのではないかと推測した。フリードマンとフレイザーはこう記している。「いったん要求に同意することで、考え方が変化するのかもしれない。そして、自分はこういうことをする人間だ、他人の要求に手を貸す人間だ、自分の信念を実行に移す人間だ、よき行ないには協力する人間だと自覚するようになるのかもしれない」

いわば嘆願書の署名は、家のオーナーが「意識の高い市民」であるという前例になったのだ。そして、この小さなアイデンティティの変化が行動の変化につながった。二週間後、芝生に看板を設置するという選択肢に直面したとき、オーナーたちは無意識に先ほどのジェームズ・マーチの三つの疑問を自分自身に投げかけたわけだ。①自分は何者か？　②自分はどのような状況に置かれているか？　③自分と同じ状況にいる人々ならどう行動するか？　自分は「近所の人々に溶けこみたい」と考えれば、要求を断わるだろう。自分は「芝生の潔癖主義者」だと考えれば、調査員に殴りかかるかもしれない。しかし、自分は生まれ変わった「意識の高い市民」だと考えれば、喜んで看板を設置するだろう。

6

ここではっきりとさせておこう。フリードマンとフレイザーの実験はいわばペテンだ。ペテンの部分と科学的な部分を分けて考えなければならない。

ペテンの部分とは、相手をだましている部分だ。家のオーナーはだまされてバカげたことをさせられている。本書で紹介したアイデンティティの例では、こういっただましは利用していない。人々を説得して国家の鳥を支援させるのはだましだろうか？　看護師に仕事へのプライドを養うのは？　従業員に発明家のような行動を促すのは？　もちろんだましではない。ブラジラータのCEOが「企業の競争力やイノベーション能力を高めるために、みなさんにはもっと〝発明家〟のように考え行動してほしいと思っています」と発表するのを聞いて、困惑した従業員はいないだろう。しかし、庭の看板の実験はちがう。フリードマンとフレイザーが真相を白状して、「この嘆願書に署名してもらうのは、いまから二週間後にみなさんをだまして、芝生に巨大な看板を設置してもらうためです」と言っていたら、家のオーナーはむっとしていただろう。

ペテンの要素は棚に上げて、看板の実験の科学的な部分に目を向けてみよう。そこには驚くべき事実が潜んでいる。人々は新たなアイデンティティを養うのに許容的だということだ。自分をいったん「成長」していくということだ。そして、アイデンティティは小さな開始点から「成長」していくということだ。そして、ずっとそう行動しつづけたくなる。これは、変革活動を率いようとする人にとっては大きな朗報だ。たとえば、人々に環境を気にかける価値を示すことができれば、人は何年もかからずに自分を「環境保護主義者」だと思うようになるからだ。家のオーナーが何日もかからずに自分を「意識の高い市民」と思いはじめたのと同じように。

7

しかし、ひとつだけ問題がある。新しいアイデンティティはすぐに根づくが、それに従って行動するのは恐ろしくむずかしいということだ。たとえば、ブラジラータの従業員が発明を少しでもまともにできるようになるまでには時間がかかったはずだ。最初は、ひとつでもアイデアを思い浮かべるのに苦労しただろう。「発明家」を名乗るなんて詐称ではないかと感じたこともあるはずだ。

私たち（チップとダン）にも同じような経験がある。私たちは、それぞれちがう時期に恋人からサルサ・ダンスのレッスンに誘われた。週末の趣味としては最高のチョイスではなかったが、試してみることにした。空想とは恐ろしいものだ。私たちはパートナーとともに踊り、あふれんばかりの情熱と芸術性で、通行人からうらやましそうな視線を集める光景を思い描いた。無理もない。この「ダンサー・アイデンティティ」には魅力があったのだ。

　この空想がどれほど見当ちがいか気づくまで、そう長くはかからなかった。私たちはすぐに、サルサはサディスティックなダンス・スタイルだと気づいた。まるで中年男性を間抜けな気分にさせるためにつくられたようなダンスだった。サルサを踊るには、私たちの体ではとうていできそうもない官能的な腰の動きが必要だった。私たちは、精一杯の色気でこの美しいダンスを踊った。

　サルサのレッスンは続かなかった。

　言いたいのは、変化を起こそうとするときには（特にアイデンティティの変化が含まれる場合には）、あなた自身や相手にかならず〝サルサの瞬間〟が訪れるということだ（これをキーワードに用いるつもりはないのでご安心を）。新たな冒険にはかならず失敗の瞬間がある。たとえ、その冒険が最後には成功するとしても。失敗なくしてサルサ・ダンスを覚えることはできないし、失敗なくして発明家、看護師、科学者になることはできない。失敗なくして企業の製品開発方法を変えたり、都市部の貧困に関する考え方を変えたり、妻や夫との愛情あるコミュニケーションを取り戻したりすることもできない。そして、象は失敗することが何より嫌いだ。

　これこそが自分や相手を変えようとしているときに困難をもたらす。あなたは自分や相手が失敗すれば、「逃走」本能がわき上がることを知っている。私たちふたりがサルサのレッスンから逃げたのと同じだ。それでは、長く危険な道のりを目のまえにして、象のやる気を保ちつづけるにはどうすればよいのか？

奇妙に聞こえるかもしれないが、その答えは失敗を覚悟することだ。といっても、目標そのものの失敗ではなく、道中での失敗だ。この考え方を念頭に置いて、ある興味深い研究を紹介しよう。きっと世界の見方が変わるにちがいない。

8

次の四つの文章を読み、それぞれにイエスかノーかを書き出してほしい。

①どのような人間かはすでに決まっており、それを根本的に変える方法はあまりない。
②現在どのような人間であっても、変えようと思えばかなり変えることができる。
③ものごとのやり方は変えることができても、人となりの根幹部分を本当に変えることはできない。
④どのような人間かという基本的特性は、変えようと思えば変えることができる。[7]

①と③にイエスと答えたなら、あなたは「**こちこちマインドセット**」の持ち主だ。反対に、②と④にイエスと答えたなら、あなたは「**しなやかマインドセット**」の持ち主だ（①と②に

イエスと答えた人は、混乱している）。これから説明するように、どちらの考え方を持っているかによって、いかにラクに失敗に対処できるか、いかに忍耐強く変化を追い求められるかがわかる。人生の成功さえ左右する場合があるのだ。

こちこちマインドセットの持ち主は、自分の能力が基本的に不変だと信じている。たとえば、みんなのまえで話すのは得意で、マネジャーとしては平凡で、ものごとの整理はうまいと思っているかもしれない。こちこちマインドセットの持ち主は、こういったスキルは多少よくなったり悪くなったりはしても、基本的には生まれ持ったものだと考えている。したがって、ワインのグラスを回して香りをかぎ、一口だけ味見をすれば、買ったワイン全体の味がよくわかるように、自分の行動は生まれつきの能力をあらわしていると考えるのだ。

こちこちマインドセットの持ち主は挑戦を避けようとする。失敗すれば、まわりからそれが生まれつきの能力と見られ、負け犬と思われるのを恐れるからだ（一口目のワインがまずければ、ボトル全体に手をつけないのと同じだ）。そして、否定的な意見にびくびくする。まるで、その人のほうが自分よりも有能で、生まれつき才能が高いと言われているように感じるからだ。そして、必死でないそぶりをするだろう。ほんとうに能力のある人は余裕しゃくしゃくのはずだからだ。若くしてスターになったテニス選手のジョン・マッケンローがその好例だ。彼は天性の才能を持っていたが、厳しい練習や自己鍛錬には励まなかった。

それとは対照的に、しなやかマインドセットの持ち主は、能力は筋肉と同じで練習すれば鍛えられると信じている。つまり、懸命に努力すれば、上手に文章を書いたり、ものごとを管理したり、夫や妻の話を聞いたりできるようになると思っているのだ。しなやかマインドセットの持ち主は、失敗のリスクがあっても挑戦しようとする（ジムでより重いウェイトを持ち上げようと挑戦して失敗しても、「生まれつき貧弱だ」とバカにされるとは心配しないのだ）。そして、まずは〝ストレッチ〟から始めようとする。さらに、批判にも寛容だ。結局は自分の向上の糧《かて》になるからだ。いまはほかの人ほど上手でなくても、ウサギとカメの物語のように、長い目で見ている。タイガー・ウッズについて考えてほしい。史上最速で八つのメジャー大会を制したにもかかわらず、スイング改造を行なおうと決意したのだ。

こちこちマインドセットとしなやかマインドセット、あなたはどちらの持ち主だろうか？これは、「あなたはラブラドール・レトリバーとプードルのどちらのタイプか？」というような、まちがった答えのない週刊誌の性格診断とはちがう。スタンフォード大学の心理学教授、キャロル・ドゥエックは、ふたつの言葉の考案者であり、長きにわたってこの考え方を研究している。そして、彼女の研究結果は明確だ。自分の可能性を最大限に引き出したいなら、しなやかマインドセットを持つべきなのだ。

ドゥエックは、ふたつの考え方がオリンピック選手、名音楽家、一般のビジネスマンの業績に与える影響を調べた。彼女は必読書『「やればできる！」の研究』のなかで、ほぼあらゆる場面でしなやかマインドセットの持ち主のほうが成功するときっぱり述べている。しなやかマインドセットの持ち主は、行動の幅を広げ、リスクを冒し、意見を受け入れ、長期的な視野で考えるため、人生や仕事でまちがいなく進歩を遂げるのだ。

この考え方を知ると、あらゆる場面でこちこちマインドセットに気づきはじめるはずだ。たとえば子どものほめ方。「頭がいいのね！」や「バスケットボールが上手だな！」というほめ方は、こちこちマインドセットを助長させる。しなやかマインドセットでは、「あのプロジェクトでずいぶんとがんばったわね！」、「コーチの話をよく聞いていたな。今日のジャンプシュートではちゃんとボールの真下にひじがあったぞ」というように、生まれつきの能力ではなく努力をほめる。

私たちのサルサ・ダンスの体験は、こちこちマインドセットの典型的な失敗例だ。不慣れな動きをちょっと試しただけで、「私たちにはサルサ・ダンスの才能がない」と決めつけてしまったのだ。そして、その生まれつきの下手さを他人に見られるのがイヤで、レッスンを投げ出してしまった。しなやかマインドセットの持ち主なら慌ててこんな結論は出さなかっただろう。そんなにすぐにサルサがうまくなるとは期待していなかったはずだ。すべてのちがいを生んだのは、この考え方なのだ。

するど、当然ながら次の疑問が浮かぶ。こちこちマインドセットの持ち主がしなやかマインドセットを身につけることは可能なのか？

9

二〇〇七年、ドゥエックとふたりの同僚、スタンフォード大学のカリ・トゥルツェスニエフスキーとコロンビア大学のリーサ・ブラックウェルは、中学生を対象に実験を行なった。生徒にしなやかマインドセットを養うことで、数学の成績を向上させることはできるか？

ご経験のとおり、中学時代は子どもにとってはつらい変遷期だ。大半の人々は中学時代について明らかに複雑な記憶を持っており、実際に四〇パーセントの人々が思春期を人生で最悪の時期と位置づけている（残りの六〇パーセントはニキビがなかったのだろう）。思春期になると、子どもたちは勉強のむずかしい新たな学校に入学し、新しい教師たちは小学校時代とちがって一人ひとりに温かい注目を注いではくれない。中学校時代はこちこちマインドセットの子どもにとってはターニング・ポイントだ。ドゥエックは、小学校ではこちこちマインドセットの子どももしなやかマインドセットの子どもにそれほど能力差はないものの、中学校に入るとこちこちマインドセットの子どもの成績がすぐに落ちはじめ、それから数年で下がりつづけることを発見した。

ドゥエックの研究対象になった子どもたちは、「ボクはバカだから」とか「私は数学がダメだから」というように、成績の低下についてこちこちマインドセット特有の言い訳をすることが多かった。注目すべきは、子どもたちが自分の能力を不変の性質のように語っている点だ。まるで、「私の目は茶色い」と言っているようなものだ（ほかにも、「先生の教え方がへたくそだから」とか「数学の教師はデブでいやなやつ」など、人のせいにする子どももいた）。

ドゥエックと同僚は、ある学校で中学一年生の数学クラスの生徒を調査した。この学校では、七九パーセントの生徒が貧困で、国の無料給食プログラムを受給していた。まさに生徒が学習につまずきやすい劣悪な社会経済的環境だ。この学校で、対照群には通常の学習スキルを教え、実験群にはしなやかマインドセットを教えた。

しなやかマインドセットを教えた生徒には、脳は筋肉と同じで練習すれば鍛えられると伝えた[8]。つまり、がんばれば頭はよくなると教えたのだ。ドゥエックは、「おしゃべりができないからといって、赤ちゃんをあざ笑ったり、この子はバカだなんて言う人はいませんね」と伝えた。

さらに、彼女たちはいままでに身につけたスキルについて考えてみなさいと言った。初めてスケボーに乗ったときや、音楽ゲーム「ギターヒーロー」をプレーしたときのことを思い出し、スキルをマスターするのに練習がどれだけ大事かを考えてみるよう言った。「簡単と思えるようになるまではなんだってむずかしい」と教え、すぐにマスターできないからといってあきらめてはならないと語った。しなやかマインドセット・グループの生徒たちは、八週間のうち合計で二時間しか「脳は筋肉と同じ」というトレーニングを受けなかったものの、その結果は驚くべきものだった。

通常の学習スキルを教えられた対照群の生徒は、中学一年目が始まるときの数学の成績がC^{+}レベルだった。年度が進むにつれ、生徒の成績はC、そしてC^{-}へと下がっていった。しかし、「脳は筋肉と同じ」というトレーニングを行なうと、この下落に歯止めがかかっただけでなく、上昇に転じた。このトレーニングを受けた生徒はほかの同級生の成績をはるかに凌いだ。

なかには劇的な変化を遂げた生徒もいた。『「やればできる!」の研究』のなかで、ドゥエックはこう述べている。「ある日、研究に参加してくれる生徒たちにしなやかマインドセットについて説明していると、突如、ジミーという、どうにも無気力で投げやりな生徒が目に涙を浮かべてこう言ったのだ。〝ぼくはバカだと決まったわけじゃないんだね〟。その日を境にしてジミーはがらりと変わった。夜遅くまで宿題と格闘するなんて、生まれて初めてのことだった。そうやってきちんと早めに宿題を提出するようになったので、返されてから間違いを見直すこともできるようになり、ジミーはめざましい進歩をとげていった。それまでジミーは、必死に頑張らないとついていけないのは恥ずかしいことだと思っていたのだが、頭はそうやって賢くしていくものだとわかったのだ⑨」

実験の条件について知らない教師たちに、春期に好ましく変化した生徒を挙げてもらったところ、教師が挙げた生徒の七六パーセントは「脳は筋肉と同じ」というトレーニングを受けたグループだった。

これは、簡単なトレーニングにしてはたいへん劇的な成果だ。なんといっても数学は積み重ねが重要な科目だが、この実験に参加した生徒はすでに春期を三分の一も終えていたのだ。中学生に二時間の数学の補習をしても、フード・ピラミッドの課外授業と同じで効果はなかったはずだ。しかし二時間かけて頭脳のとらえ方を教えただけで、生徒の数学的スキルは著しく向上した。ドゥエックは、しなやかマインドセットは教えることができ、しかも人生を変えることを証明したのだ。

10

ビジネスの世界では、私たちはしなやかマインドセットを暗黙のうちに否定している。ビジネス業界の人々はふたつの段階に分けて考える。計画段階と実行段階だ。その中間に「学習段階」や「練習段階」はない。ビジネスの観点では、練習は粗末な実行でしかない。結果がすべてだ。「どうやるかなんて関係ない。とにかくやれ！」

しかし、変化を生み出して持続させるには、スコアの記録係ではなくコーチのように行動する必要がある。しなやかマインドセットを取り入れ、チームに吹きこもう。なぜしなやかマインドセットがそれほど重要なのか？　大規模な組織を研究しているハーバード・ビジネス・スクールのロザベス・モス・カンター教授は、「途中のすべてが失敗に見えることがある」からだと述べている。(10) 結婚セラピストのミシェル・ウィーナー＝デイヴィスも同じような発言をしている。彼女は「持続する変化とは、三歩進んで二歩下がるようなものが多い」と話す。(11)

失敗が変化に必要な一部だとすれば、失敗のとらえ方は重要だ。初のアップル・マウスから赤十字の新しい献血プロセスまで、さまざまなプロダクトや経験をデザインしてきた世界屈指のデザイン・ファームＩＤＥＯのリーダーは、従業員――さらにはクライアント――に失敗を覚悟させる必要性を理解している。

IDEOのCEOであるティム・ブラウンは、あらゆるデザイン・プロセスは「曖昧模糊《あいまいもこ》とした期間」を通りぬけると述べている。IDEOのあるデザイナーは、プロジェクトの各段階の人々の気分を予測した「プロジェクト・ムード・チャート」なるものまで描いた。このチャートはU字型の曲線で、プロジェクトの最初に「希望」というポジティブな感情の山を迎え、プロジェクトの最後に「自信」というポジティブな感情の二度目の山を迎える。そのふたつの山の中間には、「洞察」というネガティブな感情の谷間がある。

ブラウンは、デザインとは「山から山に優雅にジャンプするようなものではない」と述べている。チームが新たなプロジェクトに乗り出すときには、メンバーは希望と楽観に満ちている。さらに、データの収集を開始し、既存の商品に四苦八苦する生の人々を観察すると、苦労もなく新たなアイデアが飛び出してくる。しかし、次に待っているのは、飛び出してきた斬新なアイデアを統合し、合理的な新しいデザインを生み出すという困難な作業だ。この「洞察」段階になると、気分はすぐに落ちこむ。洞察はかならずしも簡単に生まれるわけではないからだ。

多くの場合、プロジェクトはその途中で失敗に思えてくるものだ。しかし、チームがこの不安と疑念の谷間を越えれば、ついには勢いに乗ってくる。チーム・メンバーは新たなデザインを検証し、改良をほどこし、デザインを変更して磨いていく。そして、「ついに問題を解決したぞ」と思う瞬間がやってくる。すると、チームは自信という感情のピークを迎えるのだ。

ＩＤＥＯのチーム・リーダーたちは、山と谷のチャートで何をしようとしているのか？失敗を覚悟させようとしているのだ。プロジェクトの最初に迎える気分の山を信じてはいけないとチーム・メンバーに伝えようとしている。なぜなら、次には困難、苦労、ストレスが待ち受けているからだ。しかし、この警告を伝えると、それがとたんに楽観的に見えはじめるから不思議だ。

これがしなやかマインドセットのパラドクスだ。しなやかマインドセットは、失敗に目を向けさせ、さらには失敗を自分から求めるよう勧めている。しかし、これは究極の楽観主義だ。「私たちは苦労もするし、失敗もするし、落ち込みもするだろう。でも、次第に状況はよくなっていき、最後には成功するはずだ」

つまり、しなやかマインドセットは敗北主義を防ぐのだ。失敗を変化のプロセスの自然な要素と位置づけている。そして、これは重要な意味を持つ。つまずくことを失敗ではなく学習ととらえてこそ、人はがんばりぬくことができるからだ。

この教訓を苦労して学んだのが、「低侵襲心臓手術（ＭＩＣＳ）」と呼ばれる新たな心臓手術方法を取り入れようとしていたいくつかの病院だ。ハーバード・ビジネス・スクールのエイミー・エドモンドソン教授は、一六の病院のＭＩＣＳの実施方法を調査した。[12]

従来の開胸手術はとても負担が大きかった。患者の胸骨を開き、血液を人工心肺装置に循環させ、心臓を止めていた。ＭＩＣＳは、胸を開くことなく心臓を治療できるので、はるかに負担が少ない。医師は、二本の肋骨のあいだに開けた七〜八センチほどの小さな切開部分から心臓までたどり着く。それと同時に、収縮したバルーンのついた小さなカテーテルを脚の付け根から大動脈まで通し、バルーンを拡張させて内部から血流を遮断する。外科医は肋骨のあいだの狭い水平のすき間を利用して手術を進めるのだ。

　この狭い水平なすき間が手術のすべてを変える。開胸手術の場合、外科医は鉗子《かんし》を使って大動脈を外部から遮断する。美味しくてたまらないドリトスの袋を密封クリップで留めるようなものだ。外科医はその目で見ながら手術ができるので、外科チームから情報をもらう必要はない。しかし、ＭＩＣＳの場合、鉗子の役割を果たすのはバルーンだ。血管内で装置を拡張させ、血流を遮断しなければならない。外科医は見ることも触ることもできないうえに、正確な位置と圧力でバルーンを膨らませる必要がある。そのためには、麻酔医に心臓までのバルーンの動きを監視してもらわなければならない。バルーンがようやく正確な位置に到達して膨らんでも、仕事は終わりではない。血液がもれて流れないように、バルーンの位置を監視しつづける必要がある。ある看護師は、「研修マニュアルを読んだとき、目を疑いました。通常の手順とあまりにちがうからです」と話した。

　この手順では、生死がかかった状況で、ほとんど手探り状態で危険な操作をしなければならない。まるで、真夜中にジェット機を空母に着陸させるようなものだ（といっても、どちらもまるで想像がつかないが。少なくとも、ノンフィクションの本を書くよりははるかに危険なはずだ）。しかし、この危険な操作には大きなメリットがある。患者にとってははるかに負担が少ないのだ。ＭＩＣＳを受けた患者は通常の八日ではなく四日で退院できる。そして、通常の二カ月ではなく三週間で完治できるのだ。(13)

したがって、ＭＩＣＳを導入したチームは、患者に大きなメリットを提供できる。しかし、そのためには外科チームが最初の学習期間に耐えぬかなければならない。新技術の多くにはこのような葛藤がつきまとう。手での製図をやめてコンピュータで設計しはじめた建築家や、ＰＤＡを利用して現場で出荷や配送を追跡しはじめた流通業者を思い浮かべてほしい。長期的な見返りのために、現在の苦労を受け入れるわけだ。

エドモンドソンがＭＩＣＳの新技術を取り入れた一六の病院を調査した結果、新技術を見事に学習して導入した病院と、導入に失敗して開胸手術に戻った病院があることがわかった。成功した病院と成功しなかった病院のちがいは、しなやかマインドセットのパワーを如実に示していた。

11

成功したチームは、エドモンドソンの言う「学習姿勢《ラーニング・フレーム》」を取り入れる傾向にあった。このチームのメンバーたちは、「ＭＩＣＳは最初のうちはむずかしいかもしれないが、行動やコミュニケーションの変化に慣れれば、次第に易しくなっていくだろう」というイメージを抱いていた。

マウンテン・メディカル・センターのM医師は、学習姿勢を取り入れた。彼はたびたびヘッド・カメラを着けてチームに手術の様子を見せ、手順やその理由について質問を歓迎した。さらに、彼は真剣に練習できる環境も整えた。チーム・メンバーが集中的に練習できるように、最初の六回のMICSをあえて同じ週に組んだ。そうすれば、学んだことを次の手術までに忘れてしまう心配はない。また、最初の一五回の手術はかならず同じチームで行ない、その後は一度にひとりずつ新たなメンバーを加えた。そうすることで、手術のリスクをそれほど高めることなく、新人に学習の機会を与えられるのだ。マウンテン・メディカル・センターはMICSを利用して大きな成功を遂げた。この成功の原因となったのはしなやかマインドセットといえるだろう。M医師は練習を重視し、みずからコーチとなって、学習や上達の機会を最大限に増やす習慣を築き上げたというわけだ。

ほかの病院は、MICSの導入を中止した。デコーラム病院の心臓外科部長のD医師は、競争上の理由からMICSの導入に意欲を燃やしていた。「われわれにはできると全員に知らしめたい」。マーケティングの問題だ。患者もそれを願っている」。彼のチーム・メンバーは〝隣と張り合う〟(同じ地域の大病院と競争する)ためにこの手術方法を導入しようとしていたのだ。つまり、この病院にとって、MICSはイケてる子どもたちがみんな持っている魅力的な最新のおもちゃのようなものだった。

結局、D医師はユニークな方法でこの手順を導入した。切開を小さくして、患者の胸骨を開きつづけたのだ。ある看護師は「D医師は習慣の人ですから」と語った。そして、最後には古い習慣が勝《まさ》った。新たな手順は徐々に使われなくなり、とうとう廃止された。

エドモンドソンが数々の病院を調査してわかったのは、失敗した病院のチームは「一回目で成功させよう」というミスを犯していたことだ。「完璧に実行し、手腕を発揮し、異彩を放つ」チャンスだと期待していたのだ。しかし、当然ながら最初の数回は誰も「手腕を発揮する」ことなんてできない。この考え方がチームを失敗に導いたのだ。一方、成功したチームは学習に重点を置いた。すぐにマスターできるとは期待せず、困難が待ち受けていると覚悟した。そのおかげで、最終的に成功の可能性が高まったのだ。

多くの場合、失敗は学習の近道だ。だからこそ、初期の失敗はいわば必要な投資といえる。IBMの有名なエピソードがそれをよく示している。一九六〇年代、IBMのあるエグゼクティブの決断が原因で、会社は一〇〇〇万ドル（二〇〇九年に換算するとおよそ七〇〇〇万ドル）の損失をこうむってしまった。当時のIBMのCEO、トム・ワトソンはそのエグゼクティブを本社の自分のオフィスに呼び出した。ジャーナリストのポール・B・キャロルはそのときの出来事をこう記している。


脅えきっていたエグゼクティブにワトソンはこう言った。「なぜ君をここに呼んだか、そのわけがわかるかね？」

エグゼクティブはこう答えた。「クビになるものと覚悟して来ました」

ワトソンは驚いたような表情でこう言ったという。

「クビにする？　そんなことするわけがないだろう。一〇〇〇万ドル払って君を教育したばかりだからな」[14]

12

一九九五年、ジョージア州ルイヴィルで長年にわたって特別支援教育の教師を務めてきたモリー・ハワードは、ジェファーソン郡高等学校の新校舎の建設を見守っていた。[15]

「毎日、校舎のまえを走るたびに、〝誰があの学校の校長になるんだろう？〟と思っていたんです。そのたびにこう思いました。〝じゃあ、自分が応募してみたら？〟って」

彼女は応募して職を得た。しかし、出世と引き換えに大きな困難が待ち受けていた。学校の生徒の八〇パーセントが貧困層だったのだ。従来の高校では、大学に進学した生徒は一五パーセントにすぎなかった。「成功するだろうとわかっている生徒は成功しました」とハワードは話す。「でも、残りの八五パーセントは？」

多くの教師がほとんどあきらめの態度を取っていた。「できる生徒とできない生徒がいるという考え方が定着していました。教師はできる生徒のためにいるのだから、一部の生徒を犠牲にするのはやむをえないと。まずはその考え方を疑わなければと思いました」

ハワードはすぐさま動いた。まず、彼女は新しいアイデンティティを売りこんだ。彼女はどの生徒も大学進学を目指す資格があると考えた。そこで、彼女は「進学コース」と「就職コース」を分ける学校の二コース制を廃止し、全生徒に大学進学を目指すという共通のアイデンティティを持ってもらおうと考えた。

そのために、彼女は評価方法や指導要綱を強化した。生徒に四年間を通じた「校内指導教師」をつけた。しかし、彼女の行なったもっとも大きな改革は、成績システムの変更だった。ジェファーソン郡高等学校の新システムでは、成績はA、B、CとNYのみだった。

不可ではなく〝未可《NOT YET》〟だ。

ハワードの考え方では、ジェファーソン高校の生徒は「失敗の習慣」をすっかり受け入れてしまっていた。自分は生まれつきのできそこないだという「こちこちマインドセット」に基づいて行動していたのだ。宿題をサボったり、でたらめに終えて提出したりすることが多かった。DやFの成績を取るのはラクな道だった。成績は悪くても、少なくとも修了することはできる。

新システムは、ハードルを越えるまで修了できない仕組みだった。「A、B、Cの基準を前もって生徒に示しています」とハワードは話す。「基準以下の場合、教師は〝未可《NY》〟をつけます。すると、生徒は〝先生はもっとできると思ってくれている〟と考えるのです。生徒の期待が変わるのです」

学校は生まれ変わった。生徒と教師はより真剣になり、学校の卒業率は激増し、生徒のテスト・スコアは大幅に上がり、補習コースはなくなった。二〇〇八年、全米中等学校校長会は、四万八〇〇〇人の候補者からハワードを全米年間最優秀校長に選んだ。

ハワードは生徒を変えた。「みなさんは大学を目指す生徒です」と伝え、生徒のなかに新たなアイデンティティをはぐくんだのだ。こうして、彼女はジェファーソン高校をこちこちマインドセットの学校からしなやかマインドセットの学校へと変えた。彼女は全生徒が及第点を取れると確信し、失敗が決まっている生徒などいないと考えた。ジェファーソン高校には〝できない〟生徒はもういない。いるのは〝まだできない《NOT YET》〟生徒だけなのだ。

13

変化の時期には、自分自身や相手に何度も言い聞かせなければならない基本的な事実がある。脳や能力は筋肉と同じで練習すれば鍛えられるという事実だ。私たちはスケートボーダー、科学者、看護師として生まれるわけではない。スケボーの乗り方、科学の手法、病人の看護方法を学ぶ必要がある。そして、そのアイデンティティに従って生きたいという願いが、自分自身を変える意欲につながるのだ。

モリー・ハワードのエピソードからわかるのは、新しいアイデンティティの向上心としなやかマインドセットの粘り強さを組み合わせれば、驚くべき偉業を実現できるということだ。人を育てるとはそういうことなのだ。

ここ数章で説明してきたとおり、変化でもっともむずかしいのは象を前進させつづけることだ。象使いに必要なのは方向性だが、象に必要なのはやる気だ。そして、そのやる気は感情から生まれる。知識では変化を起こす意欲は生まれない。しかし、やる気は自信からも生まれる。したがって、象は自分が変化を乗りきれるという自信を持つ必要がある。人々に自信を養い、問題と比べて自分のほうが「大きい」と感じさせる方法はふたつある。ひとつは変化を細かくすること。もうひとつは人を育てること（できればその両方）だ。

しかし、変化の全体像はまだ未完成だ。なぜなら、象にやる気がなく、象使いが迷っていても、行動を変えられるケースはあるからだ。たとえば、自動車のドライバーは、道に迷い、どうしようもないほど約束の時間に遅れ、イライラしていても、赤信号はきちんと守るはずだ。

変化を徹底させるうえで、「道筋を定める」ことが重要なのはそのためだ。

道筋を定める

第8章 環境を変える

1

車で道を走っていて、男が急に割りこんできたら、あなたはきっと反射的に「なんてひどいやつだ！」と思うだろう（あるいは、心のなかでもっと汚い言葉を発するかもしれない）。しかし、「なんとまあ、そんなに急いでどこへ行く？」とは思わないはずだ。

そう思わない理由は明らかだ。それではお人好しすぎるからだ。まるで悪人の弁護をしているようなものだ。しかし、自分の行動を振りかえってほしい。あまりに慌てていて、罵声を浴びせられてもしょうがないような運転をしたことは？　その日の無謀運転は、あなたの本性だろうか（つまり、根っからの乱暴者なのだろうか）？　それとも、その日の状況が原因なのか？

第1章の最初のエピソード（Lサイズの容器を渡された映画の観客のほうがポップコーンをたくさん食べたという話）でも述べたように、私たちはすぐに他人を判断しがちだ。容器のサイズの影響を知らなければ、Lサイズの容器を渡された人たちをポップコーンの大食らいだと結論づけていただろう。しかし、この実験の意外な部分とは、人は巨大な容器を渡されると大食らいになるという点だった。これと同じように、大事な約束に二〇分も遅れてハンドルのまえに座れば、その人は乱暴なドライバーになるのだ。**人間の問題に見えても、実は環境の問題であることが多い**のだ。

ビジネスの世界でも同じような現象がある。製造業に革命をもたらした「総合的品質管理（TQM）」運動の主な提唱者であるW・エドワーズ・デミングは、製造過程でさまざまな可燃製品を用いるある会社のエピソードを紹介している。[1] 当然のことながら、工場では火災がたびたび発生した。しかし、会社の社長はそれを「環境の問題」ではなく「人間の問題」ととらえた。彼は一万五〇〇〇名の全社員に手紙を送り、火をつけないでくれと頼んだのだ。うーん……（放火魔の問題に見えても、実は可燃性の化学薬品の問題である場合が多い）。

私たちはたびたび環境のパワーを見落とす。スタンフォード大学の心理学者、リー・ロスは、さまざまな心理学研究を調査し、有名な論文をまとめた。彼はその論文のなかで、人は他者の行動のもとになる環境的要因を無視する傾向があると述べた。彼はこの根強い傾向を「**根本的な帰属の誤り**」と名づけた。[2] この誤りが生まれるのは、私たちには人々の行動を「置かれている状況」ではなく「人間性」に帰属させる傾向があるからだ。

「根本的な帰属の誤り」は人間関係を複雑にする。結婚セラピストのミシェル・ウィーナー＝デイヴィスは、「大半の人々は、結婚生活の問題を相手の根本的な性格のせいにする」と述べている。[3] たとえば、妻は「夫は頑固な人なんです」と言う。しかし、ウィーナー＝デイヴィスはこう答える。「ご主人はいつも頑固というわけではないはずです。たとえば、職場の同僚に新しい顧客アプローチを提案されたら、拒否しないでしょう。あなたが家計のやりくりのしかたを提案したら、ご主人もしぶらないはずです。ご主人が頑固になるのは、主に子どもの新しい教育方針を提案されたときです。そのときはかならずといっていいほど頑固になる。その行動の原因は、彼の人格に植えつけられた永久不変の頑固さではなくて、状況なのです」（もちろん、これは頑固さを認める言い訳にはならない。しかし、解決の望みにはなるはずだ。人間の根本的な性格を変えるよりは、状況を変えるほうが簡単だからだ。）

私たちが『ザ・カリスマ ドッグトレーナー～犬の気持ち、わかります～』や『子育てリアリティ 出張しつけ相談』などのテレビ番組を愛してやまないのも、「根本的な帰属の誤り」が原因だ。これらは、見るからに矯正のしようがない犬や子どもを、赤の他人が新しいしつけ方で変えていくという番組だ。番組の冒頭では、視界に入ったものすべてをかみまくる犬や、簡単な指示にも従ってくれない子どもが登場する。それを見た私たちは、すぐさま性格判断をしてしまう。あの犬はダメ犬だ。あの子は問題児だ。そして、ちょっとした介入で子どもや犬が生まれ変わると、私たちはびっくり仰天する。

もし私たちに「根本的な帰属の誤り」がなければ、この番組はばかばかしいくらい当たり前に見えるだろう（「やけどするほど熱く、危険でドロドロとした液体をしばらく冷蔵庫に入れると、煮えたぎった姿から氷に生まれ変わります！」と紹介する番組を見させられているようなものだからだ）。

これで、本書のフレームワークの三つ目の要素「道筋」がなぜそれほど重要なのかがわかるだろう。相手を変えたければ、明確な方向を教えたり（象使い）、やる気や決意を高めたり（象）するのもひとつの手だ。しかし、単純に旅をラクにするという手もある。急な下り坂をつくって背中を押す。レールの摩擦を減らす。目的地まであと少しという看板をあちこちに掲げる。

簡単に言えば、「道筋を定める」のだ。

2

道筋をスムーズにすることで行動がどう変わるかを見るために、ある調査について考えてみよう。大学生が缶詰の寄付活動に参加する（しない）理由を調べた調査だ。調査員は、寛大で情け深く、よく食べ物を寄付する学生と、そうでない学生がいることを知っていた。そこで、調査員は次のような疑問を持った。「環境を変えることで、薄情者の学生にも寄付を行なわせることはできるか？」

まず、〝聖人〟と〝薄情者〟を分けるために、ある学生寮で全学生に調査を行ない、およそ一〇〇名の寮仲間のなかから、寄付をもっともしそうな学生としそうもない学生を挙げてもらった。評価を集計すると、慈善心のある学生とない学生がおおよそわかった。[4]

次に、調査員は道筋を変えた。一部の学生には、「翌週に食品の寄付活動を開始するので、トレシダー広場（キャンパス内の有名な場所）のブースに缶詰を持ち寄ってほしい」と伝える簡単な手紙を配付した。残りの学生には、より詳しい手紙を配付した。正確な地図を載せ、豆の缶詰を持ち寄るよう指示し、わざわざ寄付の会場まで出向かなくてすむように、ふだんトレシダー広場の近くに立ち寄る時間を思い浮かべておくよう提案した。

この二種類の手紙が聖人と薄情者にランダムに発送された。一週間後、寄付活動が終わると、調査員の手元には食べ物を寄付した学生と寄付しなかった学生の詳しいリストが残った。

簡単な手紙を受け取った学生はそれほど情け深くなかった。聖人のわずか八パーセントしか寄付せず、薄情者にいたっては〇パーセントだった。ここまでのところ、薄情者はその評判どおりだ（とはいえ、聖人とそれほど差がない）。

驚いたのはその次だ。詳細な手紙を受け取った学生は、より寛大だったのだ。聖人の四二パーセントが寄付を行ない、薄情者でさえ二五パーセントが寄付を行なった！　これは興味深い結果だ。調査員は、道筋を少しスムーズにしただけで、学生寮でもっとも薄情な学生の二五パーセントに寄付をさせたのだ（つまり、お腹が空いて缶詰がほしいときは、地図を持たない若き聖人に頼るよりも、地図を持った薄情者に頼るほうが三倍もチャンスがあるということだ）。

調査員たちは道筋を大幅に変えたわけではない。手紙にほどよく具体的な指示を加えただけだ。さらに積極的に活動していたらどうなっていただろう。たとえば、ボランティアが一部屋ずつ缶詰を集めにいったら？

人間の問題に見えても、実は環境の問題であることが多いのだ。そして、あなたがどんな立場にいても、ある程度は環境をコントロールできるはずだ。

3

あなたの行動も、誰かが環境を変えることで形づくられている。今日一日でそのような場面に何度出くわしたか振りかえってほしい。たとえば、交通技術者はあなたに予測どおり秩序よく運転してもらうために、道路に車線マーカーを描き、信号や道路標識を設置している。スーパーの店長はあなたに店内で長く過ごしてもらえるように、牛乳のコーナーをいちばん奥に設置している。あなたの会社のトップは従業員の連携を高めるために、パーティションや仕切りのない「オープン・フロア」の設計図を承認している。銀行はATM機にカードを忘れていく客に業を煮やして、カードを受け取るまで現金が出ないように機械を設計している。

環境を変えるというのは、適切な行動を取りやすくし、不適切な行動を取りにくくするということだ。実にシンプルだ。たとえば、アマゾンのワンクリック注文について考えてほしい。電話をかける一〇分の一の手間で、新しい本やＤＶＤが買える。これこそ瞬時の満足だ。アマゾンのウェブサイト・デザイナーは、望ましい行動（サイトでお金を使ってもらうこと）を少しラクにし、購入のハードルを人間の限界まで下げた（少なくとも〝まばたき《ワンブリンク》注文〟が可能になるまでは）。そうすることで、何百万ドルもの増収を生み出したのだ。

　ワンクリック注文のように、環境をシンプルに変える機会はいくらでもある。数年前、ピーター・ブレグマンというコンサルタントが、事務的な問題を抱える経営コンサルティング会社から協力を依頼された[5]。この会社の従業員は、タイムシートを締切までに提出していなかった。クライアントには従業員の勤務時間に応じて料金が請求されるため、未提出のタイムシートのせいで会社の請求処理が遅れていた。従来、従業員はタイムシートを書類で提出していて、締切をだいたい守っていたのだが、あるとき会社がオンラインのタイムシート作成ツールを開発した。しかし、従業員は使わなかった。上司は新たなツールの使い方を説明する講習会を開いたが、従業員はタイムシートを書類で提出しつづけた。

　イライラした上司は、絶対権力を行使した。新しいオンライン・ツールを義務化すると告げたのだ。「応じたのは従業員の半数だけでした」とブレグマンは話す。「残りは命令を無視したのです」。上司は戦いを激化させた。オンライン・ツールを使わないかぎり、給与は支払わないというメモを送ったのだ（余談。私たちの経験では、何かを変えようとする人々の多くは、本能的にアメとムチを利用しようとする。しかし、この戦略は人間の行動をあまりに雑にしかとらえていない。人は賄賂か罰でしか動かないと考えているのだ。この見方はすぐにおかしいとわかる。職場で何かを変えようとするたびに、「給与を払わない」というムチを取り出すつもりだろうか?)。

ブレグマンはブレーキを踏んだ。「ちょっと待ってください。従業員がオンライン・タイムシートを使わない理由はわかっているのですか?」と彼は言った。上司たちは、従業員が技術革新《ラッダイト》の反対者か単なる頑固者のどちらかだと考えていた。これは「根本的な帰属の誤り」による典型的な決めつけだ。ブレグマンはもう少し掘り下げるよう説得した。

そこで、タイムシートを紙で提出している従業員にオンライン・ツールを利用しない理由を尋ねた。紙のほうがラクだからと従業員は言う。疑問を持った調査員は、その従業員たちにオンライン・タイムシートを入力してもらい、作業を観察させてもらった。その結果は驚くべきものだった。

オンライン・ツールに内蔵された「ウィザード」が表示されるやいなや、多くの従業員がぶつぶつと文句を言いはじめた。皮肉なことに、そのウィザードはフォームの入力を支援するためのものだった。マイクロソフト・オフィスで手紙を書いているとやたらと作業を手伝おうとしてくるわずらわしいイルカを思い浮かべてほしい。しかも、その〝手伝い〟を受け入れるしか選択肢がないとしたら? そこで、上司はウィザードを削除し、フォームに直接ジャンプできるようにした。すると利用率はすぐに上がった。そして数週間後には、全員がオンライン・ツールを使うようになっていた。

「反抗しているわけではなかったのです」とブレグマンは話す。ただもっともラクな道筋を選んでいただけなのだ。

このエピソードの悲しいほど典型的な点は、上司が最初から「道筋」の解決策を探そうとしなかったことだ。その代わりに、給与の支払いを保留するぞとおどし、象をおびえさせた。ブレグマンは上司たちが心理的に行き詰まったと述べている。「初めは、ツールを使うよう頼んだ。次に、使うよう教えた。ついには、使うよう指示した。ほかにどうしろと言うのか！」と上司は語った。この時点で、上司は道具箱のなかの道具を使い果たしたと感じ、罰へと目を向けたのだ。

「私たちはビジネスを学ぶときに報奨を与えろと教えられます。親だって同じです。〝これをしなさい、でなければおこづかいをあげません！〟と言いますからね」とブレグマンは話す。しかし、上司や親は自分が思うよりも豊富な道具を持っている。道筋を変えれば、行動は変わるのだ。

クリニック　問題児を遅刻せず授業に出席させるには？

場　面

オレゴン州ポートランドのリンカーン高校で米国史の教師を務めるバート・ミラーは、数名の生徒にいらついていた。ロビーとケントは、たびたび遅刻し、教室のいちばん後ろに座って談笑して、授業を邪魔していた。ミラー先生は彼らに厳しく接しようとした。断固たる態度を取り、何度も校長室に送った。しかし、何をしても効果はなし。この生徒たちを抑えるにはどうすればよいか？（バート・ミラーの名前とこの状況は実話だが、子どもたちの名前は仮名だ）

変えるべきポイントとは？　何が妨げになっているのか？

ロビーとケントを「模範生らしく行動させよう」と思うと、きっとうまくいかない。大事な一歩に的をしぼろう。それは、授業が始まるまえにロビーとケントに席についてもらうということだ。それが成功すれば（それだけでも大きな勝利だが）、雪だるま式に変化を起こせるはずだ。

では、何が妨げになっているのか？　これはおそらく象使いの問題ではない。ロビーとケントはいつまでに座席につくべきか完璧にわかっているので、象使いについて考慮する必要はないだろう。これは象の問題だ。子どもたちは時間どおりに着席したくないのだ。廊下で友だちとたむろする時間が少なくなるならなおさらだ。「道筋」も役割を果たすかもしれない。子どもたちが遅刻しにくくなる環境や習慣をつくれないだろうか？

変化を起こすには？

・象使いに方向を教える　特になし。子どもたちは何をすべきかわかっている。

・象にやる気を与える　**①感情を芽生えさせる。**子どもたちはミラー先生を人間ではなく抽象的な権力者と見ているのかもしれない。子どもと一対一の会話を交わし、「僕はほんのわずかな時間で多くの教材をカバーしなくちゃいけないから、ストレスを感じているんだ。僕はそれで評価されるからね。二～三分くらい遅れたってたいしたことはないと思っているかもしれないけど、そのせいでいい授業がしにくくなるんだ。先生のためだと思って、ほんの少しでも早く席についてくれないか？」と伝えてはどうだろうか。子どもの共感の度合いによっては、効き目があるかもしれない。とはいえ、まったくうまくいかない可能性も高いが。

・道筋を定める　**①環境を変える。**始業のベルと同時にドアをロックし、遅刻者を廊下に締め出す。**②習慣を生み出す。**毎日、授業の最初に小テストを行ない、簡単な問題を一～二問出す。ロビーとケントは、小テストに出席しなければ落第してしまう。**③仲間を集める。**教室の壁に遅刻記録を貼り出す。時間を守るという社会規範を破っている生徒は自分たちだけだと気づけば、行動を変えるかもしれない。**④習慣を生み出す。**座席に最後に座った生徒は、最初の問題に答えなければならないというルールを設ける。**⑤仲間を集める。**ロビーとケントにほかの生徒がうんざりしていると知らせる（おそらくうんざりしているはずだ）。問題児の多くは、反抗的な態度で仲間から英雄視されていると勘ちがいしている。仲間の率直な意見を聞けば、すぐにしょんぼりとする可能性もある。**⑥環境を変える。**バート・ミラーが実際に取った方法を用いる。彼は中古のソファを買い、教室の最前列に置いたのだ。ダサい机に座る代わりに、寄りかかってくつろぐことができるので、ソファはたちまち特等席になった。ロビーとケントは「特等席を取る」ために、毎日教室に早めに着くようになった。しかも、自分から最前列に座ってくれる。すばらしい。

4

ベッキー・リチャーズの勤務するカイザー・サウスサンフランシスコ病院では、看護師が一日に八〇〇〇回も薬剤を投与する。医師が特定の薬剤（たとえば、イブプロフェンを一〇〇ミリ）を処方してから患者が受け取るまでのあいだに行なわれるのが「投薬」だ。看護師は医師の悪筆の処方箋を読み、読みやすく書きなおし、注文を薬局にファクシミリで送信する。薬剤が薬局から届くと、看護師は正しいタイミングで正しい患者に正しい方法（点滴静注、注射、経口）で正しい量だけ投与する。

看護師の作業は驚くほど正確だ。一〇〇〇回の投薬のうちミスは平均約一回しかない。しかし、カイザー・サウスで膨大な量の薬剤が投与されていることを考えれば、この割合でも年間に約二五〇〇回のミスが発生することになる。そして、たった一回のミスが人体に悪影響を与えるどころか、死につながることさえある。たとえば、抗凝血剤であるヘパリンを過剰に投与すると、患者の血液は凝固しなくなり、出血を引き起こす可能性がある。ヘパリンの量が少なすぎると、こんどは血栓につながり、心臓発作を引き起こす可能性があるのだ。

カイザー・サウスで成人向け臨床サービスの責任者を務めていたリチャーズと看護スタッフたちは、投薬ミスを減らしたいと考えていた。リチャーズは、ミスが起こるのはたいてい看護師の集中が途切れているときだと考えた。一般的な病院の大半では、投薬は病棟のど真ん中で行なわれる。病棟はフロアでもっとも雑然としている場所なので、非常に気が散りやすい。リチャーズは、投薬ミスについて研究したテキサス大学のテス・ペイプ教授の言葉を記憶から引用し、こう述べている。「現代ではマルチタスクのできる人たちが賞賛されています。つまり、多くのものごとを同時に実行できる人がもてはやされています。しかし、薬剤を投与するときにもっともしてはならないのがマルチタスクなのです」

リチャーズの立場に立って考えてみよう。目標は明らかだ。看護師の行動を変えて集中力を高め、気が散らずにすむようにすることだ。そのためにはどうすればよいか？　まずは根本的な問題を突きとめる必要がある。

看護師は求められている行動を理解しているので、大事な一歩は明らかだ。したがって、これは象使いの問題ではない。さらに、集中力を高めることに抵抗を感じる看護師はいない。むしろ、他人に気を散らされて迷惑している。つまり、幸いにもこのケースでは象が味方についている。ということは、問題は注意の散漫そのものだ。看護師が薬剤を投与しようと廊下を歩いているとき、声をかけるのを遠慮してくれる人などいない。さらに、看護師は声をかけられたら応じなければという義務感さえ抱いている。外科医に「すみません、あとにしてください。投薬中ですので」と答えようとは誰も思わない。しかし、ミスを減らそうと思うなら、そうする必要があるのだ。

リチャーズは、人々に看護師の邪魔をしていると気づいてもらうために、悪い行動を明確にする必要があった。理想を言えば、投薬中は防音カプセルのなかで作業ができればいいのだが、そんな解決策は技術的に不可能だ。そこで、リチャーズは視覚的なシンボルを使うというアイデアを思いついた。看護師が着用できて、まわりの人々に「投薬中なので邪魔しないで」と伝えられるものを探した。

リチャーズは腕章やエプロンなども検討したが、結局はベストという案に落ち着いた。彼女はそれを「投薬ベスト」と呼ぶことにした[6]。とはいっても、どこで買えばいいのだろう？彼女は考えた末に、とりあえず手に入るものですませることにした。「最初のベストはインターネットで購入しました。安っぽいビニールの粗悪品で、まぶしいくらいのオレンジ色。インターネットで買うときには注意しなくてはいけませんね」

次に、リチャーズはベストを持ってスタッフにアイデアを打ち明けた。「投薬中は投薬ベストを着けましょう。明るい色なので、廊下からもよく見えます。そして、医師を含めた全員に、ベストの着用中は声をかけてはならないと伝えるのです」

二〇〇六年七月、彼女はカイザー・サウスのふたつの病棟で、投薬ベストの半年間のパイロット調査を開始した。

リチャーズはすぐさま問題に直面した。ベストが看護師に不評だったのだ。さらには医師にも不評だった。「看護師たちはベストを屈辱的に感じていました。それに、必要なときにかぎって見つからないのです」とリチャーズは話した。「色も不評でしたし、〝どうやって洗うの？〟と聞かれることもありました。それから、廊下で通りがかっても看護師に話しかけられないので、医師も嫌がっていました」

筆記アンケートに書かれた看護師の言葉は痛烈だった。「ミスを犯す可能性がありますと自分から訴えているようなもの」「劣等生のとんがり帽をかぶらされている気分。自分じゃ何もできないバカな人間と思われそう」「これにヘルメットと三角コーンがあれば交通局で働ける」

「ずいぶんと痛烈でした」とリチャーズは話す。全般的に不評だったので、リチャーズはもう少しでアイデアを撤回して別の案を試すところだった。

そのとき、データが返ってきた。

半年の試験期間で、ミスは四七パーセントも減っていた。「息をのみました」とリチャーズは語った。

データが出ると、嫌悪感は薄れていった。この結果に感銘を受けて、「ベストは必要ない」と主張したひとつの病棟を除く全病棟が投薬ベストを採用した。すると、病院全体が導入を開始した最初の月に、ミスは二〇パーセントも減った。ただし、ある病棟だけはミスが増えた(どの病棟かはおわかりだろう)。

全員に嫌われても効果のある解決策は、まちがいなく巧妙な解決策といえる。実際、あまりにも効果的だったため、嫌悪は熱意に変わっていった。ベッキー・リチャーズは道筋を変える方法を見つけたのだ。

5

航空業界は、ずっと一貫した手法を用いている。離陸と着陸はフライトのなかでもっとも慌ただしく、微妙な調整を要する瞬間だ。したがって、航空機事故の大半が離陸と着陸の最中に起きている。(7)そこで、航空業界では「無菌操縦席《ステライル・コックピット》」という規則を採用している。上昇中か下降中かにかかわらず、航空機が一万フィート未満を飛んでいる場合は、飛行に直接かかわる内容を除き、コックピット内での会話を禁止するという規則だ。一万一〇〇〇フィートにいるときは、コックピットでフットボール、子ども、イヤな乗客の話をしてもかまわない。しかし、九五〇〇フィートでは厳禁だ。

あるITグループが、重要なソフトウェア・プロジェクトを進めるにあたって、「無菌操縦席」の考え方を取り入れた。(8)そのグループは壮大な目標を掲げていた。新製品の開発期間を三年から九カ月に短縮するというものだ。以前に納期の厳しいプロジェクトを行なったときは、職場のストレスがどんどん増していった。作業が遅れ気味になると、従業員は同僚にちょっとした手助けを求め、上司が定期的に様子を見にきてはプロジェクトの「状況報告」を求めた。その結果、ソフトウェア・エンジニアはどんどん集中できなくなっていった。邪魔されずに少しでも仕事をしようと、週末に出勤しはじめるようになると、週の労働時間は六〇〜七〇時間にまで膨れ上がった。

そこで、ＩＴグループのリーダーたちは実験を試みることにした。火曜日、木曜日、金曜日の午前を「沈黙時間」と定めたのだ。その目的は、コード作成者に「無菌操縦席」を与え、たびたび気を散らされることなく、複雑なコーディングに集中してもらうことだった。人の気持ちに鈍感な人々でさえ、この道筋の変化を好意的に受け入れた。以前は邪魔ばかりしていたあるエンジニアはこう語った。「ずっと自分の沈黙時間のほうばかりに目がいき、もっと集中できる時間がほしいと思っていましたが、この実験で自分がいかに人の邪魔をしているか思い知らされました」

最終的に、ＩＴグループは九カ月での開発という厳しい目標を達成することができた。副部長は、無菌操縦席の沈黙時間が成功の要因だと話している。「沈黙時間のアイデアがなければ納期に間に合ったかどうかはわからない。これは新たな基準となるだろう」と彼は語った。

これまで説明してきた厳しい環境（航空機のコックピット、病院、ＩＴグループ）では、適切な行動が自然と生まれたわけではない。看護師たちは気が散らずに働ける場所を〝自然と〟手に入れたわけではないし、プログラマーはコーディングに集中できる独りきりの環境を〝自然と〟手に入れたわけではない。リーダーたちは意識して道筋を定めなおす必要があった。そして、環境をわずかに変えただけで、急に適切な行動が取られるようになった。変わったのは人間ではない。環境だ。人間の問題に見えても、実は環境の問題であることが多いのだ。

6

これまで、オフィス、航空機、病院など、組織のさまざまな環境の変化を見てきた。しかし、ここで紹介した道具は組織の変化だけでなく自分自身の変化にも応用できる。多くの人々が経験しているように、**自分自身の行動を変えるときは、自分にセルフコントロールを課すよりも、環境を変えるほうがかならずうまくいく**のだ。

たとえば、第1章のポップコーン実験を行なったブライアン・ワンシンクは、ダイエットする人たちから絶大な支持を受けている。ダイエットをする人々は、「食器類のサイズを制限せよ。小さな皿、ボウル、コップを使いなさい」という彼の基本アドバイスを忠実に守っているのだ。

大きな皿を使うと、食べ物を皿いっぱいに盛りつけなければという義務感が生まれることをワンシンクは知っている。皿に半分しか盛りつけないのはなんとなく気が引けるからだ。さらに、私たちは皿のうえのものは残さず食べるよう植えつけられているので、それが大きな問題につながる。大きな皿→山盛り→過食というわけだ。ワンシンクは、食事を制限するには、まず皿の大きさを制限するべきだと考えている。いま使っている大皿をクロゼットの箱にしまって、毎晩の夕食をサラダ用の皿で取るようにしよう。大きなゴブレットではなく、小さなワイングラスを使おう。スナックを袋や箱からそのまま食べるのは禁物。小さなおつまみ用の皿に適量を移しかえよう。食器棚の皿、ボウル、グラスを取りかえるというシンプルな環境の変化で、食習慣に大きな影響を及ぼすことができるのだ。

誰でも自分自身に正しい行動を課すために、このようなゲームをしている。たとえば、私たち筆者の知り合いの男性は、寝るまえにジョギング用のウェアと靴をきっちりと並べておく。そうすれば、起きてからジョギングに行くのがほんの少しラクになるからだ。別の友人は、ベッドに向かうまえにかならずコーヒーポットをセットし、起床時間に自動でコーヒーができ上がるようにしている。淹れたてのコーヒーの香りで、もうちょっと眠りたいという欲求と戦うのだ。さらに、クレジットカードを氷漬けにしている女性もいる。そうすることで、買いたいという衝動がわき上がったときに、クーリングオフ（あるいはウォームアップ？）の時間が取れるのだ。

このような自己操作は有効だ。アマンダ・タッカーの例を紹介しよう。(9) 彼女は環境を変えるテクニックを利用して、職場の管理スタイルを改善した。ナイキのベトナム支社の最高責任者であるタッカーは、地方の工場を訪れることが多かったため、オフィスを空けているあいだに仕事がたまり、会社に戻って手に負えなくなることがよくあった。「持ちきれないほどのお皿を回していましたから」と彼女は語る。オフィスのドアを閉めきって、たまった仕事に専念したくなるときもあったが、彼女はチームとの交流を重視していた。そのため、会社にいるときはいつでも部下と面会できるように、オープンドア制度を設けていた。

就任から九カ月後、彼女はチーム・メンバーに上司としての仕事ぶりについてアンケートを取った。驚いたことに、従業員たちは話し合いの時間がないことに不満を抱いていた。「私の部屋に来ても、私が話をしながらコンピュータ画面を見て何かを入力しつづけていることに怒っている人もいました。当然ながら、目のまえの作業のほうが従業員の話よりも大事だという強烈なメッセージになってしまっていたのです」とタッカーは語った。

彼女は否を認めた。確かに悪い習慣だ。彼女は、部屋のレイアウトにその原因があると考えた。会いにやってきた従業員は、彼女の机とは離れた椅子に座る。すると、従業員と目を合わせていても、コンピュータ画面がつい視界に入ってしまう。そのため、あまりにも頻繁に従業員の顔から画面に視線を向けてしまっていたのだ。

そこで、タッカーは部屋の模様替えをした。来客者の壁にならない位置に机を移動し、ふたつの小さなソファとテーブルを置いてミーティング・スペースを設けた。これで、訪問者と顔を合わせたときに、コンピュータは視界に入らない。誘惑は何もなくなったのだ。「家具の配置を変えるだけで、会いにやってきた人々とははるかに親密な交流が持てるようになったのです」と彼女は言った。半年後、次のアンケートの結果が返ってきた。うれしいことに、彼女のコミュニケーション・スコアは大幅に上昇していた。

タッカーの最初の勤務評価を見たら、オープンドア制度を設けているのに、部下の話などまるで聞かない無神経な上司だと結論づけていただろう。そして、「根本的な帰属の誤り」を犯していたにちがいない。しかし、部屋の模様替えをしただけで、タッカーは〝別の人間〟に生まれ変わった。これこそ、道筋を定めるパワーなのだ。

7

自分自身に頭脳で勝るのはうれしいものだ（これまでの説明で、「自分自身に頭脳で勝る」という意味はおわかりだろう。象使いが象に勝つということだ）。タッカーの解決策は見事なくらい巧妙だ。一見すると複雑なマネジメントの問題が、午後の部屋の模様替えで解決したからだ。タッカーは、自分自身が不適切な行動を行なえないようにしたのではなく、行なえなくなるように環境を変えたのだ。

これは、私たち兄弟にも経験のあるテーマだ。本書の執筆中、私たちは電子メールに集中をそがれて悩んでいた。読者のみなさんに象をコントロールするようアドバイスしておきながら、当の私たちは皮肉にも象にアウトルックのチェックをせがまれていたのだ。そこで、自分たちも薬を試そうと決意した。

マイクロソフト・アウトルックを利用している人ならご存知のとおり、アウトルックでは新着メールが届くとコンピュータのスピーカーからアラート音が鳴る。この音はまるでデジタルの猫じゃらしのようなものだ。音が聞こえたら、メールを確認せずにはいられない。ナイジェリアの裕福な政治家が乗る飛行機が墜落し、彼の財産をかき集める時間があと少ししかないとしたらどうするんだ？

そこで、チップは環境を変えようと決意した。コントロール・パネルをかき分け、システム・レベルでメールの着信音を消す場所を見つけた。その後、新着メールがあると、タスクバーにアラート・アイコンが表示されることにも気づいた。象にとってはさらに我慢しがたい餌だ。そこで、彼は娘のフェルトペンでポストイットを真っ黒にぬり、画面に貼った。これでもう苦しまなくてすむ。知らぬが仏だ。

一方、ダンは究極の手段に訴えた。彼は古いラップトップを買い、ブラウザをすべて削除し、おまけに無線ネットワーク・ドライバーまで削除した。これで、集中したいときは、「時代遅れのマシン」を持ってカフェや図書館に向かえばいい。オンラインに接続するすべはない。彼は制約を課して自由を得たのだ。

私たちの電子メールとの格闘は情けないかぎりだが、より大きなテーマについて考えてみよう。自分自身であれ同僚であれ、不適切な行動がしにくくなるだけでなく、できなくなる環境を設計することは可能なのか？　これから説明するように、多くの人々が生活のなかで不適切な行動をなくす方法を考えている。

工場の安全性について考えてみよう。多くの工場では、危険な機械が用いられている。不適切な場所に不適切なタイミングで指や手を置けば、ちょん切れてしまう。あなたが工場の主任だとしよう。同僚のひとりが工場の事故で人差し指を失っている。こんな事故は二度と起きないようにしたい。そのためにはどうすればよいか？

同僚の象使いにはっきりと指示を与えるために、「機械に手を近づけるべからず」や「危険！　怪我の恐れ」という明確な看板を掲げ、機械の危険部位を示すイラストを設置する手もあるだろう。

あるいは、恐怖を使って象に訴えかける手もある。自動車教習コースがそのヒントになる。自動車事故の血まみれで残酷な動画を見せられた若者は、自動車教習を終えるころには、若者っぽい運転を避けるようになる。この動画を手本にし、同僚を集めて指を失った男のビデオを見せるのだ。むごたらしい傷を見せながら、「もっと注意していればよかった」などと、安全性の重要さを訴えてもらうのだ。

また、道筋に注目する手もある。その場合には、感情や理性はきっぱりと無視してよい。むしろ、こう明言してみよう。同僚にはもうお手上げだ。機械の危険ゾーンに面白半分で指を出し入れするような救いようのない無謀者ばかりだと。それでも、同僚をバラバラにせずにすむ方法はあるか？

ある。多くの工場はまさにそれをやり遂げている。たとえば、ある機械はふたつのボタンを同時に押しているあいだしか稼働しないように設計されている。ボタンは、両腕を高く掲げて広げないかぎり（「ＹＭＣＡ」の「Ｙ」の形にしないかぎり）、両方いっぺんには押せない配置になっている。この配置のすばらしい点は、両手でボタンを押しているあいだは、

（設計上）危険ゾーンには近づけないというところだ。そして、ボタンを押していないあいだは機械は止まっている。いずれにしても指は残る。

なんてシンプル。危険な行動を不可能にしたのだ。

8

この例を念頭に置いて、「不適切な行動」を（ほぼ）不可能にしているさまざまなイノベーションについて考えてみよう。子どもには開けられない薬剤のボトルキャップ。ブレーキペダルを踏まないかぎりギアがPから移動しない自動車。さまざまな耐火製品。これらはみな、怪我を未然に防ぐためのプロダクト・デザインのイノベーションだ。実際、「怪我の予防」はいまアツい分野だ。驚くほど低予算とはいえ、各州政府は数名の専門スタッフを置いて、子どものプール転落、お年寄りの自宅での転倒、自動車事故などの災難が招く怪我や死を減らす方法を検討している。このような事故が絶対に起きない環境を生み出せることはめったにないにしても、事故で生じる怪我を減らすことはできる。

深刻な結果が生じるリスクを最小限に抑えるために、怪我の予防の専門家がよく利用するのが「**ハッドンのマトリクス**」[10]だ。このフレームワークを用いると、事故を主に「発生前」「発生時」「発生後」の三つの期間に分けて体系的に考察することができる。

たとえば、目標が自動車事故による重大な怪我を減らすことだとしよう。「発生前」の取り組みとしては、事故の発生を未然に防止するあらゆる行為が含まれる。幹線道路への明るい照明の設置。道路の車線マーカーの明確化。アンチロック・ブレーキの普及。飲酒運転の撲滅キャンペーンなどだ。

「発生時」の取り組みとしては、事故を想定し、怪我のリスクを減らす方法を考える。シートベルトやエアバッグは典型的な取り組みだが、壊れやすいポールライトを設置したり、巨大なオレンジ色のパイロンを出口ランプに沿って並べたりすることも考えられる（いずれも衝撃を吸収するためだ）。

「発生後」の取り組みとしては、衝突が発生し、怪我人が出たと想定する。その目的は、怪我の度合いや健康への影響を最小限に抑えることだ。たとえば、迅速で効率的な救急医療チームが重要になるだろう。

ハッドンのマトリクスが分析に役立つのは、生死にかかわる状況ばかりではない。たとえば、あなたが中小企業のIT担当者だとしよう。そして、コンピュータがクラッシュした場合にたびたび起こる重要なデータの紛失を予防しなければならないとする。この場合、多くのITサポート担当者は「ハッドンのマトリクス」を用いる代わりに、作業内容をバックアップしていない同僚を責めようとする（さらに、「この会社の従業員はなんて浅はかで間抜けなんだ！」という「根本的な帰属の誤り」も犯してしまう）。しかし、ハッドンのマトリクスを使えば、より広い視野で考えられるはずだ。

発生前の取り組みについて考えてみよう。そもそもコンピュータがクラッシュしなければ、データの紛失は起こらない。そこで、「月一回コンピュータを点検する」「より衝撃に強いラップトップ・ケースを全員に購入する」「三年ごとにコンピュータを一斉交換する予算を組む」といった方法が挙げられる。

発生時の取り組みとしては、クラッシュが発生してもデータ紛失につながらない仕組みを考える。たとえば、コンピュータに追加のハードディスクを搭載し、すべてのデータをリアルタイムで複製するのだ。クラッシュでディスクが両方ともダメになる可能性は低いだろう。

発生後の取り組みとしては、データの紛失を想定し、損害を最小限に食い止めることに専念する。ここでのもっともシンプルな戦略は、夜間の自動ネットワーク・バックアップを設定するというものだ。夜間にバックアップしておけば、仮にクラッシュが発生してデータが紛失しても、前夜のデータは復旧できる。もうひとつの発生後の戦略は、基幹業務にかかわるデータをラップトップに絶対に置けないようにすることだ。たとえば、顧客の連絡先情報をホスティングするセールスフォース・ドットコムなどのオンライン・アプリケーションを利用して、貴重なデータをローカル・ハードディスクの健全性に依存させないようにするのだ。

注目すべきは、従業員の考えや感情とはいっさいかかわりなく、データ紛失に備えた強力な計画を生み出すことができたという点だ。従業員の象や象使いについてはいっさい考慮していない。単に環境を変えることで、不適切な行動を不可能にしたのだ。

9

一九九九年、ラックスペースという企業では、不適切な行動がぴたりと止まった。[11] ある瞬間から、従業員はあることをやめ、別のことをするようになった。そして、それが会社の歴史上もっとも重要なターニング・ポイントとなった。しかし、その瞬間について説明するまえに、企業の経歴について話しておこう。

ラックスペースは、企業のインターネット・サイトをホスティングする会社だ。「熱狂的なサポート」というスローガンからもわかるとおり、顧客サービスを自慢にしている。この顧客サービス重視の戦略は功を奏した。過去数年間で、ラックスペースはそのサービスでビジネスに関する数々の賞を受賞している。顧客の口コミの指標としてよく用いられる「ネット・プロモーター」スコアは、つねに業界の羨望の的になっている。

しかし、ラックスペースは昔から顧客志向だったわけではない。一九九九年当時、ラックスペースは顧客サービスをまったく重視していなかった。創業者のグレアム・ウェストンは当初、〝サービス拒否〟ビジネス・モデルを掲げており、顧客サービスのコストを最小限に抑えるべきだと考えていた。電話が鳴らないようにバリケードを設ければ設けるほど、利益が大きくなると考えていたのだ（これはハッドンのマトリクスの負の側面だ。顧客からの電話を「不適切な行動」ととらえれば、あらゆる手を尽くして阻止するだろう。実際、アマゾンは長いあいだ顧客サービスの電話番号を公開しないというポリシーを掲げていた）。

そんな一九九九年の秋、ラックスペースのもとに運命の電話がかかってきた。その始まりはいたって平凡だった。ある顧客がサポートに電話しようとした。彼は助けを借りようと「5」を押したが、流れてきたのは録音メッセージだった。その内容は、「どうぞご自由にメッセージを残してください。ですが、そんなにたびたびチェックしませんので、電子メールを送っていただいたほうがいいと思います」と言っているようなものだった。彼はしぶしぶ案内されたアドレスにメッセージを送信した。しかし、ラックスペースのチームからの返信はなかった。

このイライラするやり取りを何度か繰りかえすと、彼はついに爆発した。彼は足を使い、グレアム・ウェストンの所有する不動産会社のオフィスでウェストンを捕まえた。驚いたウェストンは、問題のメールを転送してもらい、調査を約束した。

ウェストンは何通ものメールを確認した。質問が無視されるにつれ、どんどん怒りに満ちた内容になっていった。「その顧客が求めている内容を読んでいてピンときた」とウェストンは話す。「その顧客ができずに困っていたことは、私たちにとっては非常にたやすいことだったのだ。それなら、なぜ彼に満足なサービスを提供できないのだろうと私は思った」

ウェストンは、顧客から逃げまわっていては契約を維持できないと考えた。「私たちはそこで一八〇度転換した」と彼は言った。

ウェストンは、顧客サポートの責任者としてデイヴィッド・ブライスを雇った。最初のミーティングで、ブライスはラックスペースを「顧客サポートにびくびくする企業」から「サポートに夢中な企業」に変えるとチームに宣言し、「ラックスペースは熱狂的なサポートを提供する」という野心的な標語を壁に掲げた。このフレーズはすぐに浸透した。

もちろん、これは言葉の問題だ。しかし、それを裏づける行動も取られた。ウェストンはまず会社のビジネスモデルを見直した。すばらしいサービスを提供するにはコストがかかる。一流のサービスと最先端の専門技術の両方を提供するとなると、価格を高く設定せざるをえなくなり、客は集まらないだろう。そこで、驚くべきことに、ウェストンは社員に技術は重視しなくてもよいと言った。「テクノロジーの最先端を走る必要はない。重視するのは標準化だ。的をしぼって、できることとできないことをはっきりさせよう。イー・トレードやアマゾンのような企業には、自分でサイトをホスティングしてもらえばいい。私たちには無理だ」と彼は言った（これは象使いにとって明確な方向性だ）。

さらに、ウェストンとブライスは、もっともシンプルでもっとも劇的な改革も行なった。ラックスペースでは、ほかのホスティング企業と同じように、電話の自動応答システムが用いられていた。電話の自動応答システムは、おそらく顧客サポートのもっとも基本的なツールだろう。しかし、その内容は、「お電話ありがとうございます。録音されたヒントをお聞きになる場合は1番を押してください。ただし、お客様の問題は解決しません。メッセージを残す場合は5番を押してください。ただし、電話は折り返しません。もう一度お聞きになる場合は8番を押してください」と言っているも同然だった。

ウェストンはそれを廃止した。

「顧客が電話をかけてくるということは、助けが必要ということだ。だから電話に出なければならない」と彼は語った。自動応答システムがないということは、安全網がないということだ。誰かが出るまで、電話は鳴りつづけるだろう。ウェストンにとって、これこそサービス倫理の重要なシンボルだった。「顧客が問題を抱えているというのに、私たちの都合に合わせて対応していてはダメだ。顧客の都合に合わせて対応すべきなのだ」。ウェストンが自動応答システムを廃止したことで、顧客を避けるのは不可能になった。二〇〇七年になると、ラックスペースはひとりの顧客と平均で週三回電話をするようになった。

続いて、会社は「ストレートジャケット賞」という賞を設けた。正気を失うくらいサービスに熱中している従業員に授与される賞で、トロフィとしてラックスペース・ブランドの本物の拘束衣《ストレートジャケット》が授与される（これは象のアイデンティティに訴えかけている。「私たちは熱狂者だ。だから特別な存在なのだ」）。二〇〇八年、ラックスペースが『フォーチュン』誌の「もっとも働きがいのある企業」のひとつに選ばれたのも偶然ではない。

サービス重視の方針は報われた。二〇〇一年、ラックスペースは黒字を計上した最初のインターネット・ホスティング会社となり、六年間にわたって平均五八パーセントの年間成長率を実現した。二〇〇八年になると、ラックスペースはAT&Tを抜いて業界内で最高収益を上げた企業となった。10

ラックスペースの顧客サービス担当者の性格を変えたものは何か？　何もない。変革の前後で従業員の根本的な性格は変わっていない。新たな環境で働きはじめただけだ。古い行動を行なう（顧客を無視する）のがむずかしくなり、新しい行動を行なう（顧客に仕える）のがラクになっただけなのだ。

本章では、一見すると「性格の問題」に見えても、その多くは環境を変えれば矯正できるということを説明してきた。その変化は計り知れない。顧客サービスを避けていた従業員から電話の自動応答システムを奪っただけで、従業員は顧客に手を貸しはじめた。従業員に「話を聞いてくれない」と言われていた上司が家具の配置を変えただけで、従業員の不満は消えていった。スタンフォードの学生寮で最悪の薄情者に一ページのマニュアルを渡しただけで、聖人たちより貧困者に食べ物を寄付するようになった。

道筋をちょっと変えるだけで、行動に大きな変化を及ぼせる場合もあるということだ。

第9章　習慣を生み出す

1

マイク・ロマーノは一九五〇年に四人兄弟の末っ子として生まれ、ウィスコンシン州最大の都市、ミルウォーキーで育った(1)。彼の父親は配管や暖房設備を修理する便利屋だった。母親はコマーシャル・アートの学位を持っており、自宅で子どもたちを育てながら、生活費を稼ぐためにときどき仕事を受けていた。

ロマーノは短気だった。高校生だった一八歳のとき、彼はけんかをし、男を窓から放り投げた。裁判を恐れた彼は、軍隊に入隊することにした。どちらにせよ徴兵されるだろうと思っていたからだ。裁判所はそれを許可した。

最終的に、ロマーノはベトナム戦争で第一七三空挺旅団に配属された。尊敬されるエリート空挺部隊だった。しかし、第一七三空挺旅団の兵士には公然の秘密があった。薬物の蔓延だ。ほかの部隊からは「空飛ぶ麻薬常習者《ジャンピング・ジャンキーズ》」というニックネームがつけられるほどだった。軍隊に入るまで、ロマーノには麻薬の本格的な経験がなかった。彼は「空飛ぶ麻薬常習者」には加わるまいとした。

ベトナムに到着してから数カ月後、クレイモア地雷が近くで爆発し、彼は右の手、腕、足をやられた。彼は治療のためにカムラン湾の病院に運ばれ、そこで初めてアヘンに手を染めた。

彼はまわりの人々と同じように、たちまち依存症になった。別の病院に転院しても、麻薬の供給は途切れなかった。彼はたいていアヘンと大麻を巻いたタバコを吸っていたが、液体アヘンやアヘンのチューインガムさえ簡単に手に入った（LSDや大麻などの麻薬は言うまでもない）。一三カ月の軍務期間中、彼は依存症に苦しみつづけた。

ロマーノの麻薬依存症は、ベトナム戦争では典型的な話だ。兵士の麻薬使用に悩まされたホワイトハウスは、問題の規模を調査した。[2] その結果は驚くべきものだった。戦争前、一般的な兵士には強い麻薬の経験がわずかしかなかった。麻薬依存症の経験がある兵士は一パーセント未満だった。しかし、ベトナムにやってくると、半数の兵士が麻薬に手を出し、二〇パーセントが依存症に陥っていた。人口統計からは誰が麻薬を使用するかを予測できなかった。人種や階級は無関係だったのだ。

麻薬の使用は早くに始まった。使用者の二〇パーセントはベトナムに来て一週目で使用を開始し、六〇パーセントが最初の三カ月以内に開始していた。奇妙なことに、精神的外傷《トラウマ》が麻薬使用のきっかけとなったわけではないようだった。調査によると、麻薬の使用と、兵士の任務の困難さ、直面している危険、友人の死には統計学的な関連性が見当たらなかった。ベトナムの大半の兵士とは異なり、ロマーノがアヘンを始めたきっかけは怪我だった。ベトナムの大半の兵士にとって、麻薬は単に人生の一部であり、文化の一部だった。

政府高官たちは、何千人もの麻薬依存症者がアメリカ本国に戻ってきたらどうなるかと恐れた。軍や民間の指導者たちは、国の麻薬治療プログラムが定員をはるかに上回り、パンクしてしまうのではないかと危惧した。また、退役軍人たちが定職につけず、犯罪に手を染めるのではないかと心配した。

マイク・ロマーノも、高官たちが心配する人々のひとりだった。一九六九年、ようやくアメリカ行きの飛行機に乗ってミルウォーキーに戻ったとき、彼はアヘンと大麻を巻いたタバコを密輸していた。

すると、彼の人生が変わりはじめた。故郷に戻ってから一～二週間後、友人と街をドライブしているとき、小学校時代の知り合いの女性を見つけた。「停めろ！」と彼は言い、彼女を追った。彼女は近くのドラッグストアで店員をしていた。「ずいぶんと美人になったと思った」とロマーノは語る。

ふたりは交際を始めた。彼女がロマーノの依存症に気づくまでそう長くはかからなかった。彼女はやめるよう迫った。彼は何度かやめようと思ったが、そのたびに禁断症状があらわれて気分が悪くなり、結局はまた使いはじめるのだった。一方で、彼は仕事を始めた。建築や家の塗装など短期の仕事だ。ミルウォーキーにあるウィスコンシン大学で美術の講座も受けはじめた。彼はそこで、学生会館で演奏会を開くバンドの宣伝ポスターをデザインする仕事を引き受けた。

やめては吸うを何度か繰りかえしながら、彼はアヘンと距離を置きはじめ、一カ月後には完全に断ちきった。それ以来、アヘンには手も触れていない。マイク・ロマーノの変わりようは、ほとんどフィクションのように聞こえる。更生したアヘン依存症者。マイク・ロマーノはラッキーな人々のひとりだったのだ。

2

ほんとうにそうだろうか？　ホワイトハウスの調査員は、ベトナムから戻った兵士の麻薬問題を調査しつづけた。すると、謎が浮かび上がった。兵士が本国に帰ってから八〜一二カ月後、調査員は兵士に連絡を取り、麻薬の使用状況について尋ねた。戦争中は、兵士の五〇パーセントがたまに利用していた。さらに、二〇パーセントは長期にわたって週一回以上麻薬を使用する深刻な依存症に陥っており、やめようとすると禁断症状（寒気、けいれん、痛み）に襲われていた。しかし、調査員たちは追跡調査の結果に度肝を抜かれた。いまだに麻薬に依存している退役軍人は一パーセントにすぎなかったのだ。これは戦前と変わらない割合だ。恐れていた麻薬による社会的大惨事は起こらなかった。いったいどうしたというのだろう？

3

人間は環境や文化、つまり自分の属するコミュニティの規範や期待に驚くほど敏感だ。私たちはみな、ふさわしい服を身につけ、ふさわしい発言をし、ふさわしい場所に通おうとする。私たちは本能的に仲間の集団に溶けこもうとするので、ときに行動は驚くほど伝染する。あなたの仕事が麻薬依存症を撲滅する環境を設計することだとしよう。麻薬依存症のアメリカ兵をそこに放りこめば、環境の絶大な力によって、まちがいなく麻薬の習慣に打ち勝てるとしよう。いわば麻薬撲滅テーマパークだ。そして、建設にいくらお金を使ってもかまわないとする。あなたならどのようなテーマパークを建設するか？

それはミルウォーキーのロマーノの環境とかなり似ているかもしれない。

元兵士たちのまわりに、彼らを愛し、気にかけ、麻薬に無縁なかつての人間として扱ってくれる人を置くだろう。ロック・バンドのポスターのデザインなど、やりがいのある仕事を与えて、アヘンの快楽から気をそらそうとするだろう。麻薬使用に対する罰則をつくり、周知徹底させるだろう。麻薬経済を闇商売にさせ、人目を避けなければ麻薬を入手したり吸ったりできないようにするだろう。ガールフレンドに麻薬の使用をとがめさせるだろう。麻薬を社会的なタブーにし、使用しつづけている兵士を疎外された気分、さらにはみじめな気分にさせるだろう。麻薬が広まらないように、麻薬依存症の兵士を外出禁止にして麻薬の習慣を環境から取り払い、その代わりに麻薬を吸わない習慣を広めるだろう。さらに、風景、歌、食品、衣服、家など、さまざまな環境要因を利用して、麻薬のない戦前のアイデンティティを思い出させるだろう。

このミルウォーキー・テーマパークこそ、マイク・ロマーノが元依存症者になれた要因なのだ。ロマーノがミルウォーキーに戻ったことで、彼の環境が変わった。そして、新たな環境が彼を変えたのだ。

4

ロマーノのエピソードが示すように、環境は習慣を強化（阻害）することで、私たちに知らず知らずのうちに影響を与える。

習慣というと、「爪をかむ」「ものごとを先延ばしにする」「不安なときに甘いものを食べる」など、悪い習慣を思い浮かべがちだ。しかし、私たちにはもちろんよい習慣もある。ジョギング、祈り、歯みがきなどだ。なぜ習慣はそれほど重要なのか？　それは、要するに習慣が行動の自動運転だからだ。象使いが手綱を引かなくても、自然とさまざまなよい行動を取ることができる。これまでに説明したとおり、象使いのセルフコントロールは消耗する。したがって、よい行動を自動運転で〝自然と〟行なえるというのは、大きなプラスになるのだ。

自分自身や他人を変えるためには、習慣を変える必要がある。ロマーノの例からもわかるように、環境が変わると習慣も変わる。これは当然だ。私たちの習慣は実質的に環境のなかに組みこまれているからだ。それを裏づける調査がある。人生で変化を起こそうとしている人々を対象に行なった研究によると、変化に成功したケースの三六パーセントは引っ越しと結びついていた。一方、変化に失敗したケースで引っ越しが含まれていたのは一三パーセントにすぎなかった(3)。

たとえば、喫煙者の多くは休暇先のほうが禁煙しやすい。自宅では、環境のあらゆる要素が喫煙を連想させるからだ。まるで、キャメルの広告に囲まれて禁煙しようとするようなものだ。見るものすべてが喫煙を思い出させる。ライターがしまってあるキッチンの引き出し。灰皿代わりになっているベランダの鉢。自動車やクロゼットにつねにただようタバコの香り。しかし、休暇に出かけると、環境は中和される。禁煙が簡単になるとはいわなくても、いままでよりは簡単になる。

しかし、誰もが環境をそこまで劇的に変えられると考えるのは非現実的だ。職場のチームの習慣を変えようと思えば、確かにオフィスの移転は大きなきっかけになるだろう。せいぜい移転のアイデアを売りこんでほしい。しかし、習慣を生み出すもっと実用的な方法はないだろうか?

まず気づくことは、第8章で見てきたように、小さな環境の変化でも大きなちがいを生み出せるということだ。アマンダ・タッカーは、部屋の模様替えをすることで、従業員の話を聞きやすくした。これは新たな習慣を築き上げる第一歩だ（ラックスペースの例で見てきたように、環境の変化によって習慣が強制されることさえある。電話の自動応答システムが廃止されたとたんに、顧客サービスのスタッフは電話に出るという習慣を築きはじめた）。

しかし、習慣はかならずしも環境から生まれるわけではない。心理から生まれる場合もある。たとえば、ピアノの弾き方を覚えざるをえない環境をつくるのはむずかしい。では、心理的に新たな習慣を築くにはどうすればよいか？

5

たとえば、あなたがずっとジムをサボっているとしよう。そこであなたは、「明日の朝、アンナを学校に送り届けたらまっすぐジムに向かおう」と決意する。このような心理的な計画を本書では「**アクション・トリガー（行動の引き金）**」と呼ぶことにする。あなたは、「翌朝に娘を学校に送り届ける」という環境の「引き金」に直面したときに、「ジムに行く」という「行動」を実行しようと決意したわけだ。

ニューヨーク大学の心理学者、ペーター・ゴルヴィツァーは、この分野の研究の第一人者だ。彼と同僚のヴェロニカ・ブランドスタッターは、アクション・トリガーが行動を促すうえで非常に効果的であることを発見した[4]。たとえば、大学生を対象にしたある研究を紹介しよう。学生たちは、クリスマス・イブの過ごし方に関するレポートを書くと、講座で追加の単位がもらえるという選択肢を与えられた。ただし、ひとつ条件があった。単位を取得するためには、レポートを一二月二六日までに提出する必要があったのだ。大半の学生にはレポートを書く意志はあったが、実際に書いて提出したのは三三パーセントだった。一方、別のグループの学生は、アクション・トリガーの設定を課せられた。つまり、あらかじめレポートを書く正確な時間と場所を宣言させられたのだ（たとえば、「クリスマスの朝、全員が起きるまえに父親の書斎でレポートを書く」など）。すると、なんと七五パーセントの学生がレポートを書いた。

これほどわずかな心理的投資にしては、驚きの結果だ。

つまり、何かをする時間と場所をイメージしただけで、実際に実行する確率が高まるということだろうか？　その答えはイエスでもありノーでもある。アクション・トリガーを設定しても、あなた自身が（相手が）どうしてもしたくないことは実行できない。アクション・トリガーを設定しても、学生たちはクリスマスの当日に微積分のオンライン合宿には参加しなかっただろう。しかし、この実験が証明するように、自分がしなければと思っていることに関しては、アクション・トリガーはやる気を生み出す大きなパワーとなるのだ。

ゴルヴィツァーは、アクション・トリガーの価値は、意思決定の〝事前装塡《プリロード》〟にあると述べている。先ほどの例で言えば、「アンナを学校に送り届ける」という行動が、「ジムに向かう」という次なる行動の引き金になっている。

「次は何をしようか」と頭で検討したりは

していない。**「意思決定の事前装填」**を行なうことで、象使いのセルフコントロールを温存しているのだ。

「意思決定の事前装填」という考え方は、例で見るのがわかりやすいだろう。あなたがゴルヴィッツァーの研究に参加した大学生だとしよう。いまはクリスマス時期の真っ最中で、あなたは自宅にいる。あなたは両親と温かい時間を過ごし、きょうだいたちは会話を楽しんでいる。テレビがつけられ、クリスマス・ツリーに明かりが灯り、年老いたチワワのフレードは愛情たっぷりの目であなたを見つめている。食べ物も忘れてはいけない。七面鳥の詰めもの、ペカン・パイ、チョコレート・トリュフ。それから、「ギターヒーロー」や昼寝。高校の同級生からの電話。誘惑はあちこちにある。したがって、あなたが追加単位のレポートを書くという「意思決定の事前装填」を行なわないまま、この誘惑のバイキングの列に並んだらどうなるだろう。「クリスマスの朝、みんなが起きるまえに父親の書斎でレポートを書く」と自分自身に宣言していなければ、誘惑に負けてしまうにちがいない。

アクション・トリガーに期待以上の価値があるのはそのためだ。ゴルヴィッツァーによると、人は「意思決定の事前装填」を行なうとき、「行動の支配権を環境に委ねる」のだという。アクション・トリガーは「心を惑わす誘惑、悪い習慣、対立する目標から目的を守りぬく」効果があるとゴルヴィッツァーは述べている。

アクション・トリガーを職場で応用する方法はいくらでもある。営業担当者がいまある人間関係を深めることよりも新たな契約を結ぶことに躍起になっている場合は、「コーヒー&

電話」トリガーを与えよう。一杯目のコーヒーを注いだとき、得意先のひとりにあいさつの電話を入れさせるのだ。あるいは、業界のカンファレンスに参加した従業員を思い浮かべてほしい。オフィスに戻るころには、メールが山のようにたまっていて、カンファレンスで学んだことを話し合う気分にはなれないだろう。そこで、アクション・トリガーを設定しよう。帰りの機内で、「電子機器の使用OK」のアナウンスが出たら、チームの全員に向けて感想を送信するのだ。アクション・トリガーは、通常の意識の流れをさえぎるくらいに具体的で明確でなくてはならない。「すばらしいことをした従業員をほめる」というトリガーは、あいまいすぎて使い物にならない。

さらに、ゴルヴィツァーは、アクション・トリガーは象使いのセルフコントロールを極度に消耗するような困難な状況でこそ効果を発揮することを証明している。ある研究では、人々が「簡単な」目標と「困難な」目標を達成する度合いを分析した。簡単な目標の場合、アクション・トリガーを設定しても成功率は七八パーセントから八四パーセントへとわずかに上がっただけだった。しかし、困難な目標の場合は、アクション・トリガーによって成功率が三倍になった。目標の達成率は二二パーセントから六二パーセントに急上昇したのだ。

アクション・トリガーが困難な状況にいる人々にどう役立つかを見るために、股関節や膝関節の置換手術のリハビリ患者の研究について考えてみよう[5]。患者は平均六八歳で、痛みを発症してから平均一年半で手術を受けていた。手術直後は、状況はむしろ悪化する。体に大きな負担がかかるため、入浴、就寝、起立といった日常生活の基本的な作業にさえ手助けが必要になる。回復への道のりは長く厳しい。

もちろん、すべての患者ができるだけ早く自分の足で歩こうと努力していたが、あるグループの患者にだけはアクション・トリガーを設定するよう伝えた。たとえば、「今週、散歩に出かけたいと思ったら、歩く時間と場所をあらかじめ書き出してください」という具合だ。

研究の結果は驚くべきものだった。アクション・トリガーを設定した患者は、平均三週間で介助なく入浴できるようになった。ほかの患者は七週間かかった。また、アクション・トリガーを設定した患者は三・五週間で立ち上がった。ほかの患者は七・七週間だ。さらに、アクション・トリガーを設定した患者は一カ月で自分の自動車に乗り降りできるようになった。ほかの患者は二・五カ月かかった。

ゴルヴィツァーによると、基本的にアクション・トリガーには「にわか習慣《インスタント・ハビット》」を生み出す役割があるのだという。習慣はいわば行動の自動運転だが、アクション・トリガーはまさにそれを生み出すのだ。「にわか習慣」という考え方には根拠がある。ある研究によると、女性が月一回の乳房検診を受けるかどうかを決める最大の要因とは、その習慣があるかどうかなのだという。その習慣がなかった別のグループの女性にアクション・トリガーを設定するよう伝えたところ、長年の習慣を持つ女性と同等の成果を得た。「意思決定の事前装塡」を行なうことで、「にわか習慣」が生まれたというわけだ。

もちろん、アクション・トリガーは誰にでも通用するわけではない。たとえば、深刻な喫煙習慣を持つ一〇代の若者に、禁煙するというアクション・トリガーを設定しても効果はまったくなかった。ニコチンでがちがちになった習慣は、あまりにも強力すぎたのだ。

アクション・トリガーは完璧ではないとはいえ、変化をこれほどすばやく簡単に引き起こせる方法はほかにないだろう。総勢八一五五人が参加した八五の研究を分析した最新のメタ研究によると、アクション・トリガーを設定した人は、同じ作業でアクション・トリガーを設定しなかった人の七四パーセントよりもよい成果を上げたという(6)。

「にわか習慣」は、野心的な自己啓発の世界と現実的な科学の世界が交わる数少ない交点だ。そして、これほど実用的な方法はない。次にあなたのチームが新しい行動を決意したときは、もう一歩突っこんでみよう。その計画を実行に移す時間と場所を具体的に指定させ、アクション・トリガーを設定させよう(あなた自身にも設定しよう)。

クリニック　従業員に新しい安全対策を尊重してもらうには?

場　面

パティ・ポピーは、オハイオ州ローズタウンにあるゼネラルモーターズの自動車工場の部門マネジャーだ。彼女は新しい安全対策の普及に苦心している。九五〇名からなる彼女の部門は、自動車の骨格となるフレームに巨大な金属部品を溶接するのが仕事だ。この仕事には危険がともなう。プレス機から出てきたばかりの金属のへりは鋭い。へりに手をついて寄りかかれば、手が切れてしまう。そのため、手袋と防護服が欠かせない。また、溶接工はゴーグルも着用する。しかし、火花が飛んでゴーグルの横から目に入り、怪我をする場合もある。そこで、新しい安全対策では側面に保護のついたゴーグルの着用を求めている。従来の安全対策は複雑で例外だらけだった。たとえば、フォークリフトを運転する従業員は安全装備の着用は義務づけられていなかった。ポピーは「誰もがこの〝例外〟条項に自分があてはまると思っていたのです」と語る。そこで、彼女は新しい安全対策を全員に真剣にとらえてもらおうと決意した（これは実話だ）。

変えるべきポイントとは？　何が妨げになっているのか？

ポピーは従業員に裂傷や火花への自衛策を取ってほしいと考えている。それには三つの潜在的な障壁がある。ひとつ目は、従来の対策が複雑すぎて守ってもらえなかった可能性があるということ。抵抗しているように見えても、実は戸惑っている場合が多いのだ。ポピーは「大事な一歩」の台本を書く必要があるだろう。ふたつ目は、安全性と「男らしさ」に密接な関連があるということ。これはアイデンティティの問題だ。ゴーグルを着けるより着けないほうが男らしいと思えば、象が抵抗してしまう。三つ目は、社会的圧力が安全とは逆に働いているということ。その原因は「私は例外」という感情だ。ポピーはこの社会規範をくつがえす必要がある。また、環境を利用して正しい行動を促す手立てもあるのではないだろうか？

変化を起こすには？

・象使いに方向を教える　①**大事な一歩の台本を書く。**ポピーは従来の複雑な対策を撤廃し、新しい安全対策をふたつの具体的な行動にしぼった。ひとつ目は、側面の頑丈な防護シールドと安全メガネを着用すること。ふたつ目は、素肌をさらさないこと（ハーフパンツや半袖シャツは禁止）。これだけだ。次に、ポピーはこれらの規則をわかりやすく示した。全員参加の会議で、彼女は安全性に関する〝クイズ大会〟を開催した。従業員をクイズ大会の出場者として舞台上に呼び、モデルたちの格好が新しい安全対策にかなっているかどうかを答えてもらう。モデルのなかには、微妙に規約に違反している人もいる。たとえば、安全メガネは着用しているが、片方のレンズがない。ポピーは聴衆に出場者の手助けをしてもらう。すると、聴衆は答えを叫ぶ。こうして、新しい行動を繰りかえし身につけさせていくのだ。②**目的地を指し示す。**ポピーの心配の種は正当化、つまり「私は例外」という言い訳だった。そこで、彼女は言い訳の余地をなくす白黒の目標を定めた。工場内にいるときは、作業のいかんにかかわらず、このふたつの規則は厳守。規則をつねに全員に適用するようにしたのだ。

・象にやる気を与える　①**人を育てる。**男らしさを求める男性は間抜けな安全メガネを着けたがらない。したがって、中学校の図工の先生がかけているようなメガネではなく、U2のボーカルのボノのようなメガネを探すという手も考えられる。そうすれば、アイデンティティがおびやかされずにすむだろう。

・**道筋を定める**　**①仲間を集める。**工場内の全員に安全な衣服の着用をつねに義務づけることで、着用を社会規範に変える。あたりを見回して全員が安全メガネを着けていれば、その人も着ける可能性が高まるのだ。**②習慣を生み出す。**ポピーは最後にもうひとつ、見事な工夫を加えた。工場のまわりに巨大な青いラインを引き、その内側で新しい安全対策を有効にするとしたのだ。さらに、正しい衣服を着用した木製の青いマネキン男性を入口に設置した。つまり、青いラインとマネキンを設置することで、ポピーはアクション・トリガーを定めたのだ。「このラインを超えたら、正しい衣服を着なければ」と従業員の頭に植えつけ、行動を習慣化させたわけだ。

6　（ポピーの工夫の結果、工場内の怪我は以前の水準より二一パーセントも減った。以前の水準でも怪我は同業メーカーより少なかったのだが。）

習慣は行動の自動運転だ。したがって、リーダーにとって習慣は重要な道具といえる。チームの目標を支える習慣を生み出せるリーダーは、ただで進歩をもたらしているようなものだ。象使いのセルフコントロールを消耗することなく行動を変えているからだ。

習慣は、意図してつくられたかどうかは別として、必然的に生まれるものだ。おそらく、あなたはチームのさまざまな習慣を知らず知らずのうちに築いているはずだ。あなたのスタッフ・ミーティングがたわいない世間話で始まるとしたら、それは習慣を生み出していると いうことだ。ミーティングを自動運転にし、二〜三分の世間話でウォームアップをするようにしたわけだ。したがって、リーダーにとってむずかしい疑問とは、どうやって習慣を築くかではなく、どのような習慣を築くかだ。

ウィリアム・ガス・パゴニス将軍は、ジョージ・H・W・ブッシュ大統領のもとで湾岸戦争の後方支援作戦を取りしきった人物だ。パゴニスは五五万の兵士とその物資を地球の反対側へと移動させる指揮をとった。彼のチームは一億二二〇〇万食を提供し、一三億ガロンの燃料を供給し、三万二〇〇〇トンの郵便を配送する手配を行なった。ウォルマートの幹部でさえ、それを考えたら驚いて逃げ出してしまうだろう。

当然ながら、明確で効率的なコミュニケーションが欠かせなかった。そこで、パゴニス将軍は毎朝八時から八時半までミーティングを開いた。それ自体は偉大な発明ではないが、パゴニスはその習慣にふたつの変更を加えた。ひとつ目に、彼は全員に参加を認めた（さらに、機能集団ごとに最低一名の代表者を出席させた）。そうすることで、組織内の自由でオープンな情報のやり取りを実現したのだ。ふたつ目に、彼は全員をずっと立たせたままミーティングを行なった。

この起立会議のメリットについて、パゴニスは次のように述べている。

> 初期のころ、みんなを立たせておくと議事がずっと早く進行することに気づいたのだ。人々は自分の話を終えると、すぐ次の者に譲る。まれに長話を始めたり哲学をぶつ者がいると、ほかの者はボディーランゲージで意思表示をする。体を休めている足を変えたり、そわそわしたり、時計を見たりする。するとかなり早く、話は本題に戻っていく。私から注意したのは、最後がいつだったのか思い出せない。仲間の集団圧力のほうが威力があるのだ。[7]

パゴニスは意識的に習慣を生み出した。彼がどんなミーティング方式を選んでも、すぐさま習慣になっていただろう。椅子に座って二時間のおしゃべり大会を開くことも簡単だったはずだ。パゴニスの話のなかで面白いのは、習慣の存在そのものではなく、「習慣は目標を支えるものではなくてはならない」という認識だ。五五万の兵士を移動させるには、集中力、明確性、効率性が必要になる。起立会議はそれを保証するわけではないが、その助けにはなるし、なんといっても〝無料《ただ》〟だ。習慣を生み出す手間はおしゃべり大会とそう変わらないのだ（同じような起立会議は、迅速なコラボレーションが重視されるシリコンヴァレーのアジャイル・プログラミング・プロジェクトでも利用されている)。

それでは、変化を支える習慣を生み出すにはどうすればよいか？　注意すべき点はふたつだけだ。①パゴニスの起立会議のように、目標達成の助けとなる習慣をつくること。②比較的取り入れやすい習慣をつくること。あまりに取り入れにくいと、それ自体が別の変化の問題を引き起こしてしまう。たとえば、運動を増やすために、ジムに通うという習慣を生み出そうと決意しても、それは根本的な問題のすりかえにすぎない。それよりも、まずはもっとラクな習慣を生み出すほうが得策だろう。たとえば、ベッドにつくまえにトレーニング・ウェアを並べたり、ジムに通っている友人の車に同乗させてもらったりするのも手だ。

ペンシルヴェニア州立大学で行なわれたダイエット者の一年間の研究について考えてみよう。基礎条件のダイエットでは、一年間で約八キロの減量に成功した。これでもすばらしい成果だが、多くのダイエット・プログラムの欠点は、プログラムを終了すると昔の習慣に戻り、リバウンドしはじめるということだ。この研究でもある警告サインが出ていた。基礎条件のダイエットで「食欲がかなり満たされている」または「食欲がいっぱいに満たされている」と答えた人は参加者の三六パーセントにすぎなかったのだ。食欲が満たされないダイエットなど続くはずがないだろう。

もう一方のグループのダイエット者は、通常の食事計画に加えて、毎日カップ二杯のスープを飲むよう指示された[8]。二杯のスープはいわばボーナスだ。参加者は一年で約七キロやせたが、その五五パーセントが「食欲がかなり満たされている」または「食欲がいっぱいに満たされている」と答えた。減った体重は少なかったが、満腹と感じている人の割合は大幅に上がった。一日二杯のスープを飲むというのは、ダイエットを支える典型的な習慣だ。実行するのも簡単だ。食べる量を増やすだけでいいからだ。さらに、より大きな目標の実現にもつながった。ダイエット者は食欲が満たされるので、食事中に食べる量をコントロールしやすくなったのだ。

7

これとはまったく別の状況で見事な習慣を生み出したのが、テネシー州チャタヌーガで小学校の校長を務めるナタリー・エルダーだ(9)。エルダーは、ハーディ小学校の校長職を引き受けるかどうか検討していたとき、学校の州テストの結果のコピーを確認したいと申し入れた。しかし、彼女のもとにデータが送られてきたのは、校長職を引き受けたあとだった。彼女は当時を冗談ぽく振りかえり、教育委員会にまんまとはめられて先に仕事を引き受けてしまったのだと話している。

ようやく成績が手元に届くと、エルダーは自分の目を疑った。ハーディ小学校のテスト・スコアは低いどころではなかった。テネシー州で最低だったのだ。「たいへんなことに足を踏み入れてしまったかも」と彼女は思った。

始まりは最悪だったが、状況はさらに悪化した。就任初日、彼女はさっそく生徒を退学処分にするはめになった。それからも毎週のように、新たな悪事が発覚した。教室では、生徒が教師に暴言ばかり吐いていた（それも、六～八歳の生徒たちがだ）。授業の最中に親が教室に押しかけ、子どもと話し出すこともあった。ある親など、食堂の責任者に暴言を吐き、手錠をかけられて建物から追い出された。

エルダーは学校に規律を取り戻そうと奮闘したが、抵抗は大きかった。「親たちが入ってきて、私に暴言を吐いては、わめきちらすんです。親に車でひき殺されそうになったこともあります」と彼女は話す。エルダーが直面していたのは、教育の問題でも学習の問題でもなく、はるかに根深い問題だった。「勉強を教えるまえに、まずは学校の秩序を取り戻さなければと思いました」

そこで、彼女は学校が終わるまで親たちが許可なく建物に入ることを禁じた。教室内での慢性的な不良行為をやめさせた。場合によっては警察の手を借り、新たなルールを守らせた。

しかし、これらは度を越した悪事をなくす方法でしかなかった。ほんとうの目標は混乱を平穏に変えることだった。彼女は、混乱が始まるのは生徒たちが学校に着く瞬間だと考えた。生徒が午前八時半の時点ですでに荒れていると、一日の残りも見こみはないと結論づけた。そこで、彼女は朝の関門を乗りきるために、生徒を落ち着かせて学習の心構えをさせる、一貫した習慣を生み出そうと考えた。

問題が始まるのは、親が毎日学校のまえで子どもを車から降ろす瞬間からだった。「車内では大音量の音楽が鳴り響いていて、母親たちはそのころにはもう子どもをどなりちらしているんです。学校に入ってくるころには、子どもたちはすっかり興奮してイライラしていることが多いのです」とエルダーは話す。そこで、エルダーや教職員は驚くような手に打って出た。〝ボーイ〟に転身したのだ。

教師たちは、学校の建物に入る生徒一人ひとりにあいさつをすることにした。学校の外の歩道で待ち、子どもが到着すると車のドアを開け、親に笑顔でおはようと言い、子どもを講堂まで連れていくのだ。このボーイ・サービスのおかげで、多くの子どもたちは混乱した家庭環境から学校生活へと頭を切りかえることができた。

子どもたちが講堂に集まると、エルダーは規律のある朝礼から一日を始める。「一貫性が子どもにとって大事なのです」とエルダーは話す。「この学校の子どもの生活に欠けているのは安定です。ここに来れば規律や秩序を身につけられると理解する必要があるのです」

朝礼では、エルダーがまずあいさつをし、子どもたちと簡単なやり取りを行なう。「ここはどんな学校？」と教師のひとりが叫ぶ。すると、子どもたちは「一流の学校！」と叫びかえす。七時五〇分になると、エルダーが語彙の簡単な授業を行なう。たいていは「忍耐」などのひとつの単語にしぼり、手を挙げた生徒にスペルを書かせ、意味を述べてもらう。七時五五分になると、全員が起立してアメリカへの「忠誠の誓い」を述べ、愛国歌を歌う（ホイットニー・ヒューストン版の『アメリカ・ザ・ビューティフル』など）。ときには、子どもたちに朗読させたり、簡単なスペル・クイズや算数クイズを出したりすることもある（多くの場合、賞品は誰もがうらやむ金曜日の「私服権」だ。好きな服で登校できる）。

八時になると、子どもたちは立ち上がり、〝移動用の腕組み〟でクラスまで静かに歩く。つまり、同級生にちょっかいを出したいという衝動を抑えるために、腕を体の後ろで組むのだ。そして、机につくころにはすっかり勉強の心構えができている。

エルダーは、新たな習慣によって道筋がスムーズになることを証明している。彼女は混乱するハーディ小学校を引き継いだとき、こう自問した。「この混乱のどの部分を和らげられるだろう？　どのような朝の習慣を生み出せば、子どもたちが勉強の心構えをしやすくなるだろう？」

彼女は、教室に足を踏み入れるまえから子どもたちの心をかき乱していた要因と戦わなければならなかった。ピリピリとした送り迎え。講堂の混乱。教室までの乱れた移動。彼女はそのような環境に秩序と一貫性をもたらすことで、破滅的な行動パターンに慣れきった子どもたちを進歩させたのだ。

さらに、エルダーが落ち着いた環境を築き上げたことで、〝悪い〟子がよい子のように行動しはじめた。偉大な変革者はけっして「なぜこの人はこんなに悪い行動をするのか？　それは悪い人間だからだ」とは考えない。「どのような環境を築き上げれば、人々のよい部分を引き出せるか？」と考えるのだ。

8

これまで、道筋を描くふたつの戦略を紹介してきた。①環境を変えること。②習慣を生み出すこと。実は、このふたつの戦略を見事に組み合わせる道具がある。その道具を環境に加えることで、より習慣的で一貫性のある行動を生み出すことができる。

その道具とは、シンプルなチェックリストだ[10]。私たちは紹介するのに少し不安を覚えている。というのも、きっと大半の読者のみなさんには、「チェックリストなんて平凡で、ありきたりで、お役所的だ」というイメージがあるからだ。確かに、「チェックリストを使え」というと、まるで父親が大学生の息子に「タイヤの空気圧をきちんと測れ」とか「クレジットカードでビールは買うな」とアドバイスしているように聞こえる。

しかし、もう少しつき合っていただければ、その認識はきっと変わるだろう。チェックリストが状況を一変させ、命をも救うと断言したらどうだろう？

究極のチェックリストといえば、アトゥール・ガワンデが『ニューヨーカー』誌で紹介したものだろう[11]。集中治療室（ICU）の患者は、投薬を受けるために静脈ラインを挿入されることが多い。このラインが感染すると、重大な合併症が引き起こされる可能性がある。本来なら予防可能な「ライン感染」に悩まされたジョンズ・ホプキンス病院のピーター・プロノヴォスト医師は、五項目のチェックリストを作成した。

チェックリストには単刀直入な指示が記載されていた。「医師はライン挿入のまえに両手を洗う」「挿入時に消毒液で患者の肌を消毒する」などだ。チェックリストには新たな科学もなく、反論の余地はなかった。しかし、その結果は驚くべきものだった。ミシガン州のI

CUで一年半にわたってチェックリストを実践したところ、ライン感染がほとんど発生しなくなり、病院は推定で一億七五〇〇万ドルのコストを削減できた。ライン感染による合併症の治療が不要になったからだ。さらに、およそ一五〇〇名の命も救われた。

これほどシンプルなチェックリストにここまでの効果があったのはなぜか？　チェックリストは人々に最善策を教え、絶対に正しい行動を示してくれるからだ[12]。つまり、チェックリストは象使いに方向を教えるのに効果的なのだ。プロノヴォスト医師も述べているように、この五段階のステップは明確で、実績のある医学研究によって裏づけられていた。チェックリストを無視することはできても、否定することはできなかった。

絶対に正しい行動というものが存在しなくても、チェックリストは複雑な環境に潜む盲点を避けるうえで役立つ。たとえば、必要な情報をすべて検討しなかったために、会社で大きなミスを犯したことはないだろうか？　チェックリストがあれば防げていたかもしれない。大手インターネット・ハードウェア会社のシスコシステムズは、買収の検討にチェックリストを利用している。社内の主要エンジニアは移転に賛成か？　買収企業の顧客に新たなサービスを販売できるか？　買収企業の既存顧客のサポートをどのように継続するか？　優秀な事業開発担当者なら、契約を締結するまえに、こういった重要な問題の八割は検討するはずだ。しかし、一億ドルの買収が決まってから、残りの二割を思い出すようではいけない（「なんてことだ！　やり手のエンジニアたちがボルダーの雪に別れを告げたくないと言っているだって？」）。チェックリストはいわば過信に対する保険なのだ。

過信に保険をかける価値があるのは、私たちが過信しやすいからだ。ある有名な研究を紹介しよう。研究者は、被験者に大学の慢性的な駐車問題の解決策を考案してもらった[13]。駐車料金の値上げから、「小型車専用」の駐車スペースの増設まで、さまざまなアイデアが考案された。アイデアが寄せられたあと、専門家グループがそれらを評価し、奇抜なアイデアや実用的でないアイデアを取り除き、「ベストアイデア」を数点選び出した。

平均的な被験者は、ベストアイデアの三〇パーセントを考案していた。独りの努力にしては見事な成果だ。しかし、見事でないのはここからだ。考案者は自信たっぷりに、ベストアイデアの七五パーセントを自分が考案したと予想したのだ（世界の集合知は自分の知識よりも二五パーセント多い程度だと信じこんでいる人に心当たりがあるだろう。実はあなたもそのひとりかもしれない）。

チェックリストはこういう人々の助けになっていたかもしれない。たとえば、考えの参考になるように、解決策を種類別に分けたリストを配っていたらどうだろう。「駐車料金を値上げする解決策」や「同じスペースに駐められる台数を増やす解決策」などに沿ってアイデアを考案してもらっていたら？　シスコの買収チェックリストと同じ役割を果たしていたかもしれない。思考が刺激され、重要な検討事項を見逃さずにすんでいたはずだ。

人はチェックリストを恐れる。非人間的なイメージを持っているからだ。おそらく、未経験の若者でもファストフード・チェーンの経営に成功できるような完璧なチェックリストを連想するのだろう。こういった人々は、「チェックリストにまとめられるほど単純なら、サルだってできる」と考えている。もしそれがほんとうなら、パイロットのチェックリストを手に取って、ボーイング747を操縦してみてほしい。

チェックリストは、大失敗の確率を抑える。プロノヴォスト医師はこう言う。「治療の根幹をなす部分を標準化したかったのです。そこがもっとも明確な形になってあらわれるのですから。そして、その根幹をなす業務というものを、われわれは毎日行なわなくてはならないのです[14]」

あなたの組織があらゆる製品サイクルでかならずしなければならないことは何か？ あらゆる契約や交渉でかならず確認しなければならないことは？ 新学期になるたびに家庭でかならず準備しなければならないことは？ それをチェックリストにまとめよう。命は救えないかもしれないが、痛い盲点を避けることはできるだろう。

さらに、「根本的な帰属の誤り」を避けることもできる。プロノヴォスト医師の調査で、ライン感染がはびこっていることがわかった。命をおびやかす問題だが、予防は可能だ。しかし、彼は「医療業界にはいいかげんで無責任な医師しかいない」とは結論づけなかった。代わりに、彼は「医師の環境を変え、ライン感染を防ぎやすくするにはどうすればよいか？」と自問したのだ（したがって、夫がいつもドライクリーニングした服を受け取ってき忘れたり、牛乳を買い忘れたりしても、おっちょこちょいでダメな人間だと決めつけるまえに、道筋を描く努力をしてみるべきだ。たとえば、ハンドルにチェックリストを貼りつけるのはどうだろう？）。

変化を引き起こすうえでもっとも苦労するのは、やる気を保ち、象に路上を歩ませつづけることだ。これは象使いにとって大きな重荷になる。象が道を外れるたびに手綱を引っ張らなくてはならないからだ。本章では、前章と同じように、環境を利用して象使いの負担を和らげる方法を探ってきた。最初に、アヘン依存症になってベトナムから帰国した兵士、マイク・ロマーノのエピソードを紹介した。ロマーノの運命が象と象使いの一対一の戦いのみで決まっていたとしたら、彼は依存症から抜け出せなかっただろう。彼を後押ししたのは環境だった。故郷のミルウォーキーに戻ってきたとき、ロマーノは変化をはるかにラクに感じたのだ。

あなた自身やあなたのチームが変化をラクに感じられる環境を生み出すにはどうすればよいか？　起立会議や一日二杯のスープなど、変化を支える習慣が役立つこともある。また、アクション・トリガーを利用して困難な意思決定を「事前装填」するのも効果的だ。シンプルなチェックリストでさえ、ちがいを生む可能性がある。次章では、パズルの最後のピースを紹介する。それは仲間の影響力だ。仲間とともに進んだほうが、長い旅を続けるのはラクになるのだ。

第10章 仲間を集める

1

どうふるまえばいいのかまったくわからない状況に最後に出くわしたのはいつだろうか？新しい教会に初めて行ったとき。見知らぬ国を初めて訪れたとき。知り合いがほとんどいないディナー・パーティに参加したとき。あなたはどうやってその場になじんだだろうか？

もちろん、まわりの人々を観察したはずだ。

不確かな状況では、誰でもまわりに目をやって行動のヒントを探す。おそらく、あなたも高級ディナーの席で血眼《ちまなこ》になってテーブルを見渡し、どれがデザート用のフォークかを確かめようとした経験があるだろう（もしそんな経験がないなら、フォークが正しかったのはまわりの人たちがあなたのまねをしたからだろう）。不慣れな環境にいるとき、私たちは非常に敏感な社会的アンテナを伸ばすのだ。

高級ディナーの場面では、アンテナはたいへん有効だ。行動がわかっている人がテーブルにひとりはいるので、その人のまねをすればいいからだ。しかし、変化の場面では、誰も取るべき行動がわからず、問題が生じる場合もある。たとえば、あなたが緊急事態に陥ったときは、近くに大勢の人々がいるよりも、助けてくれる人がたったひとりいるほうがよい。その理由を説明するために、ビブ・ラタネとジョン・M・ダーリーの行なった調査について考えてみよう。

調査研究に協力を申し出たコロンビア大学の学生たちに、ある部屋に座ってアンケートを記入してもらった。一部の学生は独りきりになってもらい、残りの学生は三人ずつ部屋に入ってもらった。すると、アンケートの記入中に〝緊急事態〟が発生する。壁の通気口から部屋に煙が流れこんでくるのだ。煙は何度かに分けてモクモクと流れこみつづけ、ついには部屋が煙でいっぱいになる。独りきりで部屋にいた学生の場合、七五パーセントが席を立って誰かに煙を知らせにいった。しかし、三人で部屋に入れられた学生の場合、グループの三八パーセントしか煙を報告しなかった。学生たちは座ったままひたすら煙を吸いつづけた。部屋の仲間が無反応なのを見て、残りのふたりは「この煙はたいした問題ではない」というメッセージを受け取ったのだ。(1)

もうひとつ、同じような研究がある。アンケートを記入していた個人またはグループが、部屋の仕切りの向こうで女性が大きな音をたてて転ぶのを聞く。ひとりで音を聞いた人の七〇パーセントが助けに行ったのに対し、グループは四〇パーセントしか行かなかった。助けに向かったグループも、個人よりは行動が遅かった。

なぜグループは個人よりも反応が悪いのか？

煙が部屋に流れこんできたり、転ぶ音が聞こえたりといった不確かな状況では、人はまわりの反応を見て出来事を解釈する。ショッピングモールで突然男性が倒れるところを見ると、脳にはさまざまな解釈が駆けめぐる。心臓発作だ！ いや待てよ、つまずいて転んだだけかもしれない。それとも、悪ふざけをしているのか？ あなたはなかなか駆け寄ろうとしない。つまずいただけなのに、警報ベルのように反応すれば、お互いに恥をかいてしまう。

対応できる人間が自分ひとりしかいない場合、おそらくできるかぎりの推測を働かせて（心臓発作）、駆け寄るだろう。しかし、大勢の人がいる場合は、ふたつの刺激を処理しなくてはならない。転倒そのものと、転倒に対するまわりの反応だ。あなたはしばらく立ち止まってまわりを観察し、「まわりの人たちは心臓発作が起きたように行動しているか？」と考える。あなたはそこに突っ立ったまま、「危機のサインが少しでも見えたら行動を起こそう」と身構える。しかし、あなたが待っているあいだ、まわりの人々もあなたを観察している。そして、あなたが突っ立っているのを見ると、それが「緊急事態ではない」と考える根拠になる。三人の座っている部屋に煙が充満しても、誰もうんともすんとも言わなかったのはそのためだ。

私たちは仲間の集団圧力のパワーをよく知っている。しかし、「圧力」という言葉は大げさすぎるかもしれない。集団認識で十分だ。人は仲間がそうしているのを見て、同じことをするのだ。本書を通じて、これほど実証研究によって厳密に裏づけられた主張はないだろう。仲間をまねるのは、ボディピアスをする息子や娘だけではない。あなた自身もそうだ。行動は伝染するのだ。それを説明するために、行動のちょっとした疫学ツアーに出かけてみよう。

まずはショッキングな発見から紹介しよう。肥満は伝染する。(2) 一万二〇六七人を三二年間にわたって追跡したハーバード・メディカルスクールのニコラス・クリスタキス博士の画期的な研究によると、誰かが肥満になると、その人と親しい共通の友人が肥満になる確率は三倍になるという。驚くべきことに、距離は関係ないようだった。国内の別々の場所に住んでいても、肥満は友人のあいだで〝広まる〟ようだった。クリスタキス博士はこの発見についてこう説明する。「まわりの人々を見て、体型の許容範囲についての考えが変わるのです」

飲酒も伝染する。(3) ある研究によると、高校時代から酒を飲んでいたルームメイトを持つ男子大学生は、成績評価値のひとつであるGPAが平均で〇・二五も下がるという。ほかにも伝染する行動は挙げればきりがない。結婚。あいさつのときの握手。おしゃれなふわふわブーツの着用。グーグルへの投資。やたらにつばを吐くようになりたくなかったら、野球選手とはつき合わないほうがいいだろう。

意識的かどうかにかかわらず、私たちが他人の行動をまねるのは明らかだ。不慣れな場面や不確かな場面にいるときは、特に他人の行動を観察しようとする。そして、変化の場面とは、当然ながら不慣れなものだ。したがって、ものごとを変えようとするなら、社会的なシグナルに注意を払うべきだ。それが変革活動の成功と失敗を分けるからだ。

象に不慣れな道を歩ませようとすると、象はかならず群れに従うはずだ。では、群れをつくるにはどうすればよいか？

2

象はつねに群れを観察して行動の手がかりを探す。バリスタやバーテンダーがチップ用のびんに小銭を入れておくのもそのためだ。群れの「規範」についてシグナルを送ろうとしているのだ。これは昔からある戦略だ。実際、歌劇団は観客にさくらを紛れこませておき、適切なタイミングで笑ったり拍手させたりしていた（古くさく思うかもしれないが、「さくら」はいまでも健在だ。あなたの好きなお笑い番組を思い出してほしい。録音された笑い声が使われているはずだ）。

しかし、社会的なシグナルが隠れて見えない場合もある。たとえば、ホテルの浴室には、同じタオルを二回以上使うよう訴える小さなカードが掲げられている場合も多い。たいていは、水の節約など、環境保護を訴えている（さらに都合のいいことに、ホテルの洗濯室の人件費も節約できる）。では、タオルを再利用すべきだろうか？　それははっきりとしない。おそらく、自宅ではタオルを再利用しているはずだ。しかし、ホテルではもう少し贅沢をしたいかもしれない。必要なときにいつも清潔なタオルを使いたいだろう。ところが、ほかのゲストの浴室をのぞき見するわけにはいかないので、参考にできる明確な社会規範がないのだ。

行動の伝染力に気づいたある社会心理学者のグループが、ホテルの支配人に頼んで浴室に新たなカードを掲げてもらった。(4) そのカードでは環境についてはいっさい触れていなかった。ただ「ほとんどのホテル客」が滞在中にタオルを一回以上は再利用していると書いただけだ。効き目は抜群だった。このカードを見た宿泊客は、タオルを再利用する確率が二六パーセント も向上した。群れに従ったのだ。

しかし、マイナス面にも注意が必要だ。カードに「当ホテルの宿泊客の約八パーセントがタオルを再利用しています」と書いたら、宿泊客はそれほどタオルを再利用しなかっただろう（品物を袋に詰めてくれたスーパーの店員にチップを渡さないのも同じ効果によるものだ。店員の仕事はバリスタと同じくらい価値があるが、群れがチップを渡すなと言っているのだ）。したがって、みんなが適切な行動を取っている場合にはそれを公表しよう。たとえば、チーム・メンバーの八〇パーセントがタイムシートを締切までに提出しているなら、残りの二〇パーセントにグループの規範を知らせよう。きっと行動を直してくれるはずだ。しかし、チームの一〇パーセントしかタイムシートを締切までに提出していない場合は、公表すると効果があるどころか、かえって逆効果になる。

規範があてにならないときは、どうやって仲間を集めればよいだろうか？ ウォートン・スクールでオペレーション・マネジメントを教えるジェラール・カション教授が抱えていたのも本質的にはこの問題だった。(5) 二〇〇六年、カションは『マニュファクチャリング・アンド・サービス・オペレーションズ・マネジメント』（ＭＳＯＭ）という学会誌の編集者に就任した。ＭＳＯＭに掲載される記事のタイトルは次のようなものだ。

・代替部品による所要量計画——生産計画における部品表の柔軟性の活用

・分散流通システムの研究における一般的枠組み

・生産・輸送の連続システムにおける在庫ポジションおよびパフォーマンス評価

・受託製造——供給リードタイムと需要量の不確実性への同時対処

　興奮したとしたら、あなたはまちがいなく運営管理（オペレーション・マネジメント）に携わる人間だ。

　言うまでもなく、ＭＳＯＭは町の売店の棚に『マクシム』や『ピープル』と並んで置かれるような一般向けの雑誌ではない。この雑誌の役割は、運営管理の分野の最新の考えを紹介することだ。教授たちはＭＳＯＭのような学術誌に論文を掲載するために激しく競い合っている。大学の学部で出世するためには、着実な発表実績が必要だからだ（「発表するか《パブリッシュ・オア・》消えるか《ペリッシュ》」という表現を聞いたことがあるだろう）。

　論文の発表は長いプロセスだ。まず、膨大な量の研究をしなければならない。その多くは数年にも及ぶ。次に、研究成果を説明する論文を書き、学会誌に提出する。学会誌の編集者はその論文を「査読者」にまわす。査読者とは、論文を（匿名で）批評することに同意したほかの教授たちだ。編集者は査読者の意見をまとめ、「採用」、「不採用」、「訂正&再提出」の裁定を下す。訂正&再提出の裁定をもらった場合は、研究の穴を埋めるために新たな研究を開始し、完了したら論文を再提出し、新たな査読にかける。これは気の遠くなるプロセスだ。通常は論文の発表まで数年かかる。

主なボトルネックは査読の段階だ。ほかの教授が論文を読んでフィードバックを返すのに時間がかかると、プロセス全体が足止めされてしまう。多くの学会誌の標準的な査読期間は三カ月から半年だ。『サイエンス』や『ネイチャー』などの第一線の科学誌では、数週間で査読が終わる場合もある。

ジェラール・カションがMSOMの編集長に就任した当時、査読にはたいてい七〜八カ月かかっており、一年以上かかる場合も多かった。就任当初、カションのもとには、教授たちから論文の状況を確認する遠慮がちなメールが届いた。たとえば、「二年前にこの論文を提出したのですが、進捗はどうなっているかと思いまして」というのが一般的なメールだ。カションが該当する論文を確認すると、提出を受理した記録さえないこともあった。メールの回答を書く身になってみてほしい（さらに、二年がたっても遠慮がちに確認しなくてはならない環境についても考えてほしい。これこそ「学習性無力感」というやつだ）。

皮肉にも、運営管理に携わるのは、本来なら電車を定刻どおりに運行させるような人たちだ。ロジスティクスやボトルネック、サプライ・チェーンやサイクル・タイムが専門のはずだ。運営管理の学会誌が心理学の学会誌より遅れを取っているというのは、まるで水泳選手のマイケル・フェルプスが一〇〇メートル自由形で心理学者のフィル博士に負けるようなものだ。

カションの目標は明白だった。プロセスを迅速化させることだ。しかし、どうやって？　査読者に対して権限があるわけでもない。部下ではないからだ。査読者は骨の折れる仕事を無償で行なってくれるボランティアだ。連続輸送システムの最適化に関する論文で他人が立てた数式の論理を好きこのんで検証したい者などいないだろう。

そこで、カションは本書のフレームワークを総ざらいするような戦略を立てた。ひとつ目に、彼は目的地を指し示して象使いに訴えかけた。「集団の目標に訴えかけるべきだと思いました。執筆者の全員がサイクル・タイムの短縮を願っていますし、ほかの執筆者がそうするなら自分も喜んで手を貸したいと思っています。しかし、自分だけが時間を短縮するお人好しにはなりたくないのです。ですから、論文が提出されると延々と時間がかかるのです」と彼は話す。そこでカションは、MSOMでは六五日以内に論文を査読すると宣言した。以前の平均よりも七二パーセントも早い日数だ。

ふたつ目に、彼はアイデンティティに訴えかけた。「私たちは運営管理の人間だ。効率性や所要時間に関しては最先端を行くべきだ！」と伝えた。三つ目に、彼は行動を明確に定義した。すべての査読者に五週間以内でフィードバックを提出するよう義務づけ、納期を守るとあらかじめ約束させた。

最後に、カションは仲間を集める方法を見つけた。毎週金曜日にインターネットにエクセルのシートをアップロードし、提出されたすべての論文の進捗状況を公開した。査読者は誰でもほかの査読者の作業内容（時間）を確認できる。この記録シートは大きなプレッシャーとなった。査読者が五週間の約束を破ると、カショーンはその査読者に連絡し、「ほかの査読者はスケジュールどおりにやっていますよ。ほらこのとおり」と告げた。データを見せられると、査読者たちは「なんてことだ。足を引っ張っているのは私か」と気づくのだ。

オンラインの記録シートで、カショーンはホテルのタオル戦略を用いた。「ほかの人たちはスケジュールどおりに仕事をこなしていますよ。なぜあなたはできないのですか？」というように、集団の規範を発表したわけだ。

カショーンは適切な行動を伝染させて成功した。カショーンの見事な戦略のおかげで、現在MSOMは経営科学の分野でもっともサイクル・タイムの短い学会誌となっている。この功績が認められ、カショーンは分野全体を代表する学会誌『マネジメント・サイエンス』も任された。

カショーンはこう話す。「五〇日で査読が返ってくると、執筆者は〝こいつはうれしい。まだ論文の内容を覚えているぞ〟と言うようになったんです」

3

これまでの話で、行動が個人レベル（チップ用のびんや肥満）でも集団レベル（カショーンの査読者）でも伝染することがわかった。おそらく、行動が社会レベルでも伝染すると言っても驚かないだろう（ベルボトムや自然食品がその例だ）。しかし、アメリカではいまやありふれたある行動が、その起源までさかのぼれると言うと、興味を持たれるだろう。これからお話しするのは、後にアメリカ社会の行動様式を変えることになったひとりの男のエピソードだ。

一九八〇年代、ハーバード大学で公衆衛生学を教えるジェイ・ウィンステン教授は「指名《デジグネ》イテッド《イテッド》ドライバー」というアイデアに興味を持った。(6) 彼がこのアイデアを見つけたスカンジナビア諸国では、すでに指名ドライバーが規範になっていた。しかし、当時のアメリカには、このコンセプトは存在しておらず、「指名ドライバー」の意味を知っている者はいなかった。

そこで、ウィンステンとハーバード大学のチームは、アメリカで社会規範を築き上げるという目標を打ち立てた。酒を飲みに出かけたら、その夜は酒を飲まないと約束する指名ドライバーをひとり選ぶという規範だ。しかし、何もないところに社会規範を生み出すにはどうすればよいのか？ ウィンステンは、たとえフィクションであっても、さまざまな状況で人々に繰りかえし触れさせれば、行動を伝染させられると考えた。

ウィンステンと彼のチームは、ゴールデン・タイムの一六〇以上のテレビ番組のプロデューサー、脚本家、役者と手を組み、プロットの各所に指名ドライバーのシーンを自然に組みこんだ。さまざまな番組に指名ドライバーを取り上げるひとコマが登場した。八〇年代にスマッシュ・ヒットした法律ドラマ『L.A.ロー　七人の弁護士』のあるエピソードでは、ハリー・ハムリン演じる花形弁護士が自分の指名ドライバーをバーテンダーに呼び出させる。『チアーズ』ではバーに指名ドライバーのポスターを登場させた。

「ジェイの改革運動は、ほかの多くの有意義な運動とはちがって、かなり手軽にできることだった」とグラント・ティンカーは語った。彼は当時のNBCの副社長で、ウィンステンに主要ネットワークの脚本家を何十人も紹介した。ウィンステンは、エピソード全体やシーン全体で取り上げてくれなくてもかまわないから、「五秒間」だけ台詞で指名ドライバーを取り上げてほしいと頼んだ。「そんな単純なことなら、私たちの自立性がおびやかされているとはちっとも思わなかったね」とティンカーは語った。

ウィンステンの賢さに注目してほしい。彼は道筋のパワーを使って世間の人々の行動を変えたが、象使いと象のパワーを使ってネットワーク局の幹部たちの行動まで変えたのだ。「五秒間だけ」という要求で、彼は複雑な問題の解決に手を貸すシンプルな行動を示し、象使いに方向を教えたと同時に、変化を細かくすることで、象にやる気も与えた。

一九九一年、キャンペーン開始から三年後、一〇人中九人が「指名《デジグネイテッド》ドライバー」という言葉を認知するようになった。その結果、人々の行動は変わった。全アメリカ国民の三七パーセントが指名ドライバーを務めた経験があると答え、酒好きの五四パーセントが指名ドライバーに家まで送ってもらったことがあると答えた。この行動の変化は命をも救った。飲酒関連の交通事故の死亡者数は一九八八年の二万三六二六人から一九九二年の一万七八五八人まで減少した。

ウィンステンはテレビのパワーを利用して社会規範を擬似的につくり出した。しかし、仲間を集めるのにわざわざハリウッドの力を借りる必要はない。「変化を細かくする」の章で紹介したスティーヴン・ケルマンは、政府の調達改革を引き受けたとき、変化を「解き放つ」のが最善策だと気づいた。そうすることで、すでに調達改革を支持していた人々にシグナルを送ろうとした。当初、彼にとって必要だったのは新たな支持者を生み出すことよりも、すでにいる支持者を解き放つことだったのだ。

二〇〇七年秋、公衆衛生とAIDSの専門家グループが、変化を解き放つ必要のある状況に直面した。その舞台はタンザニア。そしてその対象は援助交際だった。

4

タンザニアでは、「援助交際」が蔓延している。(7) どんな関係かはご存知だろう。年配の男性が若い女性を追い求め、関係を持つ。その〝契約〟の見返りとして、若い女性は金品をもらう。携帯電話、学校の授業料、衣服などだ。これはタンザニア社会特有の現象ではない。六人のブロンド女性と同居している『プレイボーイ』誌の発刊者、ヒュー・ヘフナーがその証拠だ。

しかし、タンザニアの援助交際はより深刻だ。ひとつ目に、女性の多くが一五～一七歳の未成年者だ。ふたつ目に、タンザニアの援助交際の力関係が原因で、多くの女性がリスクのある性行為を余儀なくされている（相手が年配者や支援者だと、アレを着けてとは言い出しにくい）。もちろん、この力関係は世界共通だ。六歳以上年上の男性とつき合うアメリカの少女は、年齢差が二歳以内の相手とつき合う少女と比べて、妊娠率が約四倍になる。

つまり、年配の男性がリスクのある性行為を求めてきたら、断わりきれないのが現実だ。アメリカの場合は、少女が妊娠する。タンザニアの場合、ＡＩＤＳを伝染《うつ》されて死んでしまうということだ。タンザニアの援助交際が公衆衛生の面で深刻な問題なのはそのためだ。

公衆衛生の専門家は、このような援助交際を「異世代間」の関係と呼んでいる。サハラ以南のアフリカでは、一五〜二四歳の年齢層の女性は同じ年齢層の男性と比べてＨＩＶの陽性率が三倍もある。この差を生み出しているのが、若い女性と年配の男性の交際だ。異世代間の関係は、ふつうなら交わらない人々のあいだで、ＨＩＶの橋渡しをしているのだ。

タンザニアの援助交際のもうひとつの特徴は、健康上のリスクがあるにもかかわらず、その行動が社会的にタブー視されていないということだ。アメリカでは、五〇歳のすけべおやじが大学生の少女を追い回せば、社会的な罰を受けるだろう。男性の姉は「あなた痛々しいわよ」と教えるだろうし、職場の人々は白い目で見るはずだ。しかし、タンザニアではこれと同じような社会的汚名はつかない。地位の高い男性がそうやって地位を誇示するのは許されている。

それでも、タンザニア人の大多数――ある調査では八九パーセント――が異世代間の関係はよくないと考えている。しかし、残念ながら反対の声は静かで密やかだ。口にしづらい話題だからだ。

二〇〇七年八月、アメリカ国務省の援助組織のひとつであるUSAIDのパメラ・ホワイトとマイク・ゲーロンが声をかけ、ダルエスサラームのホテルにさまざまな分野の専門家チームが集まった（私たちふたりも含む）。その目的は、異世代間の性行為の撲滅キャンペーンを考案するというものだ。チームを率いたのは、ジョンズ・ホプキンス大学のブルームバーグ公衆衛生学部のグループだった。ほかにも、AIDSの専門家や十数名の地元のアーティストやクリエーター（プロデューサー、役者、脚本家）が参加していた。サイン攻めに遭ったタンザニアのテレビドラマのスターもいた。

話し合いは難航した。問題は複雑で、どこから手をつけていいかわからなかった。たとえば、援助交際をする男性を非難しても、行動をやめさせられるとは誰も思わなかった。また、公衆衛生の専門家たちは、若い女性に男性の誘いを断わるよう説得するのもむずかしいと考えていた。女性の社会的・金銭的なプレッシャーは大きく、キャンペーンでは太刀打ちできないからだ。そこで、私たちは考えた。この物語の主人公を変えられないなら、環境を変えることはできないか？

第8章のラックスペースの例を思い出してほしい。ラックスペースは環境、つまり企業文化を変えることで個人を変えた。しかし、それは一企業の話だ。国全体の社会的風潮を変えることなどできるのか？　タンザニア人が異世代間の関係に反対していながら、どういうわけかそれを声高に訴えないのはわかっていた。その怒りを表に出させることはできないか？　私たちは、タンザニア人が口に出しづらい話題を気軽に話してもらう方法を探るべきだと考えた。すると、誰かがこう口走った。「笑いの種にできるくらいでなくては。必要なのはユーモアだ！」

その言葉にヒントを得たチームは、悪役の構想を練った。昔のテレビドラマ『ダラス』でつねに陰謀を企てていた石油王、J・R・ユーイングのように、愛らしくて憎たらしい悪役でなくてはならない。アイデアを練るうち、悪役のイメージが浮かび上がってきた。援助交際の典型的なおじさんだ。若い女性にいつもしつこく言い寄る恥知らずな男性。女の子を見つけては近づいていき、食事、お酒、衣服、携帯電話などを貢ぐのだ。

誰かが悪役を「ファタキ」と呼んではどうかと提案すると、全員の目が輝いた。「ファタキ」はスワヒリ語で、「爆発」や「花火」という意味に近い。危険でやや不安定なものを指す。言いかえると、ファタキは近寄りたくない人間ということだ。[8]

まず、ファタキのエピソードをラジオ・コマーシャルで放送するという計画が立てられた。タンザニアでは、ラジオはほぼ国民全員に普及しているメディアだからだ。チームはファタキのさまざまな登場シーンを考案した。そして、どのシーンにも共通の要素があった。地位や金、巧みな口説き文句にもかかわらず、ファタキはいつも失敗するのだ。口説こうとするたびに他人から邪魔が入り、何度も何度も失敗する。ロード・ランナーを追いまわすワイリー・E・コヨーテのように、ファタキは獲物を追って追って追いまくるが捕まえられない。

哀れで笑いものにできる人物だ。
次に紹介するのは、ファタキの「チキン&チップス」というコマーシャルを翻訳したものだ。

（騒がしいレストランの店内）

少女　ずいぶんメニューが多いのね。

ファタキ　ひとつ選びなさい。

少女　すみません、これはチキンですか、それとも……

ウェイトレス　これはお勧めですよ。

ファタキ　ずいぶんと高いじゃないか！　ええと、チキン&チップスとソースを。それでいいだろう？

少女　え、ええ。

（ウェイトレスが注文を聞いて去る）

ファタキ（少女に向かって）——そうだ、持ち帰りだと伝えてきなさい！

少女　わかったわ。

（バックでウェイターの注文の声が飛び交う）

ウェイトレス（ささやくように）——ふたりきりで話せてよかったわ。あんな年寄りとつき合って恥ずかしくないの？　ほら、チップスを渡すから、裏口からすぐ逃げなさい。

（ドアの開く音）

ファタキ　おい、どうした？

ウェイトレス　お連れの方は帰りました。ほかにご注文は？

ファタキ　何を言っとる！　いっしょに来たってのに。どのドアから出た？

ウェイトレス　チップスの代金がまだですが……。

ファタキ　なんだって？

ウェイトレス　あなたとは年齢がちがいすぎるのでは。

ファタキ　ちっ、金はやるからほっといてくれ！

ウェイトレス　ふふふ。残念でした！

アナウンサー　大切な人をファタキから守ろう！

このようなラジオ・コマーシャルは統一キャンペーンの一部となり、モロゴロという地方都市でパイロット・テストされた。キャンペーンでは一〇のラジオ・コマーシャルが制作され、三つのラジオ局で放送された。店舗や公共の建物には一七〇の標語幕が掲げられた。たいていの人は一日に一回はラジオ・コマーシャルを聴いた。キャンペーンの目標はふたつだった。ひとつ目は、援助交際を揶揄《やゆ》するニックネームをつくり出すこと。タンザニアのナイトクラブで、客同士が「あの男がファタキってやつだな」という会話を交わすのを耳にするようになることが制作チームの目標だった。ファタキをからかってもかまわないとなれば、地位的に優位な年配の男性や裕福な男性に対抗することができる。キャンペーンのふたつ目の目標は、ラジオ・コマーシャルの行動をモデル化することで、友人、親戚、教師、さらにはウェイトレスなど、他人の「介入」を促すこと。「若い女性に気を配るのはあなたの責任。大切な人をファタキから守ろう！」というメッセージを届けることだ。

パイロット・キャンペーンの成果は期待を上回った。四カ月間のキャンペーンが終わるころには、「いつも若い女性を口説こうとする五〇歳の男性を何と呼びますか？」という問いに、四四パーセントの人々が「ファタキ」と即答するようになり、モロゴロの住民の七五パーセントがファタキを会話の話題にしたことがあると報告した。「異世代間の性行為について、私にも何かできる」と答えた人の割合は、パイロット・テスト以前の六四パーセントから八八パーセントに増加した。

モロゴロでの成功を受けて、キャンペーンはタンザニア全土で展開され、うわさは全国に広まった。タンザニア郊外でHIVクリニックを開設した公衆衛生スタッフの話によると、人里離れた村でさえ、ファタキが話題にのぼるようになったという。キャンペーンの全国展開から数週間後には、タンザニアのタブロイド紙の第一面の大見出しで、カヌンバという有名な俳優がファタキと非難された（ランバダ・ホテルに若い女性とチェックインするのを目撃された）。タンザニアの国民は、内心ではずっと非難していた悪い行ないを象徴する呼び名とキャラクターを手に入れたのだ。

クリニック　ジョンをブラックベリー依存症から救うには？

場　面

ジョンはブラックベリー依存症だ。ブラックベリーが鳴るたびに体がびくりとし、届いたメッセージを確認せずにはいられない。これが深刻な集中の妨げになっている。職場の会議中も、テーブルの下でこっそりとブラックベリーのメッセージを読んでいる（同僚にとってはバカにされた不愉快な気分だ）。ジョンの妻もますます怒りを募らせている。夕食の会話に集中してもらえないからだ。さらには、運転中にメールを送信しようとして、衝突事故を起こしそうになった日もあった。やめなければとはわかっていても、これで最後と思うたびにブラックベリーが鳴るのだ（これはフィクションだが、誰でもジョンのような人物に心当たりがあるだろう）。

変えるべきポイントとは？　何が妨げになっているのか？

これは本書のクリニックの最終回だ。いまや、これくらいの問題は簡単に解決できるようになっているはずだ。変えるべき行動は単純明快。いつでもどこでもブラックベリーを使うのをやめることだ（運転中は特に）。何が妨げになっているのか？　もちろん、彼の象だ。依存症のかかわる場面では、つねに象が犯人だ。ジョンの象をしずめるために、本書のフレームワークの三つの要素を総動員させてみよう。しばらくジョンの行動計画を練ってから、あなたのメモと私たちの答えを比べてみてほしい。

変化を起こすには？

・象使いに方向を教える　**①ブライト・スポットを見つける。**ジョンがブラックベリーの衝動に駆られない状況は？　ふだんと何がちがうのか？　その状況をコピーする方法はないか？　**②目的地を指し示す。**ジョンには、BP社の「空井戸を掘らない」というビジョンのように、白黒の目標が必要だ。白黒の目標は、正当化しやすい場面で特に役立つことを思い出してほしい（ジョンはいつも「このメールだけ」と自分に言い訳をしている）。そこで、白黒の目標をいろいろと試してみるのも手だ。たとえば、「夕食中はブラックベリー禁止」「六時以降はブラックベリー禁止」「ブラックベリーを使うのは出張中のみ」など。言い訳の余地をなくすことが必要だ。

・象にやる気を与える　**①感情を芽生えさせる。**あなたが妻なら、受け取った最近の一〇通のメールをジョンに読み上げさせ、そわそわするほどの内容かどうかを尋ねる。ちょっと恥ずかしい思いをさせれば効果的かもしれない。**②感情を芽生えさせる。**ジョンのような人々のせいで自動車事故がますます増えている。ジョンに特に悲しいニュースを突きつけてみるのも手だ。たとえば、「子犬、メール中の運転手にひかれる」など。③**アイデンティティを築く。**あなたがジョンの妻（または同僚）なら、ブラックベリー中毒なんてジョンらしくないと訴えてみるといいだろう。「ふだんはあんなに〝落ち着きはらった〟人なのに。そんなに情けない姿は見たくない」という具合だ。④**しなやかマインドセットを養う。**一七回目の挑戦で禁煙に成功する人もいる。ジョンが心から習慣を変えたいと思っているなら、何度か〝再発〟しても応援するべきだ。

・**道筋を定める**　①A**環境を破壊する。**ブラックベリーをハンマーで破壊する。問題は解決。①B**環境を変える。**破壊するのが無理なら、運転中はブラックベリーをトランクに閉じこめるのも手だ。そうすれば、ブラックベリーが鳴っても象と戦わずにすむ。②**環境を変える。**ブラックベリーの着信音はサイレンのような音だ（あるいは、着メロや赤い点滅ライトを利用しているかもしれない）。その音をオフにできないだろうか？　ライトを覆い隠せないだろうか？　場合によっては、ライトの部分を修正液でぬりつぶす手もある。③**仲間を集める。**あなたがジョンの同僚なら、会議で人をバカにするような行為をやめさせるべきだ。そこで、ジョンがテーブルの下でこっそりとブラックベリーを見るたびに、目が合うまで全員で（軽蔑の）視線を送るという約束事をつくってみてはどうだろう。

5

ファタキの事例は、あなたにとっては他人事のように感じたかもしれない。一見するとあなたが起こそうとしている変化とはそれほど類似点が見当たらないだろう。しかし、その根底にある構図に目を向けてほしい。誰かに行動を変えてほしいが、相手は変化に抵抗している。そこで、変えようとしている人々に対して影響力を持つ他者の支持を集める。つまり、文化を変えるということだ。そして、多くの場合、文化は組織の変化を成功させる要となる。IBMの元CEOルイス・ガースナーは「IBMでの約十年間に、わたしは企業文化が経営のひとつの側面などではないことを理解するようになった。ひとつの側面ではなく、経営そのものなのだ」と述べている。[9] しかし、企業文化とは抽象的でとらえがたい概念だ。どうやって変えればいいのか？　はたしてどこから手をつければいいのか？

一九八四年、マンハッタンの両親宅を訪れていた一八歳のベニントン大学一年生、リビー・ザイオンがニューヨークのティーチング・ホスピタルで亡くなった。一九時間以上も働きづめだった研修医《レジデント》から、まちがった薬剤を投与されたのが原因だった。彼女の死がきっかけで、インターンの過剰な労働時間に非難が押し寄せた（インターンとは一年目の研修医《レジデント》のこと。インターンは、医学部での三年間を終えたあと、病院でフルタイムの勤務を始める）。従来、インターンはなんと週に一二〇時間も働いていた。

リビー・ザイオンの事件は、研修医の勤務時間を制限しようというキャンペーンの中心的存在となった。それから二〇年後の二〇〇三年、議会はようやく動きを見せた。すると、医学教育を認定する卒後医学教育認定評議会が議会の立法に先立ち、二〇〇三年七月から研修医の勤務時間を週八〇時間以内とするよう義務づけた。これで話は終わりのように思える。絶対権力を持つ者が強制的に変化を引き起こし、医学教育に変革が起きたからだ。

しかし、このケースでは、絶対権力は効かなかった。医学誌の『アメリカ医師会機関誌（JAMA）』がその後に行なった調査によると、一般外科研修プログラムのうち、新たな勤務時間制限を守っていたのはわずか三分の一だった。患者を危険にさらしているのは事実なのに、なぜ病院は行動を変えられないのか？

マサチューセッツ工科大学のスローン経営大学院の民族誌学者《エスノグラファー》であるキャサリン・ケロッグは、規制に従う組織と従わない組織がある理由を解明しようと考えた。彼女は北東部にあるふたつのティーチング・ホスピタルを研究対象に選び、それぞれα病院およびβ病院と名づけた。ふたつの病院は規模、部門、構造などの要素がよく似ていた。彼女は両病院のスタッフと接触する許可を与えられ、それぞれ週平均二〇時間、一五カ月間にわたって観察した。ケロッグは現実の文化変革の完全な目撃者となった。[10]

6

改革にあたり、「申し送り」という驚くほど日常的な習慣をめぐって、熾烈な戦いが繰り広げられた。申し送りとは、外科のインターンが当直の研修医に患者を引き継ぐことであり、たいていは午後九〜一〇時ごろに行なわれる。インターンたちは、夜中に緊急事態が発生しても対応できるように、申し送りで研修医に各患者の状態を説明する。

しかし、実際にはインターンはきっちりと仕事を引き渡していなかった。労働時間が週一二〇時間になっていた理由はそこにあった。三日に一日は、引き継ぎがまったく行なわれず、インターンは徹夜で勤務した。そして、そのほかの夜は、本来なら引き渡すはずの書類業務の片づけに追われ、深夜まで残る。さらに、当直の研修医は夜中に書類業務をするのをたいてい断わるので、インターンは翌日の早朝（四時など）に出勤し、午前六時に予定されている通常の回診のまえに仕上げなければならなかった。

八〇時間の勤務制限を守るには、病院側が申し送りを徹底する必要があった。しかし、それは聞こえほど簡単ではなかった。α病院でもβ病院でも、改革への反感は根強かった。実際、国内の大半の病院ではそうだった。申し送りは古くからの習慣と対立するからだ。ある反対者は、「ここにいるのは学ぶためだ。午前二時でさえ、膨大な量の情報がその場で次々と飛び交っている。後期研修医のそばで患者の血圧を上げたり、点滴を入れたりするときにね。学ぶためには、みずから担当し、自分でやらなければならない」と述べた（言いかえると、インターンは眠ることで医療教育のチャンスを逃しているというわけだ）。

別の反対者は「医療の継続性」の重要性を訴えた。患者が医師をとっかえひっかえされる回数を最低限に抑えるということだ。ある研修医は、「申し送りの問題点は、色々なものごとがすき間から抜け落ち、見落とされてしまうという点だ」と話した。決定的な反対意見は、「インターンが下積みを果たさなければ、いままで書類業務を押しつけられてきた人たち全員に不公平だ」というものだった。「ここにいる人たちはみんなそれをくぐりぬけてきている。四年目の研修医にもなって、インターンの仕事を初めからやり直せというのは酷だ」

幸いにも、α病院とβ病院では、いずれも後期研修医《シニア・レジデント》や主任研修医《チーフ・レジデント》など、インターンの先輩たちが申し送りの改革を大いに支持していた。α病院では、研修医の三一人中一三人が改革を支持する「改革論者」だった。β病院では一八人中一二人が改革論者だった。この支持率から見れば、改革の機は熟しているように見える。すべてがゴー・サインだ。これでようやく、一二〇時間の勤務時間が廃止される……。

しかし、ひとつだけ問題があった。インターン自身が申し送りをしようとしないのだ。あるインターンはこう話した。「優秀なインターンと思われるかどうかは、知識の量や患者の管理能力で決まるわけではありません。仕事をバトンタッチせず、どれだけ必死で働けるかにかかっているのです。つまり、能力ではなく気持ちの問題です。それがこの世界の現実です。家に帰るのは眠るためだけ。病的だと思われるかもしれませんが、ここの人たちは家族みたいなものです。最悪なのは仲間から尊敬されないことなのです」

インターンにとっては、社会的地位がかかっていた。インターンたちは申し送りをすれば尊敬されないと感じていた。つまり、改革は文化と対立していた。そして、規則を新しくするだけでは文化を変えることはできないのだ。

では、ふたつの病院は文化を変えることができたのか？　運命の分かれ目はそこだ。キャサリン・ケロッグが調査を開始してから一五カ月後、α病院は文化との戦いに勝ち、β病院は負けた。組織を変革しようと思う人なら誰でも、その理由を理解して損はないだろう。

7

ケロッグは、変革の成功を左右するのは病院内でもっとも小さな業務チームだということを発見した。チームはそれぞれ三〜四人の研修医（インターンとその先輩）で構成されており、「午後の回診」で毎日顔を合わせ、担当する患者など、重要な話題について話し合っていた。

しかし、両病院の午後の回診は大きく異なっていた。

・α病院では、回診時間は長く（約一時間）、参加率は高かった。チームは静かな場所で会い、病院じゅうの患者を回っていた。

・β病院では、回診はより簡易的だった。時間は短く（二〇〜三〇分）、チーム・メンバーは実際に顔を合わせずにメッセージのやり取りですませることも多かった。β病院のチームが会うのは患者のそばではなく、研修医がシフトの合間に立ち寄るコンピュータ・ラウンジだった。

この回診方式のちがいによって、行動にどのようなちがいが生まれるかを考えてみてほしい。

チームは月に一回ほどシャッフルされるので、くじ運によっては、チームの全員が勤務時間の短縮を支持する改革論者だという場合もあった。α病院の改革派チームにとって、回診は大きなチャンスだった。同じ改革論者同士で、一時間も話し合う時間があったからだ。しかし、β病院では、午後の回診方式が改革の勢いを殺していた。チームが顔を合わせる時間は短く、メンバーが欠けていることも多かった。さらに、コンピュータ・ラウンジで会っていたため、改革の反対者の多くに会話が届いた。そのため、改革派の人々は遠慮してしまったのだ。

つまり、β病院では、午後の回診が改革になんの役割も果たさなかった。一方のα病院では、回診が火種となり、いわば秘密の決起集会となったのだ。

8

社会運動について研究する研究者たちは、このような場所を「フリー・スペース」と呼んでいる。つまり、グループの多数派メンバーに気づかれることなく、改革論者が集まって集団行動の準備を行なえる小規模な集会だ。フリー・スペースは、社会の変革を促すうえで重要な役割を果たすことも多い。たとえば、公民権運動のリーダーたちは、南部の黒人教会をフリー・スペースとして利用し、活動の準備を行なった。

ケロッグは毎日のようにα病院とβ病院に通いつめ、一方の改革運動が開花し、もう一方がしぼむのを目撃した。彼女はα病院のフリー・スペースで行なわれた三一回の会合に参加し、β病院の二二回の会合に参加した。β病院の会合にはかなりの数の改革論者がいたが、フリー・スペースでは行なわれなかった。

α病院では、七七パーセントの会合で申し送りプロセスの是非が話し合われ、八一パーセントで「私たち」と「彼ら」、つまり改革論者と反対者の線引きが行なわれていた。β病院の会合では、どちらの話も出なかった。

α病院のフリー・スペースの会合では、改革論者たちが改革のメリットを伝えるための言語を練りはじめた。たとえば、ある会合に参加した主任研修医は、改革反対者の主張する「医療の継続性」についてこう分析した。

個人の責任を果たすことは確かに重要です。しかし、ひとりの人間がずっとそこにいなくても、個人的責任は果たせると思います。保守的な人たちはすぐに「自分でやる」と

> 言う。私に言わせれば、すべてを管理するのはチームです。最善の医療を提供できるように、一人ひとりが個人的責任を果たさなければならないのは事実です。しかし、すべてのピースがぴったりはまっていれば、何もかもひとりで抱えこむ必要はないのです。
>
> （傍点筆者）

この研修医は、ケロッグのいう「対立的《オポジショナル》アイデンティティ」を生み出していたわけだ。国家であれ組織であれ、すべての文化はその言語によって強力に形づくられている。α病院の改革派チームのあいだでは、新しい価値観を映し出す新たな言語がはぐくまれた。改革派か保守派か。チームを信頼するか何もかも自分でやるか。効率を上げるか病院に寝泊まりするか。

α病院の改革論者には、新たなアイデンティティを築くスペースと言語があった。しかし、β病院にはなかった。その教訓は明らかだ。組織の文化を変えようと思うなら、改革派を集めることだ。それから、フリー・スペースも必要だ。反対派の目が届かないところで協力し合える時間が必要なのだ。

また、直感とは反するかもしれないが、組織に対立的アイデンティティを生み出すことも必要だ。しばらく「私たち」対「彼ら」の争いを見守ってみよう。これは確かに「われわれはひとつのチーム」という考え方とは矛盾する。対立はけっして望ましくはないが、組織にとっては必要だ。いわば組織の脱皮期間と考えるべきなのだ。

あなたの組織の文化を脱皮させるには、「道筋を定める」のパートで紹介したすべての道具を利用しよう。ひとつ目に、環境を変え、話し合いのフリー・スペースを設けるべきだ。

α病院の回診チームには密かに顔を合わせる場所があった。それが新しいアイデンティティを養うフリー・スペースとなったのだ。あなたの組織には、「改革派」が密かに集まって一致団結できる場所はあるだろうか？

ふたつ目に、よい習慣を生み出すべきだ。アクション・トリガーの考え方を思い出してほしい。重要な一歩を踏み出す時間と場所を思い描くのだ。α病院のインターンは実質的なアクション・トリガーを定めていた。午後九時がやってきて申し送りのプロセスが始まるときに、何を言うのか、どう行動するのかを思い描いた。当直の研修医から反論が出たときに、どう答えるかを頭のなかでリハーサルした。あなたのチーム・メンバーは、組織の「保守派」の抵抗に遭ったとき、どう応じるかリハーサルしているだろうか？

三つ目に、仲間を集めるべきだ。α病院では、リーダーたちが改革派の人々を引き合わせた。それにより、指名ドライバーやファタキの例と同じように、改革派の人々が他者と価値観を話し合う言語を生み出しはじめた。あなたがリーダーなら、改革派の人々にこのような言語を生み出させるのもひとつの手だ。あなたが行なおうとしている改革にはどのようなちがいやメリットがあるかをはっきりと表現する方法を見つけるべきなのだ。

「道筋を定める」のパートの冒頭で、「根本的な帰属の誤り」について説明した。行動を環境ではなく人々の性格のせいにする傾向だ。ティーチング・ホスピタルの例を振りかえってみよう。α病院では、改革を支持していた研修医は四二パーセントだった。一方のβ病院では六六パーセントだった。賭けをするとしたら、ほとんどの人はβ病院に賭けるだろう。このデータを見せられて、「確かにそのようだが、環境の影響はどうなんだ?」とすぐさま考える人は多くない。

ふたつの病院では、個人の性格と環境の影響が戦い、環境の影響が勝った。これは食品の寄付活動のエピソードを思い出させる。はっきりとした指示を与えられた薄情者のほうが、ありきたりの指示を与えられた聖人よりも寄付した。聖人と薄情者の境界は、私たちが思っていたほど明確ではなかったのだ。病院改革の賛成派と反対派の境界も同じだ。

適切な道筋を定めることで薄情者を聖人に変えられるなら、適切な道筋を定めることで改革の敵を味方に変えることだってできるはずなのだ。

第11章 変化を継続する

1

「千里の道も一歩から」。ことわざにもあるように、それが賢い戦略だ。しかし、一歩目から始まるのは長い旅だけではない。数分でやめてしまうような無計画な散歩だって同じなのだ。

したがって、確かに長い旅は一歩目から始まるものだが、一歩目が長い旅を保証するわけではない。その歩みを止めないためにはどうすればよいか？

まず、一歩目を認めて祝うことだ。あなたの行動には効果があった。象使いに方向を教え、象にやる気を与え、道筋を描いた。そして、チームやあなた自身は歩みはじめた。その歩みに気づいたら、強めるべきだ。この点では、少し意外な事例がヒントになる。珍獣の調教師だ。

ライターのエイミー・サザーランドは、イルカに輪くぐりを教えたり、サルにスケボーの乗り方を教えたりする動物の調教師を調査した[1]。動物の調教はとてつもなく長い旅だ。あなたがサルにスケボーの乗り方を教えるとしたら、一日目の一時間目に何をするだろうか？

ヒントは、罰を使わないということ。近年の動物の調教師はめったに罰を使わない。象に罰を使えば、何度目かでバラバラにされてしまうだろう。代わりに、調教師たちは行動の目的地を定めてから、「接近法」を利用する。つまり、目的に向かって一歩近づくたびにごほうびを与えるのだ。たとえば、調教一日目の一時間目、調教師がサルの檻にボードを入れても驚かなければ、マンゴーをあげる。その後も、ボードに触ったらマンゴー。うえに座ったらマンゴー。調教師がサルをボードに乗せて前後に動かしても大丈夫ならマンゴー。マンゴー、マンゴー、マンゴー。これを何百回も続けるうち、マンゴーで手なずけられたサルはハーフパイプもすべれるようになるのだ。

珍獣の調教師を観察するうち、エイミー・サザーランドはひらめいた。このテクニックを「頑固だが愛すべき種、つまりアメリカの夫」に応用したらどうなるだろうと考えた。このアイデアをヒントに、彼女は『ニューヨーク・タイムズ』に夫を調教する格闘を描いた愉快な記事「シャムーを幸せな結婚生活のお手本に」を書いた。この記事は二〇〇六年の同紙のウェブサイトでもっともメール送信された記事となり、同じテーマで本も出版された[2]（『ダンナちゃん、よくできました！』）。

夫のちょっとした欠点に悩まされたサザーランドは、接近法を用いることにした。「たった一回の調教で、ヒヒに命令で動くようしつけることはできません。同じように、靴下を一足拾ったのをほめただけで、アメリカの夫がいつも汚れた靴下を拾ってくれるなんて期待してはいけないのです。ヒヒの場合、まずは小さなジャンプができたらごほうびをあげる。もっとジャンプできたら次のごほうび。もっともっとジャンプできたらそのまた次。夫のスコットの場合は、ちょっとした行動をつねにほめるようにしました。一マイルでもゆっくり運転してくれたら、一枚でも下着を洗濯かごに入れてくれたら、時間を守ってくれたら、そのたびにほめたのです」。そして、ほめられるうちに、スコットは変わっていった。

このアプローチは、職場の人間関係の改善方法に関する考え方とはだいぶ異なる。たとえば、あなたは職場で適性検査や「仕事スタイル」の診断を受けさせられたことがあるだろう。同僚の〝タイプ〟がわかれば、人間関係がよくなるという考え方だ。そして、実際にタイプを知ってうまく活用している人もいる。しかし、これは「根本的な帰属の誤り」の考え方と似ている。人間関係をよくするには、同僚が組織を導くタイプなのか、人を喜ばせるタイプなのか、遠回しな攻撃性を持ったリーダーなのかを知る必要はない。サザーランドが夫にそうしたように、同僚のプラスの行動を見つけて励まし、自分にもそうしてくれると信じるだけでいいのだ。結局のところ、性格タイプと期待を対応させよというアドバイスはすべての答えにはならない。カリフォルニアのある調教師は、六頭の象を命令ひとつで一列に並ばせ、おしっこをするようしつけたが、「マイヤーズ・ブリッグス性格分析」など行なってもいないのだ。

励ましこそ、長い旅の一歩目を超えて、二歩目、三歩目、一〇〇歩目へと進む秘訣だ。そして、そこに問題が潜んでいる。というのも、大半の人々は励ますのが下手だからだ。ほめるよりも批判しがちだ。職場では、不満を共有して同僚と絆を築こうとする（サザーランドはこの行動を「言葉による毛づくろい《バーバル・グルーミング》」と呼んでいる）。しかし、これらはすべてまちがっている。どんなに小さくても、ブライト・スポットを見つけてごほうびをあげるべきだ。上司やチームに変わってほしければ、マンゴーくらいは奮発したほうがいいのだ。

目標に近づいたことに気づいてほめるには、つねに周囲に目を配り、明るい兆しを探さなければならない。しかし、それは易しくない。私たちの象使いは、もともとマイナス面に注目するからだ。問題を見つけるのは簡単だが、進歩に気づくのははるかにむずかしい。しかし、進歩は貴重だ。シャチのシャムーが輪くぐりを覚えたのは、調教師にガミガミと言われたからではない。旅の一歩一歩に注目して我慢強く励ましてくれる調教師がいたからなのだ。

心理学者のアラン・カズディンも親たちにほとんど同じようなテクニックを勧めている。カズディンは親に「子どもたちのよい行ないを拾い上げる」よう促している。「毎晩二時間、子どもに自力で宿題をやってほしいと思うなら、宿題をやり終えてからほめたりごほうびをあげたりしようと思ってはいけません」と彼は話す。代わりに、小さな目標を定めて、少しずつ積み重ねさせていくのだ。そして、子どもがちゃんとしてくれない場合には、カズディンはこうするようアドバイスしている。「〝全体の一部でもしてくれていないだろうか〟と考えるのです。たいていの場合はしているはずです。そうしたら、その部分に着目して、

〝○○をしてくれてえらいわね〟と言うのです」

カズディンの指摘によると、一定の状況では親たちはこのような励ましを本能的に行なっているという。たとえば、子どもが初めて歩こうとしたときだ。「ハイハイの姿勢から立ち上がろうと体を持ち上げたとき、盛んにほめたはずです。両手を持って何歩か歩かせ、〝ほらほらすごい！ 歩いているわよ！ いい子ね！〟と大声で励ましたでしょう。もちろん、ほんとうに歩いてなんかいない。しかし、歩くまでの段階を徐々に強化していくことで、歩くという行動を形づくろうとしていたわけです」(3)

はっきりとさせておくが、「ロジャー、先月は経費を削ってくれたのね！ えらいわ！」などと言って、同僚や仲間をサル扱いや子ども扱いしろと勧めているわけではない。励ますためには、見下す必要もないし、上下関係が必要なわけでもない。フィットネス・クラブで友人に励まされる場面を想像してほしい（「よしいいぞ。もう一回だ！」）。しかし、励ますためには、目的地をはっきりと理解する必要がある。そして、ブライト・スポットが見つかったらすかさず気づいて励ませるくらい敏感でなくてはならないのだ。

カズディンや動物の調教師の例からわかる重要な教訓とは、変化は一瞬の出来事ではなくプロセスだということだ。(4)サルがスケボーの乗り方を覚えるのは、一瞬の出来事ではなくプロセスだ。子どもが歩き方を覚えるのは、一瞬の出来事ではなくプロセスだ。自治体が学校への投資を増やしたり、リサイクルを推進したり、公共スペースの美化に努めたりしはじめるのも、一瞬の出来事ではなくプロセスだ。そして、プロセスを導くには忍耐が必要だ。

長い旅にはたくさんのマンゴーが必要なのだ。

2

「象使いにやる気を与える」のパートで、スティーヴン・ケルマンのエピソードを紹介した。連邦政府の調達プロセスの改革という気の遠くなる仕事を引き受けた男の話だ。彼は著書の『変化を解き放つ（*Unleashing Change*）』で、改革運動の追い風になった要因について述べている。いったん変化が始まると、変化が変化を呼んだというのだ[5]。

本書では、このような雪だるま効果を何度も見てきた。マイナー郡の住民は、町を復興させようと、まずは木の切り株を掘り起こすことから始めた。その数年後、住民たちは郡全体の税基盤を押し上げることに成功した。ラックスペースの顧客サービス・チームは、電話の自動応答システムを廃止した。単純な変化だが、たちまち顧客サービスの倫理が根づき、企業を輝かしい成長期間へと導いた。

調達の第一人者であるケルマンは、いくつかの現象が要因となってこの雪だるま効果が生まれたと考えている。ひとつは心理学者のいう「**単純接触効果**」だ。つまり、何かに接すれば接するほど、好きになっていくという現象だ。たとえば、エッフェル塔が建てられた当初、パリ市民は嫌っていた。美しい町並みを中途半端な骨組みが汚していると考え、猛烈に抗議した。しかし、時とともに、世論は「嫌悪」から「容認」、そして「崇拝」へと変わっていった。したがって、最初は人気がなく認知度の低い変革運動も、単純接触効果によって、慣れるとともに好意的にとらえられるようになっていくのだ。

また、**「認知的不協和」**もプラスに働く。人間は、行動と思考が食いちがうのを嫌う。したがって、小さな一歩を踏み出し、新たな行動を取りはじめると、自分の行動を否定するのはどんどんむずかしくなっていく。同じように、行動が変わると、自己像も変わりはじめる。そして、アイデンティティの進化とともに、ますます新しい行動が強化されていくのだ（ブラジラータの「発明家」がその好例）。

ケルマンによると、「単純接触効果」や「認知的不協和」は、変革活動が最初から成功しなくても生まれるという。つまり、このふたつは「小さな成功」の結果として生まれるわけではなく、むしろ時がたつにつれて自然に生まれるということだ。したがって、変化の初期段階では、惰性は強力な敵となるが、ある時点で「変化に逆らう惰性」から「変化を支える惰性」へと変わる時が来るというわけだ。小さな変化が雪だるま式に膨らみ、大きな変化につながることもあるのだ。

3

大きな変化がほんの小さな一歩から始まることもある。そして、小さな変化は雪だるま式に膨らんでいく。これは心強い発見だ。しかし、だからといって変化を起こすのが簡単だというわけではない。もしそうなら、苦悩するアルコール依存症者、トラブルの絶えない結婚生活、遅れを取る企業、挫折する社会運動がこれほどありふれているわけはない。変化はかならずしも簡単なわけでもないし、むずかしいものでもない。ある意味ではどこにでも転がっているし、ある意味では起こりにくい。

ひとつ自信を持って言えるのは、変化が成功するときには、一定のパターンがあるということだ。変化に成功する人は、明確な方向性を持ち、十分なやる気を持ち、それを支える環境がある。言い方を変えれば、「象使い」、「象」、「道筋」が一丸となって変化を支えているのだ。

親になることを例に取ってみよう。組織の改革を考えてくじけそうになっているなら、こう考えてみてほしい。子の親になるのに必要な変化と比べれば、組織の改革などどうってことはない。確かに、職場で新しいアイデアを実行するには、意志を持った行動が必要だが、経理担当者を大学に入れたり、最高財務責任者にげっぷをさせたりする必要はないのだ。

子育ては、非常に大きな変化だが、かなりの確率でうまくいく。その理由はたいした謎ではない。ひとつに、目的地が明確で鮮明だ。誰もが子ども時代を経験しているし、親（自分の親や他人の親）の行動を見ている。つまり、何十年も子育ての間接的な教育を受けているのだ。したがって、象使いは進む方向を知っているし、成功につながる行動もわかっている（それでも、目的地に着くまでには紆余曲折があるが）。

人々が子どもを持つ動機は知識ではなく感情だ。希望に満ちた夫婦は子育てを楽しみにしているだろう。自分たちの子どもを持つなんてどんな気持ちだろうと思いを巡らすはずだ。そのため、ふだんならパニックを起こすような長く険しい旅にも、象は喜んで旅立つのだ。さらに、親というのは魅力的なアイデンティティだ。自分の都合ではなく、子どものためを思って意思決定を行なうようになる。実際、このアイデンティティはあまりに強力なので、象は子どものためなら短期的な犠牲さえいとわなくなるのだ。

子どもができると、友人や家族は変化を細かくしようとしてくれる。特に最初の数カ月はそうだ。数週間はあなたの母親が手伝いにやってくるし、友人は食べ物を持ってきてくれる。会社は育児休暇をくれ、親戚はあなたを見守ってくれる。

また、社会はさまざまな方法で子育ての道筋を形づくっている。小さなことでいえば、レストランに用意された子ども向けの椅子。大きなことでいえば、育児休暇や学校制度、子育てしやすいニュータウンの開発などだ。

常識だと思うかもしれない。しかし、もし常識だというなら、それは脳の「子育て領域」に限られた常識だ。親になるといった極端な変化はうまくいくのに小さな変化にはいつも失敗してしまう理由、感情の後押しがなければ変化はめったにうまくいかないという事実、環境が行動の強力なブレーキにもアクセルにもなりうるということをほんとうに理解しているなら、フード・ピラミッドは生まれていなかったはずだ。上司たちはパワーポイントのスライドで変革活動を始めようとは思わないはずだし、地球温暖化の活動家たちは大気中の二酸化炭素の濃度をppmで表現したりはしないはずだ。もし常識だというなら、もっと行動に結びついていてもいいはずだ。

変化には一定のパターンがある。そのパターンを無視するのはもうやめて、活用しはじめる必要があるのだ。

4

マイク・ロマーノは、ベトナムに行って麻薬に囲まれたとき、アヘンを始めた。故郷に帰って友人や家族に囲まれると、アヘンをやめた。ラックスペースの従業員は、電話の自動応答システムがあったとき、顧客の電話に出なかった。システムが廃止されると、電話に出るようになった。

人々が睡魔と戦うために車輪つきの目覚まし時計「クロッキー」を買ったように、私たちふたりはメールの誘惑と戦うためにコンピュータに応急処置をほどこした。

ホテルのメイドは、激しい運動をしているというアイデンティティを与えられたとき、運動のレバーを一段階上げた。ブラジラータの「発明家」たちは、停電問題に直面したとき、エネルギーを節約するさまざまなアイデアを考案し、会社に利益をもたらした。

ジェリー・スターニンがベトナムに行ったとき、政府は栄養不足の解決に半年の猶予を与えた。彼はベトナム語がわからなかったが、ブライト・スポットを探す方法は心得ていた。そして、母親たちはすぐに栄養不足を解決する料理法を身につけた。セントルシア島民がインコを守るために一致団結したのを知ったとき、レアの自然保護活動家たちは目のまえにあるブライト・スポットに気づき、五〇以上の国々で「プライド・キャンペーン」を展開した。

変化には一定のパターンがあるのだ。

パターンが存在しないのは、変化を成し遂げる人たちのタイプだ。本書ではCEOを何人か紹介したが、教授、看護師、中間管理職の人々、政府の役人、校長、親など、肩書きや予算ではCEOに及ばない人々もはるかにたくさん紹介してきた。彼らの旅は、風変わりなものから壮大なものまでさまざまだった。映画の観客のポップコーン容器のサイズに目をつけた教授。経理部のアッティラ大王をおとなしくさせたふたりの従業員。子どもを虐待する親を立ち直らせた女性。そして、七五人のスタッフで一〇万人の命を救った男性。状況や変化の規模はちがっても、パターンはみな同じだ。象使いに方向を教え、象にやる気を与え、道筋を描いた。こんどは、あなたの番だ。

さあ、何を変える?

さあ、スイッチしよう

どこかの誰かが行動を変えなければ、何も変わらない。それはあなた自身？　あなたのチーム？　まずはその人物（人々）を思い描こう。

誰もが感情的な「象」の一面と理性的な「象使い」の一面を持っている。その両方に訴えかけよう。そして、路上のハードルを取り除くことも成功には不可欠。そのステップは簡単に言って三つだ。

象使いに方向を教える

ブライト・スポットを見つける。うまくいっている部分を探し、まねしよう。（例：ベトナムのジェリー・スターニン、解決志向療法）

大事な一歩の台本を書く。全体像で考えず、具体的な行動を考えよう。（例：低脂肪

乳、ブラジルの鉄道の四つのルール）

目的地を指し示す。目的地はどこか、そこへ向かうメリットは何かを理解すれば、変化はラクになる。（例：「もうすぐ三年生になれるわよ！」、ＢＰ社の「空井戸を掘らない」）

象にやる気を与える

感情を芽生えさせる。知識だけでは変化を引き起こすには不十分。感情を芽生えさせよう。（例：テーブルに山積みされた手袋、化学療法のテレビゲーム、ターゲット社のロビン・ウォーターズの実演）

変化を細かくする。象がおびえないくらいまで、変化を細分化しよう。（例：「五分間お部屋レスキュー」、調達改革）

人を育てる。アイデンティティを養い、しなやかマインドセットをはぐくもう。（例：ブラジラータの「発明家」、中学生の数学力の改善）

道筋を定める

環境を変える。　環境が変われば行動も変わる。したがって、環境を変えよう。（例：自動応答システムを廃止したラックスペース、ワンクリック注文、オンライン・タイムシートの簡略化）

習慣を生み出す。　行動が習慣になれば、象使いの負担はなくなる。習慣を促す方法を探そう。（例：「アクション・トリガー」の設定、ダイエット中の一日二杯のスープ、チェックリストの利用）

仲間を集める。　行動は伝染する。行動を広めよう。（例：タンザニアの「ファタキ」、病院の「フリー・スペース」、チップ用のびんに入れておく小銭）

問題解決Q&A

ここでは、変化のなかで直面しやすい一二の問題を取り上げ、その解決アドバイスを紹介する（省略表現を使うので、本書を読んでいないと意味がわからないかもしれない）。

Q　変化の必要性を理解してもらえない。

A　①象使いにいくら訴えかけても、この問題は解決できない。むしろ、感情を芽生えさせよう。「手袋の山」やターゲット社のロビン・ウォーターズの実演のように、大胆なデモンストレーションを実施できないだろうか？

②共感を生み出そう。変化しないとどのような問題があるのかを明らかにしよう（「経理部のアッティラ大王」参照）。

③環境を変えよう。そうすれば、変化の必要性を理解してもらわなくてもすむ。ラックスペースの従業員は、顧客サービスの向上が必要だと理解していたわけではない。しか

し、電話の自動応答システムがなくなると、電話に出るようになった。

Q　「ここではいままでそんなやり方をしたことがない」と言ってアイデアに反対される。

A　①アイデンティティを強調しよう。あなたのアイデアのなかで、会社の歴史と重なる部分はないだろうか？（たとえば、「われわれはつねにこの業界の最先端を走ってきたはずだ」。）あるいは、社員共通の職業上のアイデンティティと重なる部分は？
②社内でブライト・スポットを見つけて、それをコピーしよう。

Q　何かをしなければならないが、分析の段階で行き詰まっている。

A　①分析しすぎて、象使いの弱みにとらわれないようにしよう。むしろ、感情を芽生えさせて象の腰を上げさせよう。
②目的地の絵はがきをつくろう。そうすれば、象使いは「すべきか否か」ではなく「どうやってそこに行くか」を分析しはじめる。
③大事な一歩の台本を書き、問題をシンプルにしよう。低脂肪乳キャンペーンに相当するのは何か？

Q　環境は変わったが、古い行動パターンが抜けきっていない。

A　①象使いが象と絶えず戦わなくてすむように、新たな習慣を生み出せないか？

②アクション・トリガーを設定しよう。行動を変える時間と場所を想像して、「意思決定の事前装塡」を行なおう。
③朝の習慣を生み出して不適切な行動をやめさせたナタリー・エルダーの戦略を参考にしよう。
④古い習慣の影響力は絶大なので、大事な一歩の台本を書こう。あいまいさは何よりの敵だ。ブラジルの鉄道会社アメリカ・ラティーナ・ロジスティカは厳しい財務状態を抜け出すために、四つのシンプルなルールを考案した。

Q　人々に変えようという意欲がない。

A　①アイデンティティの対立が妨げになっていないだろうか？　もしそうなら、新しいアイデンティティを「売りこむ」べきだ（ブラジラータの「発明家」を参照）。「安全運転」の実験のように、新しいアイデンティティに向かって小さな一歩を踏み出させよう。
②目的地の絵はがきを描き、変化をより魅力的に見せよう（一年生に「今年度の終わりまでに、三年生になりましょう」と言った教師を参照）。
③「五分間お部屋レスキュー」のように、ハードルを下げて人を動かそう。
④社会的な集団圧力を利用して変化を促そう（運営管理の学会誌で査読時間を公開したジェラール・カションを参照）。

⑤道筋をスムーズにして、やる気のない人でもすいすいと歩けるようにできないか？ 学生寮で最悪の薄情者でさえ、具体的な指示と地図を受け取れば、食べ物を寄付したのを思い出してほしい。

Q　明日からやろうと思ってしまう。

A　①今日から始められるように、変化を細かくしよう。
②今日からできないなら、明日のアクション・トリガーを設定しよう。
③まわりの人に宣言しよう。同僚や大切な人に変える内容を伝えれば、仲間の圧力が助けになるはずだ。

Q　「そんなのはうまくいかない」と言われてしまう。

A　①うまくいくという証拠になるブライト・スポットを見つけよう。どんな状況でも一〇〇パーセント失敗ということはない。解決志向療法のセラピストのように、成功の一筋の光を探そう。
②練習で選手たちに小さな成功を上げさせたビル・パーセルズのやり方を参考にしよう。チームの考え方を変える小さな成功を生み出すことはできないか？
③うまくいくと考えている人もなかにはいるはずだ。そういう人々が直接の反対に遭うことなく変化に力を貸せるようなフリー・スペースを築こう。

Q　やるべき内容はわかっているが、なぜかできない。

A　①知識だけでは不十分。あなたが抱えているのは象の問題だ。②「五分間お部屋レスキュー」を参考にしよう。小さなことから始めれば、恐怖を乗り越えられる。現時点でできるもっとも小さなこととは何か？　目的地に向かうための第一歩とは？　③「道筋」の解決策を探そう。環境を変えて、変わらざるをえないようにするには？　④行動は伝染する。誰かを巻きこんで、互いに高め合おう。

Q　私の部下を知らないからそんなことが言えるんだ。ほんとうに変わるのが嫌いなやつばかりでね。

A　そのなかに既婚者や子持ちの人はどれくらいいるだろうか？　あなたが提案している変化は、その変化に比べればちっぽけだ（それから、「根本的な帰属の誤り」のセクションを読み直してほしい。あなたも誤りを犯しているかもしれない）。

Q　最初はみな興奮していたが、困難に出くわして勢いを失ってしまった。

A　①習慣を生み出すことに専念しよう。習慣を生み出せば、新たな行動が〝無料《ただ》〟で手に入るし（起立会議の例を参照）、後戻りする心配も少ない。

②これまでの達成内容を思い出させ、象にやる気を与えよう（洗車カードにふたつのスタンプを押しておくのと同様）。
③しなやかマインドセットをはぐくもう。どんな成功にも一度や二度は困難がある。IDEOの例を思い出そう。この会社では、行き詰まってもパニックに陥らないようにとあらかじめ従業員に釘を刺している。

Q　あまりにたいへんすぎる。

A　①たいへんと感じない程度まで、変化を細かくしよう。象にあきらめる口実を与えないように。
②しなやかマインドセットを養おう。進歩は簡単にはやってこない。成功を実現するまでには、何度も失敗するものだ。失敗したからといって、自分を責めないこと。

Q　誰もが変化の必要性を認めているようなのに、何も変わらない。

A　①抵抗しているように見えても、実は戸惑っている場合が多い。マイナー郡の住民がほんとうの意味で動き出したのは、高校生が「マイナー郡で一〇パーセント多くお金を使う」という大事な一歩の台本を書いたときだ。
②道筋も忘れないこと。取り除くことができる変化の妨げとは？
③行動のお手本となるブライト・スポットはないだろうか？　ベトナムの村の母親を思

い出してほしい。ずっと子どもに栄養をつけたいとは思っていたが、母親たちが行動を変えたのは次のふたつが起きたときだ。（1）成功している母親たちを手本に、何をすべきかを学んだとき（エビやサツマイモの葉の利用など）。（2）成功している母親たちを観察することで、希望がわき、行動する覚悟が持てたとき。

訳者あとがき

本作『スイッチ！――「変われない」を変える方法』は、『アイデアのちから』に続くチップ・ハースとダン・ハースの二冊目の邦訳書である。前作『アイデアのちから』が人や世の中を動かす優れたアイデアの共通点を探るというテーマだったのに対し、『スイッチ！』ではダイエットに成功した人々、組織に顧客サービスの考え方を定着させたマネジャー、ベトナムの栄養不足を解消した国際組織など、さまざまな変化の成功例を挙げながら、「変えたくても変えられない」人たちに向けて、個人、組織、社会を変える実践的なコツを紹介している。

本書の特徴は、なんといっても理性を「象使い」、感情を「象」、環境を「道筋」にたとえている点だ。筆者は、理性（象使い）に訴えかけ、感情（象）を揺さぶり、環境（道筋）を整えるという三つのシンプルな条件を満たすだけで、誰もが思うよりも簡単に変化を引き起こすことができると述べている。この考えのもとで、「①象使いに方向を教える」、「②象にやる気を与える」、「③道筋を定める」という三つの基本フレームワークを紹介し、フレームワークごとにさらに具体的なテクニックを三つずつ挙げている。

まず、「①象使いに方向を教える」のパートでは、理性に訴えかける三つのコツを紹介している。第2章の「ブライト・スポットを見つける」では成功例を探してまねる方法、第3章の「大事な一歩の台本を書く」では全体像で考えるのではなく具体的な行動を定める方法、そして第4章の「目的地を指し示す」では変化の目的や価値を理解させる方法について説明している。

次に、「②象にやる気を与える」のパートでは、感情に訴えかける三つのコツを紹介している。第5章の「感情を芽生えさせる」では変わりたいという感情を生み出す方法、第6章の「変化を細かくする」では変化を細分化して少しずつ積み重ねていく方法、そして第7章の「人を育てる」ではアイデンティティや柔軟な考え方を養う方法について説明している。

最後に、「③道筋を定める」のパートでは、変化しやすい環境を整える三つのコツを紹介している。第8章の「環境を変える」では環境を変えて行動の変化を促す方法、第9章の「習慣を生み出す」では行動を習慣化させる方法、第10章の「仲間を集める」では仲間を集めて行動を広める方法、そして第11章の「変化を継続する」では変化を最後までやり遂げる方法について説明している。

この三つのフレームワークを組み合わせることで、個人、組織、社会の変化を成功させようというのが本書のテーマだ。そして、三つのフレームワークに照らし合わせて考えると、変えられない原因が「象使い」、「象」、「道筋」のどれなのかを突きとめることができる。何かを変えようと思っている人は、本書を読んだあとで、「クリニック」コーナーをお手本にして戦略を練ってみると面白いかもしれない。

たとえば、私の場合はこんな戦略を立ててみた。

自分の時間をもっと有効に使うには？

場　面

私は夜型生活から抜け出せずに悩んでいる。いつも明日こそは早めに起きて一日の仕事を夕方までにこなそうと心に決めて床につくのだが、起きるとかならず時計の短針が右向きに傾いている。そのため、一日のノルマを終えるころにはすっかり夜になっていて、布団に入るのが夜中になってしまうので、翌朝もまた起きられない。自分の時間を有効に使う生活に切りかえるにはどうすればいいだろうか？

変えるべきポイントとは？　何が妨げになっているか？

変えるべきポイントは明らかだ。早寝早起きを実践し、仕事のノルマを遅くとも夕方までにはこなし、夕方以降を趣味や外出の時間にあてること。その妨げになっているのは夜型の生活だ。翻訳者は自由な時間に仕事ができるので、眠くて頭の働かない午前中ではなく、頭のすっきりする午後や夜に仕事をしがちになり、ますます早起きできなくなるのだ。この悪循環を断ちきる必要がある。

変化を起こすには？

・象使いに方向を教える　①**ブライト・スポットを見つける。**起きられるのはどんなときか？　仕事が多くてせっぱつまっている日や、午後に用事があって早めに仕事を終わらせたい日だ。よって、休日ではなくあえて仕事のある日に用事を入れれば、時間を有効に活用できるだろう。②**大事な一歩の台本を書く。**早起きしようと漠然と思って寝たときは起きられたためしがない。「××時に起きる」、「午前中に××ページ翻訳する」などと具体的に決めるべきだ。また、目覚まし時計のアラームが鳴ったとき、あと五分だけ寝ようと思ってスヌーズボタンを押すとかならず寝過ごしてしまうので、起きなければならないときは一度目のアラームで起きるというルールをつくる。

・象にやる気を与える　①**感情を芽生えさせる。**早く起きるメリットを実感できれば自然と早起きしたくなるだろう。早起きしたほうが体調がよいこと、仕事がはかどること、時間を有効に使えることをふだんから意識し、早起きのメリットを自分に植えつける。②**変化を細かくする。**いきなり毎朝六時に起きようと思うと続かない。まずは週一日だけ早起きするようにしたり、少しずつ起きる時間を早くしていったりする手が考えられる。

・**道筋を定める**　①**環境を変える。**手の届かない場所に目覚まし時計を移動したり、朝に飲むコーヒーをあらかじめ用意したり、朝日が当たるようにカーテンの種類やベッドの位置を工夫する。②**習慣を築く。**ノートパソコンを購入し、カフェや図書館で仕事をする日を増やす。カフェや図書館は夜遅くまで開いていないので、自然と朝や昼に仕事をするようになる。③**仲間を集める。**同じ悩みを持つフリーランサーを集め、互いに起こしあったり、週に何度か一緒に仕事をしたりする。

このような戦略を立てることで変われる（変えられる）という保証はないし、すべてを実行できるとはかぎらない。しかし、変化のいちばんの障害がどこにあるかを再確認することができるし、何が実行できそうかを知ることもできる。私の場合は、いちばんの問題は用事がないなら何時から仕事をしても変わらないと思っている点だった。予定がないとかならずといっていいほど起きる時間があいまいになるのだ。そこで、散歩や買い物に出かける時間をあらかじめ決め、そこから逆算して起床時間を決めるようにした（本書ではこれを「アクション・トリガー」と呼んでいる）。もちろん、これだけで毎日早寝早起きできるようになるわけではないが、変化の第一歩になることは確かだ。

このように、本書の「象使い」、「象」、「道筋」という三つの要素は、変化をふだんとはちがった切り口で考えるきっかけになるだろう。そして、筆者も述べているとおり、個人の変化、組織の変化、社会の変化など、変化の種類にかかわらず幅広く応用できる。具体例は本文に譲るとして、自分の生活を変えたい人、友人やパートナーとの仲を改善したい人、企業の文化を改革したい人、社会に影響を及ぼしたい人など、ぜひみなさんも本書を参考にスイッチしてみてほしい。

文庫版に寄せて

二〇一〇年に本書『スイッチ!』が単行本として刊行されて以来、多くのレビューサイトやブログで、「生活を変えられた」「仕事に活かしている」という声を聞くことができているのは、訳者としてこの上ない喜びです。私自身も、今回の文庫化にあたり、訳文の修正のため本書を一から読み直してみて、あらためてすばらしい本であることを認識させられました。翻訳当時とはまた違った生活改善のアイデアを次々と思いつき（現在そのひとつを一カ月間実践中）、きっと変われるという希望がわいてきました。そして、希望こそ、人間が前に進むためのいちばんのエネルギーなのかもしれません。

文庫版は気軽に読み返すのにはぴったりです。ぜひみなさんも、肩肘張らず、寝っ転がりながら、または電車に座りながら、自分や周りの人々を「スイッチ」するアイデアを出していただけたらと思います。

二〇一六年九月

原　注

第1章

1. 飲食行動のさまざまな優れた研究については、ブライアン・ワンシンク著『そのひとクチがブタのもと』（中井京子訳、集英社）を参照。ポップコーンの実験は22～25ページ。
2. 売上データはマサチューセッツ工科大学のオンライン・マガジンhttp://web.mit.edu/invent/iow/nanda.htmlより（2009年6月20日にアクセス）。売上の大半はナンダ自身のウェブサイトから生まれた。ナンダは記事のなかで、「メディア・ラボのウェブサイトで、ほかの学生たちのプロジェクトとともに目覚まし時計の説明を掲載したところ、注目度が高かったのでかなり驚きました。Engadgetなど、流行を追うブログやウェブサイトからクロッキーのコンセプトが注目されたおかげで、オンラインの写真やリンクを通じてたちまち何千もの潜在顧客が押し寄せたのです」と述べている。ガウリ・ナンダは、「理論上、平日に多くの生産的な時間を増加させた」として、2005年にイグノーベル経済学賞を受賞した。
3. ハイト著『しあわせ仮説』（藤澤隆史ほか訳、新曜社）の12～14ページを参照。ハイトは釈迦、プラトン（本書で紹介した引用を含む）、フロイトの比喩を参考にし、自身の比喩を考案している。私たちは彼の「象」と「象使い」の比喩を気に入っている。特に、両者の体力の明らかなアンバランスさについてだ。本書で「象」と「象使い」のコンセプトを利用させていただき、感謝している。彼が『しあわせ仮説』で注目しているのは変化そのものではない。彼は数世紀にわたる知恵と現代心理学の交点から、幸福に関する教訓を学び取ろうとしている。もっと幸せで賢い人生を送りたいなら必読の一冊。
4. このセクションで引用している文献は、ここ15年間で誕生した興味深い研究分野のものだ。チョコチップ・クッキーの研究を含む最初の有名な論文は、Roy F. Baumeister, Ellen Bratslavsky, Mark Muraven, and Dianne M. Tice (1998), "Ego Depletion: Is the Active

Self a Limited Resource?" *Journal of Personality and Social Psychology, 74*, 1252-1265。悲しい映画の研究は、Mark Muraven, Dianne M. Tice, and Roy F. Baumeister (1998), "Self-Control as Limited Resource: Regulatory Depletion Patterns," *Journal of Personality and Social Psychology, 74*, 774 -789 より。過剰な選択肢によってセルフコントロールの問題が引き起こされることを証明した実験は、Kathleen D. Vohs, Roy F. Baumeister et al. (2008), "Making Choices Impairs Subsequent Self-Control: A Limited-Resource Account of Decision Making, Self-Regulation, and Active Initiative," *Journal of Personality and Social Psychology, 94*, 883-898 に記されている。ウェディング・レジストリの研究では、被験者は架空のレジストリをつくるのに12分しかかからなかったが、それほど短い時間でもセルフコントロールが消耗された。実際の新婦が招待客、食器、披露宴の会場、音楽リストを数カ月かけて選ぶことを考えると、すっかり凶暴な花嫁に変身してしまう人がいるのも無理はない。

5. ジョン・ステグナーのエピソードと引用は、ジョン・P・コッターとダン・S・コーエンの共著『ジョン・コッターの企業変革ノート』（高遠裕子訳、日経BP社）54～57ページより。
6. このキャンペーンの考案に関するエピソードは、Steve Booth-Butterfield and Bill Reger (2004), "The Message Changes Belief and the Rest Is Theory: The '1% or Less' Milk Campaign and Reasoned Action," *Preventive Medicine, 39*, 581-588 を参照。実際の研究は、Bill Reger, Margo G. Wootan, Steven Booth-Butterfield, and Holli Smith (1998), "1% or Less: A Community-Based Nutrition Campaign," *Public Health Reports, 113*, 410-419 で述べられている。
7. バーウィックの10万人を救うキャンペーンは、チップ・ハースのスタンフォード大学ビジネススクールの同僚たちが行なった事例研究より。Hayagreeva Rao and David Hoyt (2008), "Institute for Healthcare Improvement: The Campaign to Save 100,000 Lives," Stanford Graduate School of Business Case Study L-13 を参照。この事例をさらに詳しく理解したい場合は、Rao and Robert Sutton (2008/9), "The Ergonomics of Innovation," *The McKinsey Quarterly* を参照。

第2章

—2—

1. ベトナムのエピソードはいくつかの出典をもとにまとめた。まず、「ポジティブ・デビアント（プラスの逸脱者）」に関するジェリー＆モニーク・スターニンの研究に一般大衆の関心を惹きつけたのは、『ファスト・カンパニー』誌（2000年12月号、42ページ）のデイヴィッド・ドーシーの記事「Positive Deviant」だ。そのほかの詳細は、2008年4月にボストン・カレッジ企業市民センターで開催されたジェリー・スターニンのプレゼンテーションや、チップ・ハースが2008年3月と4月に行なったジェリー・スターニンのインタビュー、2009年5月に行なったモニーク・スターニンのインタビューをもとにしている。
2. このセクションにある直接の引用の大半は、ドーシーの記事「Positive Deviant」より。
3. スターニンは、このような例外者を統計用語にちなんで「ポジティブ・デビアント（プラスの逸脱者）」と呼んでいる。統計の釣鐘曲線をイメージしてほしい。大多数の人々は中央に近い結果を得るが、スターニンはいい意味で釣鐘曲線の末端に位置する人々を探したというわけだ。
   スターニンが考案した「ポジティブ・デビアンス（プラスの逸脱）」の方法論は非常に役立つが、「デビアンス（逸脱）」という言葉は紛らわしく、統計になじみの薄い人は戸惑うだろうと考え、私たちは「ブライト・スポット」という用語を使っている。本章の後半では、プラスの例外的な成果を生み出しているさまざまな状況に対して、この「ブライト・スポット」という用語を使っている。

   ジェリー・スターニンは2008年11月に亡くなった。彼の業績は、モニーク・スターニンの研究やタフツ大学のポジティブ・デビアンス・イニシアティブを通じていまもなお息づいている。「ポジティブ・デビアンス」の方法論を利用して大きな変化を生み出したさまざまな分野の概要については、http://www.positivedeviance.org/ の活動実績を参照。「ポジティブ・デビアンス」は『ニューヨーク・タイムズ』の2008年の「イヤー・イン・アイデアズ」でとり上げられた。
4. 詳しくは、U. Agnes Trinh Mackintosh, David R. Marsh, and Dirk G. Schroeder (2002), "Sustained Positive Deviant Child Care Practices and Their Effects on Child Growth in Viet Nam," *Food*

and Nutrition Bulletin, 23, 16-25 を参照。

5. ボビーのエピソードは、John J. Murphy (1994), "Working with What Works: A Solution-Focused Approach to School Behavior Problems," *School Counselor, 42*, 59-66 を参照。
6. 解決志向短期療法（SFBT）は比較的新しい治療方法で、パロアルトのメンタル・リサーチ・インスティテュートのセラピストが道を切り開いた。スティーヴ・ド・シェイザーとインスー・キム・バーグはそこで研修を行なった。ド・シェイザーとバーグは、解決策やミラクル・クエスチョン（次のセクションで紹介）を重視することで知られている。SFBT はさまざまな分野で応用されている。ケース・ウェスタン・リザーヴ大学のウォレス・J・ギンガリッチは、自身のウェブサイト http://www.gingerich.net/ に SFBT の研究リストを掲載しており、2007 年の文献レビューには 150 の研究がリストされている。その大半は 1997 年以降に行なわれたもので、SFBT が行動に及ぼす効果を調べている。SFBT は、夫婦療法、学校でのいじめ、子どもの数学スキルなど、日常的な場面にも応用されている。さらに、DV 加害者、囚人、薬物乱用者、飲酒運転や麻薬服用運転、自殺防止プログラムなど、より深刻な問題にも利用されている。詳しくは、Steve de Shazer, Yvonne Dolan, Harry Korman, Terry Trepper, Eric McCollum, and Insoo Kim Berg (2007), *More than Miracles: The State of the Art of Solution-Focused Brief Therapy*, New York: Haworth Press, p.157 を参照。
7. このセクションの引用とゴルフのたとえは、ウィーナー＝デイヴィスの著書 *Divorce Busting*(1992)［未訳］15 ～ 18 ページより。本書は、私たちの知る範囲ではあらゆる分野を通じてもっとも洞察に満ちた実践的な本のひとつだ。夫婦関係が良好でも、読んでいて損はない一冊。
8. この質問はシェイザー他著 *More than Miracles*［未訳］より。この本では、SFBT の創始者であるド・シェイザーとバーグが、経験豊富な 4 人の解決志向療法セラピストたちとともに最新の治療について語っている。一般的に、SFBT のセラピストはカウンセリング・セッションを記録しており、患者の了承を得て新たなセラピストの育成や自身の技術向上に利用している。また、著者たちは治療セッションのビデオを確認しながら、互いに「なぜここでその質問をしたのか?」と質問し合っている。この本を読むのは、スー

パーボウルに勝利したフットボール・コーチの隣に座り、試合のビデオを確認するようなものだ。セラピストやカウンセラーにとっては大いに役立つはずだ。

9. ブライアン・ケイドのふたつのカウンセリング・セッションは、Kathryn Shine (2002/3/24), "C'mon, get happy," Sun Herald, p.38 に記載。また、ブライアン・ケイド、ウィリアム・H・オハンロン著『ブリーフセラピーへの招待』（宮田敬一、窪田文子監訳、亀田ブックサービス）も参照。
10. この例は Harvard Mental Health Letter (2006/9/1), "Solution-focused therapy (methods of psychotherapy)" より。
11. ゾレアの例は、リチャード・パスカルとジェリー・スターニンの記事「ポジティブ・デビアンス——"片隅の成功者" から変革は始まる」（『ハーバード・ビジネス・レビュー』2005 年 9 月号、42 ～ 43 ページ）より。
12. 詳しくは、http://www.english-at-home.com/vocabulary/english-word-for-emotions/ を参照（2009 年 5 月 17 日にアクセス）。
13. 詳しくは、Roy F. Baumeister, Ellen Bratslavsky, Catrin Finkenauer, and Kathleen D. Vohs (2001), "Bad Is Stronger than Good," *Review of General Psychology, 5,* 323-370 を参照。この総説は異様に長く詳細で（参考文献はなんと 233）、気が滅入る。最後のまとめの引用は 355 ページ。
14. 興味を持った読者は、手始めにマーカス・バッキンガム著『最高の成果を生み出す 6 つのステップ』（加賀山卓朗訳、日本経済新聞出版社）を読むといいだろう。
15. もっとおかしな世界を考えてみよう。夫がここ 14 年間で 1 回しか誕生日を覚えてくれていなくても、ブライト・スポットに注目すれば妻は元気になるのだ。成功は可能だと考えるからだ。
16. ブライト・スポットに注目して人々を進歩させてきたもうひとつの分野が「アプリシエイティブ・インクワイアリー」（AI）だ。失敗ではなく成功の分析に力を注ぐ手法だ。たとえば、顧客サービスの問題点を調査しているとしよう。AI の実践者なら、「顧客の怒りや不満を最小限に抑えるにはどうすればよいか?」と自問するのではなく、「顧客がサービスにもっとも満足しているのはいつか?　そして、その成功の瞬間から何を応用できるだろうか?」と考える。AI の実践者であるトム・クラッテンメーカーは、「ポ

ジティブな物語は、データやリストとは異なり、想像を掻き立て、会社に興奮をもたらし、将来に実現できる内容を期待させる」と話している。詳しくは、トム・クラッテンメーカーの著書 *Managing Change to Reduce Resistance*［未訳］の「Change Through Appreciative Inquiry」（49 ～ 58 ページ）を参照。引用は 55 ページ。

第3章

1. 2種類の投薬の選択肢に直面すると、多くの外科医が手術を勧めることを示した研究は、Donald A. Redelmeier and Elder Shafir (1995), "Medical Decision Making in Situations That Offer Multiple Alternatives," *Journal of the American Medical Association, 273,* 302-305 を参照。
2. 「意思決定の麻痺」のエピソードで使われている言葉の一部は、私たちが『ファスト・カンパニー』誌（2007 年 11 月号）に書いたコラム「Analysis of Paralysis」で初めて紹介した。詳しくは、http://www.fastcompany.com/magazine/120/analysis-of-paralysis.html を参照（2009 年 5 月 17 日にアクセス）。
3. 研究者たちは、買い物中の意思決定には集中力が必要なため、実際にセルフコントロールが消耗されることを証明している。セルフコントロールを消耗するのは、買い物に費やす時間ではなく、下さなければならない選択の数だ。12 月が暴飲暴食に陥りやすい時期なのはそのためだろう。詳しくは、Kathleen D. Vohs, Roy F. Baumeister et al. (2008), "Making Choices Impairs Subsequent Self-Control: A Limited-Resource Account of Decision Making, Self-Regulation, and Active Initiative," *Journal of Personality and Social Psychology, 94,* 883-898 を参照。
4. 詳しくは、Sheena S. Iyengar and Mark R. Lepper (2000), "When Choice Is Demotivating: Can One Desire Too Much of a Good Thing?" *Journal of Personality and Social Psychology, 79*, 995-1006 を参照。また、Sheena Sethi-Iyengar, G. Huberman, and W. Jiang (2004), "How Much Choice Is Too Much? Contributions to 401(k) Retirement Plans," in O. S. Mitchell and S. Utkus (eds.), *Pension Design and Structure: New Lessons from Behavioral Finance* (pp. 83-97), Oxford: Oxford University Press も参照。デートの研究について詳しくは、Ray Fisman, Sheena S. Iyengar, E. Kamenica, and

Itamar Simonson (2006), "Gender Differences in Mate Selection: Evidence from a Speed Dating Experiment," *Quarterly Journal of Economics, 121*(2), 673-697 を参照。シーナ・アイエンガー著『選択の科学』（櫻井祐子訳、文藝春秋）も参照。

5. バリー・シュワルツ著『なぜ選ぶたびに後悔するのか』（瑞穂のりこ訳、武田ランダムハウスジャパン）の 13 ページを参照。
6. ブラジルの鉄道の事例は、Donald N. Sull, Andre Delben Silva, and Fernando Martins (2004/1/14), *America Latina Logistica*, Harvard Business School Case 9-804-139, Boston: Harvard Business School Press に記載。
7. フード・ピラミッドの画像とデータは http://mypyramid.gov/pyramid/index.html より。
8. M・ビアー、R・A・アイゼンスタート、B・スペクター著『ハーバードで教える組織戦略』（野中和夫ほか訳、日本生産性本部）を参照。結果目標と行動目標の対比については、271 ページ。
9. 実験の結果については、Mark Chaffin, Jane F. Silovsky, Beverly Funderburk et al. (2004), "Parent-Child Interaction Therapy with Physically Abusive Parents: Efficacy for Reducing Future Abuse Reports," *Journal of Consulting and Clinical Psychology, 72,* 500-510 に記載。引用の大半は、2008 年 10 月にチップ・ハースが行なったビヴァリー・ファンダーバークのインタビューより。
10. マイナー郡の復興に関するエピソードは、ふたつの資料に基づいている。① 2008 年 5 月と 2009 年 5 月にチップ・ハースが行なったランディ・パリーとキャシー・キャリーズのインタビュー。② 2005 年 3 月 27 日の『ウォール・ストリート・ジャーナル』に掲載されたジョナサン・イーグによる記事「As Farmers Dwindle, Towns Make Best of What's Left」。②の記事は特に面白い。というのも、編集者は当初、消滅しつつあるマイナー郡の晩年の物語を書かせるつもりでイーグを派遣したからだ。しかし、マイナー郡の住民はそうと知らず、ここ数年の目まぐるしい変化について話した。彼は感銘を受け、最初に予定していた暗い話ではなく、慎重ながらも楽観的な記事を書いた。編集者は彼の楽観的な論調にショックを受け、最初の数校は却下した。期待していた内容とあまりにかけ離れていたからだ。

第4章

1. ジョーンズのエピソードは、国内の困難な学区を担当することになった若い教師向けの研修マニュアルより。ジョーンズのエピソードは *Teaching as Leadership* (2008), Washington, DC: Teach For America の 26 ページおよび 50 ～ 51 ページ。別の教師の目標の引用は 37 ページ。
2. ジェームズ・コリンズ、ジェリー・J・ポラス著『ビジョナリー・カンパニー』（山岡洋一訳、日経 BP 社）を参照。BHAG の例については、ジェームズ・コリンズとジェリー・J・ポラスの記事「ビジョナリー・カンパニーへの道」（『ハーバード・ビジネス・レビュー』2006 年 11 月号、150 ～ 165 ページ）を参照。
3. エッサーマンのエピソードについては、Victoria Chang and Jeffery Pfeffer (2003), "Laura Esserman (A)," Stanford Graduate School of Business Case Study OB-42A を参照。この事例研究に含まれない引用は、2009 年 5 月にチップ・ハースが行なったローラ・エッサーマンとメレディス・メンデルソンのインタビューより。
4. M・ビアー、R・A・アイゼンスタート、B・スペクター著『ハーバードで教える組織戦略』104 ページを参照。
5. このクリニックは 2009 年 5 月にダン・ハースが行なったジュディ・サミュエルソンのインタビューより。
6. 業界の歴史、引用、BP の「空井戸を掘らない」という目標については、2005 年にチップ・ハースが行なったピート・キャラガー、ジム・ファーンズワース、イアン・ヴァンのインタビューより。
7. シアーソン・リーマンの調査部門の改革については、Ashish Nanda, Boris Groysberg, and Lauren Prusiner (2006/1/23), *Lehman Brothers (A): Rise of the Equity Research Department*, Harvard Business School Case Study 9-906-034, Boston: Harvard Business School Press を参照。

第5章

1. ウォーターズのエピソードは、2008 年 11 月にチップ・ハースが行なったロビン・ウォーターズのインタビューより。
2. ジョン・コッター、ダン・コーエン著『ジョン・コッターの企業変革ノート』を参照。分析的手法のメリットに関する引用は 32 ページ。

3. テレビゲーム「リミッション」の裏話は、2008年11月にチップ・ハースがホープラブの研究担当責任者のスティーヴ・コールに行なったインタビューより。ホープラブのリミッションの臨床試験については、Pamela M. Kato, Steve W. Cole, Andrew S. Bradlyn, and Brad H. Pollock (2008), "A Video Game Improves Behavioral Outcomes in Adolescents and Young Adults with Cancer: A Randomized Trial," *Pediatrics, 122*, e305-e317 に記載。順守率が20パーセント向上すると生存率が2倍になる点については、Jean L. Richardson et al. (1990), "The Effect of Compliance with Treatment on Survival Among Patients with Hematologic Malignancies," *Journal of Clinical Oncology, 8*(2), 356-364 に記載。
4. マイケル・クスマノ、リチャード・セルビー著『マイクロソフトシークレット』（山岡洋一訳、日本経済新聞社）を参照。マイクロソフトのユーザビリティ・テスト・ラボについては172ページに記載。プログラマーに高度なマシンを与える問題点については125ページに記載。
5. 詳しくは、Peter Borkenau and Anette Liebler (1993), "Convergence of Stranger Ratings of Personality and Intelligence with Self-Ratings, Partner Ratings, and Measured Intelligence," *Journal of Personality and Social Psychology, 65*, 546-553 を参照。自己評価と測定IQの相関係数は0.29なので、説明率は8パーセントとなる。一方、他人の評価と測定IQの相関係数は0.38なので、説明率は14パーセントとなる。よって、他人によるIQ予想は自分自身の予想よりも66パーセントほど正確である。
6. 自己評価に関する調査研究や肯定的幻想の例については、David Dunning, Chip Heath, and Jerry Suls (2004), "Flawed Self-Assessment: Implications for Health, Education, and the Workplace," *Psychological Science in the Public Interest, 5*, 69-106 にまとめられている。デイヴィッド・ダニングは彼のいう「無能と無知（アンスキルド・アンド・アンウェアー）」現象に関する面白い研究も行なっている。もっとも自己評価が苦手なのは無能な人々だという。たとえば、ユーモアのセンスがない人は、自分のつまらないジョークが面白いと思っている可能性が高く、文法能力がない人ほど有益な訂正をきっぱりと無視する。研究が公表されると、さまざまな新聞記事に「無能と無知」現象が取り上げら

れた。オリジナルの研究論文では扱われていなかった「職場の上司」といったテーマも議論された。

7. このエピソードは、現在デューク大学フュークワ・スクール・オブ・ビジネスの経営学教授を務めているシム・シトキンが2009年5月にチップ・ハースに語ったもの。
8. デイヴィッド・ガーヴィンとマイケル・ロベルトの記事「説得が変革の土壌をつくる」(『ハーバード・ビジネス・レビュー』2005年9月号、78〜88ページ)を参照。「切迫した危機感」の出典は79ページ。「瀕死の状態」の出典は80ページ。
9. 詳しくは、ルース・マクスウェルの著書 *Breakthrough: What to Do When Alcoholism or Chemical Dependency Hits Close to Home* [未訳] を参照。会議の一件については、4〜5ページ。
10. 詳しくは、William E. Smith and Helen Gibson (1988/7/18), "Disaster 'Screaming like a Banshee,'" Time, http://www.time.com/time/magazine/article/0,9171,967917,00.html (2009年5月28日にアクセス) を参照。
11. 詳しくは、デイヴィッド・マメットの著書 *Glengarry Glen Ross: A Play* [未訳] を参照。
12. 詳しくは、Barbara L. Fredrickson (1998), "What Good Are Positive Emotions?" *Review of General Psychology, 2,* 300-319 を参照。フレデリクソンが引用している研究にこうある。ポジティブな感情を抱いている医師は、複雑な医学的ジレンマをより柔軟にすばやく解決できる。ポジティブな気分の学生は、技術的な問題に対してより独創的な解決策を生み出す。ポジティブな心理状態の交渉者はより独創的で、「ウィン・ウィン」の解決策をより多く見つけ出して成功する。ポジティブな感情を持つ人々は、似て非なるアイデアを結びつけやすくなるため、「私たち対彼ら」の思考にあまり陥ることがない。これらの傾向——柔軟な問題解決、独創的な解決策、政治的内紛の回避——はいずれも変化の場面で役立つ。

第6章

1. 詳しくは、Alia J. Crum and Ellen J. Langer (2007), "MindSet Matters: Exercise and the Placebo Effect," *Psychological Science, 18,* 165-171 を参照。

2. 詳しくは、J. C. Nunes and X. Dreze (2006), "The Endowed Progress Effect: How Artificial Advancement Increases Effort," *Journal of Consumer Research*, *32*, 504-512 を参照。
3. この慣例については、2009年2月にチップ・ハースが行なった国際ファンドレイジング協会のジャン・アルフィエーリとのインタビューのなかで話し合われた。アルフィエーリによると、このお金は通常はキャンペーンの公表前に集められるという。資金集めの専門家はこの期間を「沈黙期間（クワイエット・ピリオド）」と呼ぶ。その基準は従来は50パーセントだったが、最近のキャンペーンでは70パーセントまで集められる場合もある。「寄付者にキャンペーンの成功を確信させるために計算しつくされているのです」とアルフィエーリは話す。
4. 心理学のさまざまな研究が示しているように、自分にはできるという自信、つまり専門用語で言えば「自己効力感」を持つ人々のほうがよい成果を生み出せる。自己効力感の高い人は、スポーツ、学問、仕事で好成績を上げ、粘り強く、失敗から大きく立ち直る。では、この自己効力感を養うには？　自己効力感に関する大半の研究は似通っていて、「①養うことができる考え方としての自信」と「②そのほかの要因から生まれる自信」を区別できない。マイケル・ジョーダンは新しいスポーツを試す際に高い自己効力感を訴えるかもしれないが、それは彼の考え方ではなく、身体能力のせいかもしれない。しかし、自己効力感に関する文献から、考え方として自己効力感を養う方法がいくつかわかる。たとえば、むずかしい場面で個人的な成功を経験したり、ロール・モデルが成功するのを観察したりすることで、自己効力感を養うことが可能だ。しかし、変化の時期には個人的な成功体験やロール・モデルが少ないので、このような解決策は利用しにくいかもしれない。
変化を細かくするのが自己効力感を養ううえで効果的な戦略であることを示す研究もある。アル・バンデューラとデイル・シャンクは、"計算能力に致命的な欠陥" を持つとされた小学生に引き算を教える試みを行なった。当初の25問の引き算テストでは、3分の2の子どもが1問も正解しなかった。そこで、研究者は基本的な引き算のスキルを教える7つのモジュールを開発した（たとえば、隣の位から1を借りるなど）。各モジュールで、ひとつの原理を説明し、ふたつの例を挙げ、6ページの練習問題を出した。先生から

教わることなく、すべての子どもが30分のセッションを自分のペースで7回受けた。あるグループの子どもは、7回のセッションが終わるまでに7つのモジュールを完了するという遠くて壮大な目標を与えられた。もうひとつのグループは、各回でモジュールをひとつ完了するという細かくて近い目標を与えられた。最終テストで、近い目標を与えられたグループは問題の81パーセントに正解したが、遠い目標を与えられたグループは45パーセントしか正解しなかった。その後、研究セッションが終わったあと、子どもたちは自由時間を与えられ、楽しい練習問題をふたつ手渡された。引き算の問題と「暗号を解こう」というパズルが含まれていた。遠い目標を与えられた子どもは平均で1問しか正解できなかった。しかし、近い目標で自己効力感を養った子どもは、当初の算数嫌いの度合いは同じだったにもかかわらず、自由時間に平均で14問の引き算を解いた。壮大な目標（BHAG）はすでに高い自己効力感がある場合にはいいだろう。しかし、バンデューラとシャンクの実験が示すように、自己効力感を養う場合には、変化を細かくしたほうが有効だ。詳しくは、Albert Bandura and Dale H. Schunk (1981), "Cultivating Competence, Self-Efficacy, and Intrinsic Interest Through Proximal Self-Motivation," *Journal of Personality and Social Psychology, 41*, 586-598 を参照。

5. http://www.flylady.net/pages/FLYFaq.asp をチェック（2008年12月17日にアクセス）。
6. デイヴ・ラムジーは著書の *The Total Money Makeover*［未訳］のなかで、ファーラーの状況や借金との戦い方について述べている（ファーラーのエピソードは116〜117ページ）。私たちはさまざまな達人の金銭プランを目にしてきたが、ラムジーの戦略が本書で紹介している変化の心理的原則といちばん似ている。ラムジー個人の体験は3ページ。「計算よりもやる気のほうが大事」の出典は114ページ。
7. ケルマンの著書 *Unleashing Change*［未訳］を参照。ケルマンは「人は変化に抵抗する」という組織改革の文献の典型的な前提に異を唱えている。彼は、たいていは変化に対する「抑圧された欲求」があるので、指導者たちはそれを「解放（アンリーシュ）」するだけでよいと述べている。さらに、彼はそれを証明する説得力のある（刺激的な）議論を展開している。チョコチップ・クッキ

ーの軍用規格については4ページ。「別の変化を促す」の引用は83ページ。クレジットカードと過去の業績に関する誓約のエピソードは82〜88ページ。ブルッキングス・インスティテューションによるA評価については4ページ。

8. 金額についてはケルマンの著書 *Unleashing Change* 3ページ。比較については、アメリカ国勢調査局の発行する *Statistical Abstract of the United States, 2004-2005* より。表642によると、2002年のコンピュータおよび家電製品の生産高は1399億ドルで、自動車、トレーラー、部品の生産高は1193億ドル。したがって、合計してもまだ余る。
9. ミラクル・スケールについて詳しくは、スティーヴ・ド・シェイザーらの著書 *More than Miracles*［未訳］61〜72ページの議論を参照。スケールを利用した実際の見事な質問例については、スコット・D・ミラー、インスー・キム・バーグ著『ソリューション・フォーカスト・アプローチ』（白木孝二訳、金剛出版）57〜86ページの積み卸しドックの現場監督のリーの事例研究を参照。
10. 0〜10のスケールを定めると、患者は目標までのどんなに些細なステップにも気づき、話しやすくなる。セラピストは、スケールに大きな進展があると（目標に向かって0.5ポイント進歩した場合など）、「どうやったのですか?」と尋ねる。セラピストは「どうやって」という質問を粘り強くするよう訓練されている。「患者が最初に少し答えに手間取るときには、いやむしろそういうときこそ、粘り強く聞くことが重要なのです。この質問をすることで、患者は自分のしたことに効果があったと自覚するのです。なんの理由もなしにものごとが改善するはずはありませんから」。一部のセラピストは、このプロセスを「肯定的な責任追及（ポジティブ・ブレイミング）」と呼んでいる。子どもが進歩したときにはぜひ試してほしい。スティーヴ・ド・シェイザーらの著書 *More than Miracles* 63ページ周辺の議論を参照。
11. ビル・パーセルズの記事「常勝チームを生み出すコーチング・スキル」（『ハーバード・ビジネス・レビュー』2001年3月号、128ページ）を参照。
12. ロバート・マウラー著『脳が教える！ 1つの習慣』（中西真雄美訳、講談社）20ページより引用。
13. 詳しくは、Weick (1984), "Small Wins: Redefining the Scale of Social

Problems," *American Psychologist, 39*(1), p.46 を参照。
14. デイヴィッド・アレン著『仕事を成し遂げる技術』(森平慶司訳、はまの出版) 307 ページを参照。
15. 詳しくは、Al-Anon Family Groups (1995), *How Al-Anon Works for Families and Friends of Alcoholics*, Virginia Beach, VA: Al-Anon Family Groups を参照。引用は 73 ページ。
16. ミシェル・ウィーナー=デイヴィスの著書 *Divorce Busting* 92 ページを参照。

第7章

1. バトラーのエピソードの内容は、2008 年 10 月にダン・ハースが行なったバトラーのインタビューより。エピソードの簡易版とバトラーの写真については、http://rareconservation.org/about/page.php?subsection=History を参照 (2009 年 5 月 28 日にアクセス)。
2. レアのプライド・キャンペーンの情報は、レアのウェブサイト http://rareconservation.org で閲覧可能。現在、レアは特定種の保護よりも、サンゴ礁や森林など、貴重な地域の保護に力を注いでいる。しかし、レアの自然保護活動家たちは、保護の必要な一帯を象徴する "カリスマ種" を呼鐘にして大衆をあつめ、貴重な地帯の保護に取り組んでいる。たとえば、ナポレオンフィッシュはインドネシアのトギアン諸島周辺の海域に生息するカリスマ種だ。トギアン諸島には 262 種のサンゴと、サンゴをよりどころとするさまざまな種が存在している。
3. 詳しくは、マーチの著書 *A Primer on Decision Making: How Decisions Happen* [未訳] を参照。特に第 2 章では、結果ベースの意思決定とアイデンティティ・ベースの意思決定が見事に対比されている。このテーマについては、チップ・ハース、ダン・ハース著『アイデアのちから』(飯岡美紀訳、日経 BP 社) 255 〜 270 ページで詳しく扱っている。特に、大成功を博したポイ捨て防止キャンペーン「テキサスを怒らせるな」のエピソードは、アイデンティティの教科書のような応用例だ。
4. このエピソードとアプリシエイティブ・インクワイアリーの詳細については、トム・クラッテンメーカーの著書 *Managing Change to Reduce Resistance* [未訳] の「Change Through Appreciative Inquiry」(49 〜 58 ページ) を参照。ウッドの引用は 57 ページ。

改善の統計は、ダイアナ・ホイットニー、アマンダ・トロステンブルーム著『ポジティブ・チェンジ』（ヒューマンバリュー訳、ヒューマンバリュー）101～102ページより。

5. 背景情報はブラジラータのウェブサイトより（2010年6月31日にアクセス）。http://www.brasilata.com.br/en/financas_resultados.php によると、2009年の売上高は4億10万7000ブラジル・レアル。発明家ひとりあたりのアイデア数は http://www.brasilata.com.br/en/projeto_historico.php より。車のバンパーをヒントにした缶については、http://www.brasilata.com.br/en/prod_18un_b.php を参照。エネルギーの削減アイデアのエピソードについては、http://www.brasilata.com.br/en/projeto_fatos_relevantes.php を参照。米ドルとブラジル・レアルの換算はすべて2009年2月13日時点での計算。
6. 詳しくは、Jonathan L. Freedman and Scott C. Fraser (1966), "Compliance Without Pressure: The Foot-in-the-Door Technique," *Journal of Personality and Social Psychology, 4*, 195-203 を参照。この研究により、「フット・イン・ザ・ドア」テクニックを研究する分野が確立した。このテクニックがかなりの確率でうまくいくのは、人々のアイデンティティを形成（再形成）するからだろう。「コミットメントと一貫性」という考え方のもとでこのテクニックを鋭く分析した文献としては、ロバート・チャルディーニ著『影響力の武器［第2版］』（社会行動研究会訳、誠信書房）の第3章を参照。「いったん要求に同意することで～」については、先ほどの文献の201ページを参照。
7. このテストと「こちこちマインドセット」、「しなやかマインドセット」については、すべてキャロル・ドゥエック著『「やればできる！」の研究』（今西康子訳、草思社）より。テストは24ページ。教師、コーチ、マネジャー、親なら必読の一冊。
8. 詳しくは、Lisa S. Blackwell, Kali H. Trzesniewski, and Carol S. Dweck (2007), "Implicit Theories of Intelligence Predict Achievement Across an Adolescent Transition: A Longitudinal Study and an Intervention," *Child Development, 78*, 246-263 を参照。
9. ドゥエック著『「やればできる！」の研究』91～92ページから引用。
10. 詳しくは、Rosabeth Moss Kanter (2003/11/23), *Leadership for Change: Enduring Skills for Change Masters,* Harvard Business

School Note 9-304-06, Boston: Harvard Business School Press, p. 11を参照。ロザベス・モス・カンター著『企業文化のe改革』（櫻井祐子訳、翔泳社）も参照。

11. ミシェル・ウィーナー＝デイヴィスの著書 *Divorce Busting* の212ページ。
12. 詳しくは、Edmondson (2003), "Framing for Learning: Lessons in Successful Technology Implementation," *California Management Review, 45,* 34-54を参照。研究の参加者のプライバシー保護のため、エドモンドソンは病院と医療関係者に仮名を使用している。
13. ＭＩＣＳの回復の統計は、Barbara Kuhn Timby and Nancy E. Smith (2006), *Introductory Medical-Surgical Nursing*, 9th ed., New York: Lippincott Williams & Wilkins, p. 532より。
14. ポール・キャロル著『ビッグブルース』（近藤純夫訳、アスキー）を参照。引用は67ページ。
15. 2008年8月にダン・ハースが行なったモリー・ハワードのインタビューより。全米年間最優秀校長賞については、Del Jones (2008/3/16), "USA's Top Principal Could Teach CEOs a Thing or Two," USA Today, http://www.usatoday.com/money/companies/management/2008-03-16-principal-advice_N.htm を参照（2009年2月6日にアクセス）。ハワードはハースにこう話した。「企業は原材料を厳選して選べます。しかし、公共教育機関は誰でも受け入れます。"拒否ゼロ"のビジネスなのです。これはずいぶんと大きなちがいです」

第8章

1. 詳しくは、Deming (1982), *Out of the Crisis*, Boston: Massachusetts Institute of Technology Center for Advanced Engineering Studyを参照。火事のエピソードは325ページ。
2. 詳しくは、Lee Ross (1977), "The Intuitive Psychologist and His Shortcomings: Distortions in the Attribution Process," in L. Berkowitz (ed.), *Advances in Experimental Social Psychology* (vol. 10), New York: Academic Pressを参照。根本的な帰属の誤りの影響はさまざまな業界の常識に見られる。マーケターは消費財の適切なサイコグラフィックスを見定めようとするし、健康心理学者は禁煙する"覚悟"ができた人をターゲットにすることが重要だ

と説く。人事担当者はふさわしい乗客をバスに乗せようとするし、改革の専門家は改革活動にかかわる人々を支持者、傍観者、抵抗者の3タイプに分類しようとする。しかし、社会心理学には、環境の影響が個人の特質より勝るという例が山ほどある。たとえば、本章のセクション2で紹介した食品の寄付活動では、地図を持たない聖人よりも、地図を持つ薄情者のほうが3倍も気前がよいことがわかる。

3. ウィーナー＝デイヴィスの著書 *Divorce Busting*［未訳］42ページを参照。根本的な帰属の誤りによって養われる思考は、結婚生活に害を及ぼすことがわかっている。研究によると、夫婦関係のトラブルを相手の永久不変な性格のせいにする夫婦は、問題を乗り越えようとするときに否定的な会話や深刻なけんかに陥りやすいので、解決により苦労するという。詳しくは、Norman Epstein, Donald H. Baucom, and Lynn A. Rankin (1993), "Treatment of Marital Conflict: A Cognitive-Behavioral Approach," *Clinical Psychology Review, 13,* 45-57 を参照。
4. 食品の寄付活動の研究については、L. Ross and R. E. Nisbett (1991), *The Person and the Situations: Perspectives of Social Psychology,* New York: McGraw Hill, pp. 132-133 に記載。
5. このエピソードの出典は、ブレグマンの2009年3月11日のブログ「人の行動を変えるいちばんラクな方法」（http://blogs.hbr.org/bregman/2009 /03/the-easiest-way-to.html）と、2009年5月のチップ・ハースとブレグマンのインタビューより。
6. このエピソードは2008年6月にチップ・ハースが行なったベッキー・リチャーズのインタビューと、2008年4月にサンフランシスコで行なわれたBEACONコラボラティブのリチャーズのプレゼンテーションより。
7. 詳しくは、http://en.wikipedia.org/wiki/Sterile_Cockpit_Rule を参照（2009年7月23日にアクセス）。1970年代の墜落事故の調査で、一部の事故は乗務員がコックピット内で無駄話をして計器に集中していなかったことが原因と判明した。これを受け、1981年にＦＡＡによって「無菌操縦席」の規則が制定された。
8. 詳しくは、リスリー・Ａ・パーローの著書 *Finding Time: How Corporations, Individuals, and Families Can Benefit from New Work Practices*［未訳］を参照。「沈黙時間」の実験結果に関する引用は

126ページ。彼女は大学院の論文でこの研究を行なった。彼女は会社にとっては部外者で、しかも当時はただの学生にすぎなかったが（現在はハーバード大学の正教授）、このシンプルな介入を行なって、副部長に「新たな基準となるだろう」と言わしめた。

9. このエピソードは、タッカーが2009年5月にスタンフォード大学ビジネススクールの授業で「変化が困難なとき、変化を起こす方法」をテーマに話した例をもとにしている。彼女の許可を得て使用した。
10. ハッドンのマトリクスの概要については、サンフランシスコ公衆衛生局のオンライン・プレゼンテーションを参照（http://www.ccsf.edu/Resources/Faculty/jeskinne/documents/HAD2Complete.pdf）。これは、ジョンズ・ホプキンス大学ブルームバーグ公衆衛生学部のキャロリン・ファウラーのプレゼンテーションをもとにしている（2009年6月14日にアクセス）。ハッドンのマトリクスに関しては、キャロリン・ファウラーとエリック・タッシュに感謝したい。
11. ラックスペースのエピソードと引用は、ダン・ハースが2007年10月と2009年2月の2回にわたって行なったグレアム・ウェストンのインタビューより。その際に社内記録にあった増収のデータを提供していただいた。

第9章

1. プライバシー保護の目的で、マイクの名前といくつかの詳細を変更した。このエピソードの情報は、2009年1月に行なわれたマイク・ロマーノと研究助手のエレイン・バートレットの対談に基づく。
2. 兵士によるベトナム戦争前後の麻薬使用の事例研究については、Lee N. Robins, John E. Helzer, and Darlene H. Davis (1975), "Narcotic Use in Southeast Asia and Afterward," *Archives of General Psychiatry, 32*, 955-961に記載。
3. 詳しくは、Todd F. Heatherton and Patricia A. Nichols (1994), "Personal Accounts of Successful Versus Failed Attempts at Life Change," *Personality and Social Psychology Bulletin, 20,* 664-675を参照。
4. ゴルヴィツァーのアクション・トリガーに関する研究（彼は「実

行意図（インプレメンテーション・インテンション）」と呼んでいる）の要約は、Gollwitzer (1999), "Implementation Intentions: Strong Effects of Simple Plans," *American Psychologist, 54*, 493-503に記載。このセクションで説明した研究の大半は、この論文で言及されている。「行動の支配権を環境に委ねる」の出典は495ページ。

5. 詳しくは、Sheina Orbell and Paschal Sheeran (2000), "Motivational and Volitional Processes in Action Initiation: A Field Study of the Role of Implementation Intentions," *Journal of Applied Social Psychology, 30*, 780-797を参照。
6. 詳しくは、Peter M. Gollwitzer, Paschal Sheeran, and Thomas L. Webb (2005), "Implementation Intentions and Health Behaviors," in M. Conner and P. Norman (eds.), *Predicting Health Behavior: Research and Practice with Social Cognition Models* (2nd edition). Buckingham, UK: Open University Pressを参照。
7. W・G・パゴニス、ジェフリー・クルクシャンク著『山・動く』（佐々淳行監修、同文書院インターナショナル）を参照。引用は276ページ。ソフトウェア開発における起立会議の利用については、http://en.wikipedia.org/wiki/Stand-up_meetingを参照（2009年5月27日にアクセス）。アジャイル・プログラマーたちはプログラム全体をいっぺんに開発する（しかもたいてい遅れる）という一般的なIT部門の手法にうんざりしている。代わりに、彼らは共同で一連のプロトタイプをすばやく作成している。問題を初期に発見して、コストのかかるやり直しを防ぐために、顧客にプロトタイプについてのフィードバックを求めている。
8. Barbara J. Rolls, Liane S. Roe, Amanda M. Beach, and Panny M. Kris-Etherton (2005), "Provision of Foods Differing in Energy Density Affects Long-Term Weight Loss," *Obesity Research, 13,* 1052-1060を参照。
9. 2008年8月にダン・ハースが行なったナタリー・エルダーのインタビューより。
10. チェックリストに関するセクションの一部は、もともと私たちが『ファスト・カンパニー』誌（2008年3月号）に書いたコラム"The Heroic Checklist"で紹介したもの（http://www.fastcompany.com/magazine/123/heroic-checklist.html）。

11. 詳しくは、Atul Gawande (2007/12/10), "The Checklist: If Something So Simple Can Transform Intensive Care, What Else Can It Do?" *New Yorker*, pp. 86-101 を参照。
12. チェックリストといっても、私たちが推奨しているのは品質改善プロセスに見られるようなチェックリスト（たとえば、ISO9000 認証用に作成された厳密な手順マニュアルなど）ではない。人々に最善の行動を促し、盲点を避けさせるには、実際に利用してもらえるくらいシンプルでなくてはならない。ボーイング 747 の離陸前のチェックリストは1ページにも満たない。チェックリストに2枚以上を割いているなら、簡略化すべきだ。
13. 駐車問題の研究については、C. F. Gettys et al. (1987), "An Evaluation of Human Act Generation Performance," *Organizational Behavior and Human Decision Processes, 39*, 23-51 を参照。
14. 2008 年1月にダン・ハースが行なったプロノヴォスト医師のインタビューより。

第10章

1. 詳しくは、Latané and Darley (1968), "Group Inhibition of Bystander Intervention in Emergencies," *Journal of Personality and Social Psychology, 10*, 215-221 を参照。ラタネとダーリーの「傍観者の不介入」に関する研究は、社会心理学のもっとも画期的な研究のひとつである。あまりに有名なので、社会心理学の教授が教える機会は多い。教授たちは、学生に不介入を乗り越えるシンプルなテクニックを勧めている。たとえば、「あなたが 110 番に連絡して！」という具合に、誰かを指差して具体的な指示を与えるのだ。人々は手助けをしたくないわけではない。まわりを見渡して行動のヒントを探そうとしているが、ヒントが見当たらず、象使いが思考の堂々巡りに陥っているだけなのだ。
2. 詳しくは、Nicholas A. Christakis and James H. Fowler (2007), "The Spread of Obesity in a Large Social Network over 32 Years," *New England Journal of Medicine, 357*, 370-379 を参照。引用は、Gina Kolata (2007/6/25), "Study Says Obesity Can Be Contagious," *New York Times* より。クリスタキスとファウラーの著書『つながり』（鬼澤忍訳、講談社）も参照。
3. 詳しくは、Michael Kremer and Dan Levy (2005), "Peer Effects

and Alcohol Use Among College Students," Working paper, Harvard University を参照。

4. 詳しくは、N・J・ゴールドスタイン、S・J・マーティン、R・B・チャルディーニ著『影響力の武器　実践編』（高橋紹子訳、誠信書房）の第1章を参照。
5. 2008年8月と2009年5月にチップ・ハースが行なったジェラール・カションのインタビューより。
6. 統計はハーバード大学公衆衛生大学院より（http://www.hsph.harvard.edu/research/chc/harvard-alcohol-project/、2009年6月14日にアクセス）。グラント・ティンカーの引用は、Nikki Finke (1988/12/29), "A TV Crusade on Drunken Driving," *Los Angeles Times*, p. 5E より。
7. 異世代間の関係に関する統計は、Population Reference Bureau (2007), *Addressing Cross-Generational Sex: A Desk Review of Research and Programs* より。アメリカの10代の若者の統計は16ページ。サハラ以南のアフリカの統計は9ページ。
8. 私たちの指揮するワークショップで、ファタキのアイデアが生まれ、最初の3回分のラジオ・コマーシャルが考案された。チップ・ハースは、「ジム・レーラー・ニュースアワー」のウェブサイト（http://www.pbs.org/newshour/bb/africa/july-dec07/aids_11-30.html）で、最初のラジオ・コマーシャルのレコーディング当日の仕事の様子を語っている。そのとき、ダン・ハースはフォトショップでファタキの最初の看板のプロトタイプを加工していた。
9. ルイス・V・ガースナー著『巨象も踊る』（山岡洋一ほか訳、日本経済新聞社）241ページを参照。
10. 組織行動論の文献を見渡しても、これほど詳しく観察された変革活動はほとんどない。ケロッグの緻密な研究のたまものだ。詳しくは、Katherine C. Kellogg (2008), "Not Faking It: Making Real Change in Response to Regulation at Two Surgical Teaching Hospitals," Working paper, MIT を参照。

第11章

1. エイミー・サザーランドと珍獣の調教に関するセクションの一部は、私たちが『ファスト・カンパニー』誌（2008年4月号）に書いたコラム "Your Boss Is a Monkey" で紹介したもの（http://

www.fastcompany.com/magazine /124/your-boss-is-a-monkey.html、2009年6月14日にアクセス)。

2. 2006年6月25日の『ニューヨーク・タイムズ』の記事 http://www.nytimes.com/2006/06/25/fashion/25love.html を参照(2009年5月17日にアクセス)。また、エイミー・サザーランド著『ダンナちゃん、よくできました!』(青山陽子訳、早川書房)も参照。「言葉による毛づくろい」やそのほかの詳細は、2008年1月にダン・ハースが行なったエイミー・サザーランドのインタビューより。
3. 詳しくは、カズディンの著書 *The Kazdin Method for Parenting the Defiant Child: With No Pills, No Therapy, No Contest of Wills* [未訳] を参照。引用は34ページ。
4. この考え方を教えてくれたボー・ブロックマンにチップ・ハースから感謝を申し上げる。
5. ケルマンの著書 *Unleashing Change* を参照。22〜24ページでは、「単純接触効果」や「認知的不協和」が原因で人々が変化に抵抗する理由を説明している。さらに、123〜127ページの鋭い分析では、同じ要因によって、いったん始まった変化が継続しやすくなることを説明している。

本書は、二〇一三年八月に単行本『スイッチ！――「変われない」を変える方法〔新版〕』として早川書房より刊行された作品を文庫化したものです。

明日の幸せを科学する

Stumbling on Happiness

ダニエル・ギルバート
熊谷淳子訳

ハヤカワ文庫NF

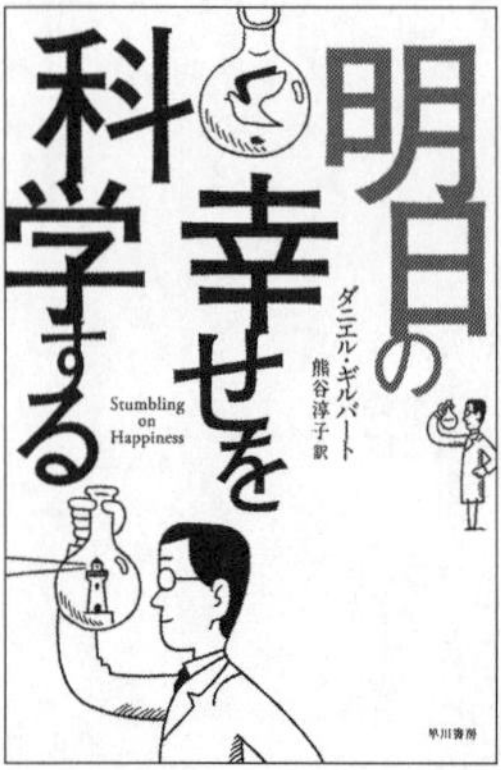

どうすれば幸せになれるか、
自分が一番よくわかるはずが……!?
「がんばって就職活動したのに仕事を辞めたくなった」「生涯の伴侶に選んだ人が嫌いになった」――。なぜ人間は未来の自分の幸せを正確に予測できないのか？　その背景にある脳の仕組みをハーバード大教授が解き明かす。（『幸せはいつもちょっと先にある』改題）

デザイン思考が世界を変える

Change by Design
ティム・ブラウン
千葉敏生訳
ハヤカワ文庫NF

イノベーションを導く新しい考え方

人々のニーズを探り出し、飛躍的発想で生活を豊かにする「デザイン思考」。先駆的に挑むデザイン・ファームIDEOのCEOが、デザインとイノベーションの必要性を熱く語り、組織を蘇らせる方法や社会的問題を解決するための秘訣を経験談と共に明かす。世界的に話題の書。

ロングテール

The Long Tail

クリス・アンダーソン
篠森ゆりこ訳

ハヤカワ文庫ＮＦ

「売れない商品」を宝の山に変える新戦略

ＩＴの進歩により、ニッチだった商品の集積（テール）がヒット商品（ヘッド）に比肩する利益をもたらす——ロングテール理論の提唱者で、『フリー』『ＭＡＫＥＲＳ』でも知られる著者が、そのアイデアの意味とビジネスや文化創造の未来を示した世界的名著。解説／小林弘人

ハーバード式「超」効率仕事術

Extreme Productivity

ロバート・C・ポーゼン
関 美和訳

ハヤカワ文庫NF

メールの8割は捨てよ！ 昼寝せよ！
手抜き仕事を活用せよ！

ハーバード・ビジネススクールで教鞭をとりつつ、世界的な資産運用会社ＭＦＳの会長を務め、さらに本や新聞雑誌の記事を執筆し、家族との時間もしっかり作ってきた著者。その「超」プロフェッショナルな仕事効率化の秘訣を、具体的かつ実践的に紹介する一冊！

訳者略歴　翻訳家　早稲田大学理工学部数理科学科卒　訳書にハース＆ハース『決定力！』，ハドフィールド『宇宙飛行士が教える地球の歩き方』，リヴィオ『偉大なる失敗』，ブラウン『デザイン思考が世界を変える』，モス『MITメディアラボ　魔法のイノベーション・パワー』（以上早川書房刊）ほか多数

HM=Hayakawa Mystery
SF=Science Fiction
JA=Japanese Author
NV=Novel
NF=Nonfiction
FT=Fantasy

スイッチ！
「変われない」を変える方法

〈NF478〉

二〇一六年十月　十　日　印刷
二〇一六年十月十五日　発行
（定価はカバーに表示してあります）

著　者　チップ・ハース＆ダン・ハース
訳　者　千《ち》葉《ば》敏《とし》生《お》
発行者　早川　浩
発行所　株式会社　早川書房
郵便番号　一〇一‐〇〇四六
東京都千代田区神田多町二ノ二
電話　〇三‐三二五二‐三一一一（大代表）
振替　〇〇一六〇‐三‐四七七九九
http://www.hayakawa-online.co.jp

乱丁・落丁本は小社制作部宛お送り下さい。
送料小社負担にてお取りかえいたします。

印刷・中央精版印刷株式会社　製本・株式会社フォーネット社
Printed and bound in Japan
ISBN978-4-15-050478-6 C0134

本書は活字が大きく読みやすい〈トールサイズ〉です。